主　编：周佑勇

撰稿人：王青斌　熊樟林　刘启川

　　　　张莹莹　刘　春

中华人民共和国
行政复议法
理解与适用

周佑勇◎主 编

ZHONGHUA RENMIN GONGHEGUO
XINGZHENG FUYIFA
LIJIE YU SHIYONG

中国法制出版社
CHINA LEGAL PUBLISHING HOUSE

导言　行政复议法修订的意义、思路和主要内容

2023年9月1日，《中华人民共和国行政复议法》经第十四届全国人民代表大会常务委员会第五次会议修订，自2024年1月1日起施行。这部法律于1999年4月经第九届全国人民代表大会常务委员会第九次会议通过，并于2009年8月、2017年9月经历了两次部分修改。而此次修订，是行政复议法施行20多年来的首次“大修”，极大完善、优化了行政复议制度，是我国行政法治建设的重要里程碑。

一、行政复议法“大修”的重要意义

行政复议是政府系统自我纠错的监督制度和解决“民告官”行政争议的救济制度，是推进法治政府建设的重要抓手，也是维护公民、法人和其他组织合法权益的重要渠道。在新的历史时期，修订完善行政复议法，健全优化行政复议制度，具有重要意义。

第一，修订行政复议法，是贯彻落实党中央决策部署，以法治方式推进行政复议体制改革的迫切需要。党的十八大以来，党中央高度重视行政复议工作，对推进行政复议体制改革作出一系列重大决策部署。2013年11月，党的十八届三中全会通过的《中共中央关于全面深化改革若干重大问题的决定》提出，改革行政复议体制，健全行政复议案件审理机制，纠正违法或不当行政行为。2014年10月，党的十八届四中全会通过的《中共中央关于全面推进依法治国若干重大问题的决定》提出，完善调解、仲裁、行政裁决、行政复议、诉讼等有机衔接、相互协调的多元化纠纷解决机制。2020年2月，习近平总书记在中央全面依法治国委员会第三次会议上明确指出：“要落实行政复议体制改革方案，优化行政复议资源配置，推进相关法律法规修订工作，发挥行政复

议公正高效、便民为民的制度优势和化解行政争议的主渠道作用。”①《法治中国建设规划（2020—2025年）》和《法治政府建设实施纲要（2021—2025年）》进一步对加强和改进行政复议工作，推进行政复议体制改革提出明确要求。修订行政复议法，就是要将党中央关于行政复议的重大决策部署及相关要求充分体现到法律规定中。尤其是，中央全面依法治国委员会印发的《行政复议体制改革方案》，对构建统一、科学的行政复议体制作出明确部署，② 迫切要求修订行政复议法，将改革方案转化为相应的法律制度，确保改革于法有据。

第二，修订行政复议法，是切实解决行政复议存在突出矛盾问题，更好发挥行政复议化解争议和权利救济功能的必然要求。本次修订前的《中华人民共和国行政复议法》于1999年施行，并于2009年和2017年分别对部分条款作了修改。截至2021年年底，全国各级行政复议机关共办理行政复议案件295.3万件，其中，立案并审结244.4万件，纠正违法或不当行政行为35万件，纠错率14.3%，在维护群众合法权益、促进社会和谐稳定、加快建设法治政府方面发挥了重要作用。随着经济社会的发展，行政复议制度也暴露出一些突出问题：一是吸纳行政争议的入口偏窄，部分行政争议无法进入行政复议渠道有效解决；二是案件管辖体制过于分散，群众难以找准行政复议机关，不利于将行政争议化解在基层和萌芽状态；三是案件审理机制不够健全，审理标准不统一，影响办案质量和效率。③ 所谓“问题倒逼改革”，本次修改行政复议法，改革行政复议制度，可以说，正是由于行政复议领域存在的这些突出问题“倒逼”而产生的。修法本身不是目的，而是要通过修法着力突破行政复议面临的体制性、机制性障碍，切实解决制约行政复议有效发挥

① 习近平：《推进全面依法治国，发挥法治在国家治理体系和治理能力现代化中的积极作用》，载中国政府网，https：//www.gov.cn/xinwen/2020-11/15/content_5561685.htm，最后访问时间：2023年11月9日。

② 参见《关于〈中华人民共和国行政复议法（修订草案）〉的说明》，载中国人大网，http：//www.npc.gov.cn/npc/c2/c30834/202309/t20230906_431581.html，最后访问时间：2023年10月16日。

③ 参见《关于〈中华人民共和国行政复议法（修订草案）〉的说明》，载中国人大网，http：//www.npc.gov.cn/npc/c2/c30834/202309/t20230906_431581.html，最后访问时间：2023年10月16日。

功能的突出问题，从而充分发挥行政复议解决争议、提供有效权利救济的法治功能。

第三，修订行政复议法，是创新完善多元化纠纷解决机制，深入推进法治政府建设的重大举措。创新完善包括信访、调解、仲裁、行政裁决、行政复议、诉讼等方式在内的社会矛盾纠纷多元预防调处化解综合机制，是推进国家治理体系和治理能力现代化的必然要求，也是加强法治政府建设的重要途径。在这里面，行政复议是将矛盾纠纷化解在萌芽状态、化解在基层的重要方式，也是健全社会矛盾纠纷行政预防调处化解体系的重要内容，尤其是发挥行政复议“化解行政争议的主渠道作用”的部署已然在本次行政复议法“大修”中得到切实贯彻。本次“大修”着力构建统一、科学的行政复议体制，完善规范、高效的行政复议工作机制，强化行政复议吸纳和化解行政争议的能力，充分发挥行政复议监督依法行政的制度目标，更好发挥行政复议化解行政争议的主渠道作用，从而创新有效预防和化解社会矛盾体制，完善多元化纠纷解决机制，为推进国家治理体系和治理能力现代化，加快建设法治政府提供有力保障。

二、行政复议法“大修”的主要思路

修法过程中，重点体现了以下思路：

一是贯彻落实党中央重大决策部署，将党中央关于行政复议体制改革的各项要求全面、完整、准确体现到法律规定中。一方面，行政复议法第三条第一款明确规定了“行政复议工作坚持中国共产党的领导”，这是首次以法律条文形式在行政复议法中明确了党的领导，是全面推进行政复议工作的根本保证；另一方面，通过确立相对集中行政复议管辖权、扩大行政复议受案范围、健全行政复议调解和解制度、完善行政复议附带审查制度、建立行政复议委员会制度等一系列制度革新和规范重构，全面、系统、准确地将党中央关于“发挥行政复议公正高效、便民为民的制度优势和化解行政争议的主渠道作用”的重大决策部署落到实处。

二是切实践行以人民为中心的立法导向，更好发挥公正高效、便民为民制度优势。这主要体现在三个方面：其一，在总则中一以贯之地将

“保护公民、法人和其他组织的合法权益”作为行政复议法“大修”的立法宗旨。其二，增加了“高效”“为民”的行政复议基本原则，进一步明确了行政复议“为了人民、依靠人民”的人民性和高效便民的制度属性。其三，通过健全行政复议申请、受理和审理程序，优化行政复议管辖体制，扩大行政复议受案范围等一系列制度设计，最大限度地发挥行政复议公正高效、便民为民的制度优势，实现保护人民合法权益的根本目的。

三是积极回应法治实践发展新问题，深入推动行政复议体制机制改革创新。本次“大修”立足于解决行政复议制度暴露的突出问题，主要围绕行政复议制度化解行政争议能力有限、行政复议管辖体制分散、案件审理机制不健全不科学、受案范围较为狭窄等问题展开。通过相应制度的规范完善和体制机制革新，为切实有效发挥行政复议化解行政争议的主渠道作用提供法治保障。

三、行政复议法“大修”的主要内容

秉持上述修法的思路和要求，本次行政复议法的修改对行政复议制度作出了重大改革和完善。修订后的行政复议法，条文从原来的43条增加到了90条。其中，修改了40条，删除了3条，增加了50条，基本上打造了一部全新的行政复议法。就其修改的重点内容而言，主要可以概括为以下三个方面：

（一）调整立法目的条款，重新定位行政复议制度功能

立法目的，即一部法律所追求的基本目标和价值功能，是一部法律统领性的条款，直接关系到这部法律的制度设计，影响到这部法律的实施效果及其整体功能的实现。因此，如何科学确立行政复议法的立法目的条款，并以此为统领提升优化整个行政复议制度体系，进一步巩固和增强我国行政复议的制度优势，是本次修订完善行政复议法的前提和首要任务。

与原法相比，修订后的行政复议法有两个重要变化：一是“保障和监督行政机关依法行使职权”中的“保障和监督”修改为“监督和保障”。这看似只是词序的变化，其实是行政复议理念发生了重大变化，旨在进一步强化行政复议对行政行为的监督功能。行政复议作为行

政系统内部一种重要的层级监督制度，其核心功能是通过有效督促行政机关依法行使职权，防止和纠正违法的或者不当的行政行为，保护公民、法人和其他组织的合法权益，而不应当将“保障”行政机关行使职权作为首要目标。为突出行政复议“监督行政”的制度功能，本次修法调整优化行政复议决定体系，按照先变更、撤销或者部分撤销，后维持、驳回请求的顺序，对行政复议决定有关条文顺序进行了调整。

二是将“发挥行政复议化解行政争议的主渠道作用，推进法治政府建设”写入立法目的条款。新增这一内容，既是行政复议改革和发展的目标指引，也是对行政复议制度整体功能的重新定位，统领着本次行政复议法修订的逻辑体系。我国30多年来的行政复议制度实践已经表明，行政复议作为行政机关体系内部一种重要的层级监督和纠错机制，对于有效促进法治政府建设、监督行政机关依法行使职权，具有特殊、独立的功能优势。然而，我们也必须充分认识到，行政复议并不是一种纯粹的内部层级监督和自我纠错机制，其程序启动必须依赖于行政相对人基于自身权利救济而提出的复议申请。因此，要想真正让相对人的合法权益获得有效救济，就必须充分发挥行政复议实质性化解行政争议的主渠道作用。同时，与行政诉讼、信访制度相比较，行政复议既具有“公正高效”“便民为民”的制度优势，又具有“权利救济”的制度价值。将行政复议作为化解行政争议的主渠道，将有效改变现存的“大信访、中诉讼、小复议”的争议化解困局。

（二）增强化解争议能力，充分实现行政复议主渠道作用

“发挥行政复议化解行政争议的主渠道作用”这一立法目的条款的提出，体现着行政复议制度在化解行政争议过程中的目标导向和制度功能定位。[①] 而其中，有效运行的复议制度供给至关重要，否则这一立法目的条款就会沦为虚置。对此，在制度选择与改革上，本次修法进一步扩大行政复议受案范围，完善行政复议前置范围，优化行政复议资源配置，从而有效强化了行政复议吸纳和化解行政争议的能力，充分发挥行政复议化解行政争议的主渠道作用。

---

① 参见周佑勇：《行政复议的主渠道作用及其制度选择》，载《法学》2021年第6期。

1. 扩大行政复议范围。历史地看，我国行政复议最初是作为行政诉讼的“配套”制度而建立起来的，在受案范围上采取了与行政诉讼“亦步亦趋”、基本一致的做法，这在客观上造成了两者功能的同质化，也与行政复议作为化解行政争议主渠道的定位不相符。本次“大修”坚持守正创新，一方面，遵循行政复议与行政诉讼“配套”传统，与行政诉讼法保持协调，将“具体行政行为”同步修改为“行政行为”。另一方面，本次“大修”在寻求行政争议的实质化解，尤其是在发挥行政复议化解行政争议的主渠道作用上作了诸多创新。例如，将如下情形纳入行政复议受案范围：一是对行政机关作出的赔偿决定或者不予赔偿决定不服；二是对行政机关作出的不予受理工伤认定申请决定或者工伤认定结论不服；三是认为行政机关不依法订立、不依法履行、未按照约定履行或者违法变更、解除政府特许经营协议、土地房屋征收补偿协议等行政协议；四是认为行政机关在政府信息公开工作中侵犯其合法权益。同时完善了行政复议范围的负面清单，规定国防外交等国家行为、行政法规规章或者行政机关制定发布的具有普遍约束力的决定命令等规范性文件、行政机关对工作人员的奖励任免等决定、行政机关对民事纠纷作出的调解，不属于行政复议受案范围。此外，扩大附带审查范围，规定公民、法人或者其他组织对国务院部门，县级以上地方各级人民政府及工作部门，乡、镇人民政府及法律、法规、规章授权的组织的规范性文件，都可以在申请行政复议时提出对该规范性文件的附带审查申请。

2. 明确行政复议前置范围。为了贯彻落实行政复议作为化解行政争议主渠道的制度定位，在复议与诉讼的机制衔接上，改革目前“自由选择”的制度设计，在一定范围内确立了“复议前置为原则”的新模式，即在法定情形下先申请行政复议，对行政复议决定不服的才可以提起行政诉讼。一是在保留自然资源确权案件复议前置的基础上，增加了对当场作出的行政处罚决定不服、认为行政机关不履行法定职责、申请政府信息公开而行政机关不予公开等情形，作为复议前置的范围。二是对设定行政复议前置的权限进行了限缩，将原来设定行政复议前置的“法律、法规”修改为“法律、行政法规”，排除了地方性法规的设定权。三是特别强调了行政机关的告知义务，明确规定了对依法实行复议前置的情形，行政机关在作出行政行为时应当告知公民、法人或者其他组织先向行政复议机关申请行政复议。

（三）完善复议体制机制，更好发挥行政复议制度优势

在我国，行政复议与行政诉讼、行政赔偿等同属于行政救济机制。与其他救济机制不同的是，行政复议具有专业性强、公正高效、便民为民、节约成本等内在制度优势。正是这种制度优势使得行政复议成为实质性化解行政争议的主渠道，并为相对人维护自身合法权益提供了一种更加有效的行政救济方式。但是，长期以来由于行政复议的内在制度优势受到一些因素制约，复议职能分散且过度强调内部行政监督，导致其制度优势无法充分发挥，化解行政争议的主渠道作用亦未能实现。对此，本次修法紧紧围绕“公正高效、便民为民”的制度要求，全面深化行政复议体制机制改革，在复议管辖、机构设置、审理程序方式等各个方面作出了一系列相关制度的修改完善，尽力解决自身存在的缺陷和不足，将其内在的制度优势充分激发出来，以确保行政复议能够更多地化解行政争议，更好地发挥其权利救济的价值性功能。

1. 改革行政复议管辖体制。我国行政复议法规定的管辖体制曾基本是“条块结合”的模式，较为错综复杂，既不方便群众找准行政复议机关，也导致行政复议案件和工作力量过于分散、办案标准不统一等问题。对此，本次修法对复议管辖模式作出重大改革，将“条条管辖为主”调整为“块块管辖为主”——全面实行复议职能的集中行使。具体而言，取消了地方人民政府工作部门的行政复议职责，由县级以上地方人民政府统一行使，同时保留海关、金融、外汇管理等实行垂直领导的行政机关、税务和国家安全机关由上一级机关管辖，省、自治区、直辖市人民政府以及国务院部门自我管辖的规定。

同时，对派出机构、司法行政部门的案件管辖及提级审理作出特殊规定。一是鉴于实践中政府工作部门派出机构的情况比较复杂，对其行政行为不服的行政复议案件，作出相对灵活的制度安排，即“对县级以上地方各级人民政府工作部门依法设立的派出机构依照法律、法规、规章规定，以派出机构的名义作出的行政行为不服的行政复议案件，由本级人民政府管辖；其中，对直辖市、设区的市人民政府工作部门按照行政区划设立的派出机构作出的行政行为不服的，也可以由其所在地的人民政府管辖”。二是在行政复议权相对集中的前提下，为保证复议制度的公正性和权威性，对司法行政部门的复议案件作出特殊规定，即“对履行行政复议机构职责的地方人民政府司法行政部门的行政行为不服的，可以向本级人民政府申请行政复议，也可以向上一级司法行政部门申请行政复议”。三是为进一步完善行政复议管辖制度和审理程序的上下互通渠道，还建立了专门的提级审理制度，增加规定“上级行政复议机关根据需要，可以审理下级行政复议机关管辖的行政复议案件。下级行政复议机关对其管辖的行政复议案件，认为需要由上级行政复议机关审理的，可以报请上级行政复议机关决定”。

2. 加强行政复议能力建设和工作保障。行政复议案件能否得到公正审理，复议决定能否具有公信力，很大程度上取决于行政复议机构是否具有相对独立的法律地位和有力的履职保障。对此，本次修法增加规定：“行政复议机关办理行政复议事项的机构是行政复议机构”，“行政复议机关应当加强行政复议工作，支持和保障行政复议机构依法履行职责”，“上级行政复议机构对下级行政复议机构的行政复议工作进行指导、监督”。为加强对行政复议案件办理的指导，进一步提升办案质量，增加规定“国务院行政复议机构可以发布行政复议指导性案例”。

相比在法院由专业化、职业化的法官办理案件而言，行政复议工作曾缺乏吸引力，人才匮乏成为制约行政复议制度优势发挥的重要因素。为提升行政复议案件的办理质量，吸纳更多优秀的人才进入复议队伍，本次修法提出“国家建立专业化、职业化行政复议人员队伍”，规定“国务院行政复议机构应当会同有关部门制定行政复议人员工作规范，加强对行政复议人员的业务考核和管理”，要求“行政复议机关应当确保行政复议机构的人员配备与所承担的工作任务相适应，提高行政复议人员专业素质，根据工作需要保障办案场所、装备等设施。县级以上各级人民政府应当将行政复议工作经费列入本级预算”。

3. 完善行政复议申请、受理及审理程序。为充分保障当事人各项权利，切实做到“便民为民”，在提出申请、案件受理、案件审理等各个阶段新增多项高效便捷举措。具体而言，在行政复议申请、受理环节，主要作了以下创新规定：一是规定行政复议机关应当加强信息化建设，运用现代信息技术，方便公民、法人或者其他组织申请、参加行政复议，提高工作质量和效率。二是规定申请人、第三人可以委托一至二名律师、基层法律服务工作者或者其他代理人代为参加行政复议；符合法律援助条件的行政复议申请人申请法律援助的，法律援助机构应当依法为其提供法律援助。三是规定行政机关作出行政行为时，未告知申请期限的，申请期限自知道或者应当知道之日起计算，但是最长不得超过1年；规定了不动产案件的特殊受理期限，规定因不动产提出的行政复议申请超过20年，其他行政复议申请超过5年的，行政复议机关不予受理。四是行政复议申请材料不齐全或者表述不清楚，行政复议机关无法判断是否符合受理条件的，应当在五日内书面通知申请人补正。五是对当场作出或者依据电子技术监控设备记录的违法事实作出的行政处罚决定不服申请行政复议的，可以通过作出行政处罚决定的行政机关提交行政复议申请。

在行政复议审理环节，主要做出如下修订完善：一是完善复议调解制度，规定“行政复议机关办理行政复议案件，可以进行调解。”“调解应当遵循合法、自愿的原则，不得损害国家利益、社会公共利益和他人合法权益，不得违反法律、法规的强制性规定。”二是完善行政复议证据规定，对申请人、被申请人的举证责任，以及行政复议机关的调查取证予以明确。三是增设简易程序，促进行政复议案件的“繁简分流”。四是实行普通程序听取意见原则，规定除当事人原因不能听取意见外，行政复议机构应当通过多种方式听取当事人意见。审理重大、疑难、复杂案件，行政复议机构应当组织听证。五是新增行政复议委员会制度，规定县级以上各级人民政府应当建立行政复议委员会，行政复议委员会的咨询意见是行政复议决定的重要参考依据。六是完善行政复议附带审查规范性文件程序和处理方式。

4. 优化行政复议决定及其监督体系。在优化行政复议决定体系方面，重新调整了行政复议决定的顺序，把变更决定、撤销决定和确认违法决定这三种主要的复议决定放在首位作出规定，并对其适用的具体情形予以细化，然后再对行政复议决定限期履行行政行为、行政复议确认行政行为无效、行政复议决定维持行政行为、行政协议的复议决定类型作出特殊规定。此外，还对行政复议的调解、和解以及制发行政复议意见书等作出了新的规定。

为进一步强化行政复议决定执行的监督力度，本次修法增加规定被申请人不履行或者无正当理由拖延履行行政复议决定书、调解书、意见书的，行政复议机关或者有关上级行政机关应当责令其限期履行，并可以约谈被申请人的有关负责人或者予以通报批评；规定申请人、第三人逾期不起诉又不履行行政复议决定书、调解书，或者不履行最终裁决的行政复议决定的，分别不同类型由有关行政机关或者人民法院强制执行。此外，还增加规定了按照国家有关规定将行政复议决定书向社会公开的制度。

目　录

Contents

第一章　总　则

第二章　行政复议申请

第一节　行政复议范围

第二节　行政复议参加人

第三节　申请的提出

第四节　行政复议管辖

第三章　行政复议受理

第四章　行政复议审理

第一节　一般规定

第二节　行政复议证据

第三节　普通程序

第四节　简易程序

第五节　行政复议附带审查

案例评析

第五章　行政复议决定

第六章 法律责任

第七章 附 则

第一章　总　则

第一条　【立法目的】[①] 为了防止和纠正违法的或者不当的行政行为，保护公民、法人和其他组织的合法权益，监督和保障行政机关依法行使职权，发挥行政复议化解行政争议的主渠道作用，推进法治政府建设，根据宪法，制定本法。

【条文主旨】

本条是关于行政复议法立法目的的规定。

【条文解读】

本条开宗明义地规定了以下三个立法目的，一是通过防止和纠正违法或者不当的行政行为以达到保护公民、法人和其他组织合法权益的目的，即保护权利的目的；二是监督和保障行政机关依法行使职权的目的，即监督行政的目的；三是行政复议作为一种争议解决机制，要发挥行政复议化解行政争议的主渠道作用，即解决行政争议的目的。

一、权利保护

行政复议作为行政救济制度的重要组成部分，一般与行政诉讼、行政赔偿合称为行政救济，是行政相对人通过公法保护自身合法权益的基本法律制度。这一目的契合了宪法尊重和保障人权的要求。与民事和刑事中存在救济一样，在行政法中，发生行政争议或公民权利受到行政权力侵犯时，也应存在相应的救济制度。“有权利必有救济”“无救济的权利是无保障的权利”，保障行政相对人的合法权益是行政复议法的核心目的。从根本上来说，本条中“监督和保障行政机关依法行使职权”立法目的的表述，

---

① 简要条文主旨为编者所加，下同。

同样也可以从“权利保护”的目的角度加以解释，“监督行政机关依法行政职权”实际上也是为了实现权利保护这一目标。在法律实施上，保护权利主要是由“防止和纠正违法的或者不当的行政行为”来实现的，行政复议旨在纠正、制止或矫正行政侵权行为，使受侵害的行政相对人的权利得到恢复或受损害的利益得到补救。[①] 因此，行政复议法“应当以‘维护权益’为核心，将其作为根本目的”。[②]

比如，本条将“具体行政行为”修订为“行政行为”，扩张了行政复议的受案范围，使得行政复议不再受到传统“具体行政行为”学理概念的桎梏，限制了行政机关以“具体行政行为”为由拒绝加以复议审查，增加了行政相对人获得救济的可能性，权利保护范围实际上已经得到实质性拓展。又如，修订后的行政复议法扩大了行政复议的受案范围，同样拓宽了行政相对人的权利保护范围，也是对行政复议法“权利保护”立法目的的贯彻和落实。

二、监督行政

监督行政指的是有权的国家机关以及其他组织和公民对行政主体及其公务人员的行政活动是否合法与适当进行监督、察看和审查，并对行政违法或不当的行为检举、揭发、控告、申诉或者纠正实施和追究责任的法律活动。[③] 在行政复议中，监督行政具体表现为复议机关依据相对人的申请对行政机关作出的原行为进行审查，发现该行为违法或者不当时，复议机关有权作出撤销、变更等相对应的措施。通过这样一种行政体系内部的审查方式，实现“防止和纠正违法的或者不当的行政行为”的效果，达到监督行政机关依法行政的目的。

本条中的“违法”与“不当”系行政法基本原则之中两个重要原则所要求的，即合法性原则与合理性原则，行政复议法也受到这两个原则的统摄。合法性原则适用纠正违法的行政行为，而合理性原则适用纠正不当的行政行为。本条款所言的“监督”是一种内部监督，是行政体系内部的自我纠错、自我监督，更多地体现出“行政性”。不同于行政组织法规定的依职权实施的一般行政监督，通过行政复议启动的监督是被动的，它依赖于行政相对人的申请，如果没有相对人的申请，则不存在被监督的对象，也就无所谓“监督行政”可言。实践中，行政复议程序的运行呈现出了一

---

① 方世荣主编：《行政复议法学》，中国法制出版社2000年版，第13页。

② 周佑勇：《我国行政复议立法目的条款之检视与重塑》，载《行政法学研究》2019年第6期。

③ 皮纯协主编：《行政复议法论》，中国法制出版社1999年版，第65页。

定的公文行政化倾向，如行政复议决定书的层级拟稿、审核与签发等。尽管行政复议实践中我们承认一定程度的"司法性"，但是，行政复议归根结底还是属于行政体系内部的监督。

三、化解争议解决的主渠道

与修订前的行政复议法相比，本次修法新增"发挥行政复议化解行政争议的主渠道作用"的内容。从本质上来说，"行政复议与行政诉讼都是解决行政争议的制度",① "解决行政争议"原本就是行政复议制度所固有的属性与功能，在现代社会中行政复议已成为一种公认的解决行政争议的有效法律方法。② 因此将其纳入行政复议法的立法目的条款之中，旨在进一步强调行政复议解决行政争议的重要功能和性质，也是对长期以来行政复议实践发展的立法确认。

2007 年出台的行政复议法实施条例第一条立法目的表述为"为了进一步发挥行政复议制度在解决行政争议、建设法治政府、构建社会主义和谐社会中的作用"。其中，"解决行政争议"被首次纳入立法目的之中，并被置于首位。这是我国将行政复议作为化解行政争议主渠道的制度初貌。2020 年 2 月，习近平总书记主持召开中央全面依法治国委员会第三次会议，审议通过了《行政复议体制改革方案》。习近平总书记指出，要发挥行政复议公正高效、便民为民的制度优势和化解行政争议的主渠道作用。③

本次行政复议法修订将"化解行政争议的主渠道"正式规定为行政复议立法目的条款，是贯彻和回应党中央决策部署最为直接的体现。该立法目的的提出有利于正确认识行政复议的立法目的，以法治确认、巩固、扩大行政机关改革的成果与党中央政策文件的精神。

实践中，将行政复议作为化解行政争议的主渠道，意味着只要是行政复议渠道能解决的问题，应当尽量通过这个渠道解决。④ 与行政诉讼、信访制度相比较，行政复议既具有"公正高效""便民为民"的制度优势，又具有"权利救济"的制度价值。可以说，行政复议内在的、独特的制度优势和制度价值，使其得以成为化解行政争议的主渠道，并能够为相对人维护自身合法权益提供一种更加有效的权利救济方式。在主渠道的目的引

---

① 应松年：《行政救济制度之完善》，载《行政法学研究》2012 年第 2 期。

② 参见张越：《行政复议法学》，中国法制出版社 2007 年版，第 1 页。

③《全国人民代表大会宪法和法律委员会关于〈中华人民共和国行政复议法（修订草案）〉修改情况的汇报》，载中国人大网，http：//www. npc. gov. cn/npc/c2/c30834/202309/t20230901_ 431416. html，最后访问时间：2023 年 10 月 27 日。

④ 参见周佑勇：《行政复议的主渠道作用及其制度选择》，载《法学》2021 年第 6 期。

导下，行政复议法将改变曾在一定程度上存在的行政争议化解困局。[①] 当然，将行政复议作为化解行政争议的主渠道，同时也意味着我国传统行政复议制度还需要从制度层面加以改革和完善。对此，修订后的行政复议法在复议管辖、机构设置、审理程序等方面作出的一系列修改完善，实际上就是要从根本上消弭行政复议作为化解行政争议主渠道的多种限制因素的影响，确保行政复议能够更多地化解行政争议，更好地发挥其权利救济的价值性功能。

除以上三个立法目的外，本次修订后的行政复议法还新增“推进法治政府建设”表述，进一步明确了行政复议作为政府系统自我纠错的监督制度和解决行政争议的救济制度在推进法治政府建设进程中的重要作用。

【适用指南】

第一，在适用中应当注重把握行政复议法立法目的的体系化，发挥行政复议多元化功能的统一。在“权利保护”“监督行政”“化解争议解决的主渠道”三种目的内部关系的处理上，尤其是在个案目的选择出现不一致时，应当建立体系化的行政复议目的立场。所谓体系化的行政复议目的立场，是指在三种目的的位阶处理上，应当以“权利保护”为核心，将其作为根本目的。这是因为，作为一种价值范畴，立法目的的核心必须具有价值评价的功能，有着最基本的价值核心。行政复议法虽然也有“监督行政”“化解争议解决的主渠道”的立法目的，但其无法上升到价值层面，它们最多只能作为制度实施所追求的目标，而不能当作价值的评价标准。[②] 因此，笔者认为“权利保护”应当被作为行政复议立法的直接目的，“监督行政”属于间接目的，而“化解争议解决的主渠道”则是行政复议所具有的制度特性。

第二，充分发挥行政复议作为化解行政纠纷主渠道的基本做法。首先，解决行政争议应主要通过行政复议的渠道而非行政诉讼或信访，所有原则上可以通过行政复议解决的行政争议都应纳入这一渠道，以充分发挥行政复议制度“公正高效”“便民为民”的优势，即将“公正”和“效率”这两个法的价值相互联结，这要求复议机关在实践中不仅要公正地化解行政争议，而且要高效地化解行政争议。其次，主渠道的作用并不仅仅

---

① 参见熊樟林：《行政复议机关做被告的理论逻辑》，载《法学》2021 年第 7 期。

② 参见周佑勇：《我国行政复议立法目的条款之检视与重塑》，载《行政法学研究》2019 年第 6 期。

体现在解决行政争议的案件数量和范围的增加上，而且要求行政复议应有效回应实践需求，从而实现权利救济这一根本目的，这也是行政复议作为行政争议解决主渠道的正当性基础和核心价值追求，如此才能与其主渠道作用的定位相匹配。[①] 因此复议机关要重视争议解决的质量，在个案处理上仍应以保障人民权利作为行政复议的直接目的与终极追求，并以此作为价值引领，始终坚持复议为民，重视行政相对人权利保护的“实效性”而非单一的“时效性”。

总的来说，在具体的法律适用上，本条虽难以被直接引用，但在功能维度上，立法目的一般被用作法律解释的“目的要素”、法律漏洞填补的“衡量规则”以及说理论证的“权威论据”，[②] 从而对案件的法律适用有着价值指引、漏洞填补和说理参照的作用。复议机关也应当以立法目的条款为准则，正确适用相应的具体规范条款，兼顾权利保护、公平正义、成本效率，形成合理均衡的评价体系，防止出现立法目的条款在具体个案中的严重失衡。[③]

【关联规范】

《中华人民共和国行政诉讼法》第一条；《中华人民共和国国家赔偿法》第一条；《中华人民共和国行政复议法实施条例》第一条。

第二条 【适用范围】公民、法人或者其他组织认为行政机关的行政行为侵犯其合法权益，向行政复议机关提出行政复议申请，行政复议机关办理行政复议案件，适用本法。

前款所称行政行为，包括法律、法规、规章授权的组织的行政行为。

【条文主旨】

本条是关于行政复议法适用范围的规定。

---

① 参见周佑勇：《行政复议的主渠道作用及其制度选择》，载《法学》2021 年第 6 期。

② 参见杨铜铜：《立法目的司法运用的功能及其效果提升——以指导性案例为分析对象》，载《社会科学》2022 年第 8 期。

③ 参见周佑勇：《我国行政复议立法目的条款之检视与重塑》，载《行政法学研究》2019 年第 6 期。

【条文解读】

行政复议是指行政相对人认为行政主体的行政行为侵犯其合法权益，依法向行政复议机关提出复查该行政行为的申请，行政复议机关按照法定程序对被申请的行政行为进行合法性和合理性审查，并可以附带对行政行为所依据的规范性文件进行审查，作出裁决以解决行政争议的活动。本条既是对行政复议法适用于行政复议活动的宣示性规定，意在确认行政复议的申请、受理和决定等行政复议机关办理行政复议案件全过程均受行政复议法调整；同时也是对行政复议受案范围的概括性规定，为允许行政相对人申请行政复议的事项范围设定了申请人、被申请人、行政行为和合法权益等方面的限定条件。

一、规范行政复议活动

行政复议法作为规范行政复议活动的专门法，是根据宪法制定的关于我国行政复议领域的总则性法律规范，适用于行政复议领域的全部活动和全部过程。我国宪法赋予了公民对于公权力主体及其行为的监督和救济权利。其中，宪法第四十一条规定，中华人民共和国公民对于任何国家机关和国家工作人员的违法失职行为，有向有关国家机关提出申诉、控告或者检举的权利，对于公民的申诉、控告或者检举，有关国家机关必须查清事实，负责处理。对于行政机关来说，行政复议是由行政相对人发起，行政机关系统内部启动的一种自我监督的重要形式；对于行政相对人来说，行政复议与作为外部监督形式的行政诉讼同属于公民监督和救济权利的重要制度保障。1989 年行政诉讼法的制定，标志着我国现代行政法律制度的正式建立。① 在行政诉讼法的倒逼之下，我国行政立法沿着单行法先行的道路，按照“成熟一部、制定一部”的思路，先后制定了行政处罚法、行政复议法、行政许可法、行政强制法等法律。行政复议法是行政复议领域的专门性、总则性的法律规范，统领着整个行政复议法律制度体系，指导着下位法的制定和实施，适用于行政复议的申请、受理、决定以及后续的监督、救济等全部过程。

二、行政复议受案范围的概括性规定

本次修法将本条中的原“具体行政行为”修改为“行政行为”，这为行政复议受案范围概括性地确立了以“行政行为”与“合法权益”为双重

---

① 参见周佑勇：《中国行政法学学术体系的构造》，载《中国社会科学》2022 年第 5 期。

标准的审查构造，[1] 标志着行政复议受案范围的进一步扩大。从 1990 年的《行政复议条例》，到 1999 年的行政复议法，再到 2009 年和 2017 年行政复议法的两次修正，对被申请复议行为均采用了“具体行政行为”的表述。事实上，不仅是行政复议法，行政诉讼法在 2014 年修改之前，对于被诉行为也采用了“具体行政行为”的表述。具体行政行为是指行政机关依法行使行政权力，就特定事项对特定的行政相对人作出的有关其权利义务的单方行政职权行为。与之相对的是抽象行政行为，即行政机关针对不特定的对象，制定、发布具有普遍适用效力且反复适用的行政规范性文件的行为。一方面，我国行政复议法和行政诉讼法都规定了对于效力位阶在规章以上（含规章）的行政规范性文件不予审查，对于规章以下的行政规范性文件，在就特定的行政行为提起复议或诉讼时，可以依法一并申请对该规范性文件进行审查，即附带审查，而无法直接就抽象行政行为申请复议或诉讼。另一方面，具体行政行为的概念内涵具有单方性、法律性和处分性等特征，即能够根据行政主体的单方意思表示引起行政法律关系的变动，因而无法囊括政府信息公开等行政事实行为，以及行政协议等非传统意义上的行政活动。然而，这些行政活动同样可能会给行政相对人的合法权益造成侵犯，单纯以具体行政行为作为行政复议或行政诉讼的审查对象影响着行政相对人的权益保障。

随着新型行政管理方式的不断涌现以及法治政府建设的深入推进，“具体行政行为”的语义射程在日益提高的行政相对人权利意识与权利诉求面前显得捉襟见肘。[2] 最终行政诉讼法在 2014 年修改时抛弃了“具体行政行为”这一学理概念，选择了涵盖范围更广的“行政行为”，旨在扩大行政诉讼的受案范围，同时“行政行为”的表述也更容易被理解和接受，便于行政相对人提起行政诉讼，以强化对行政权力的监督。本次行政复议法的修订，秉持了与行政诉讼法同样的立场，实现了“法法衔接”的良好效果。此外，作为行政机关体系内部一种重要的层级监督和自我纠错机制，行政复议具有成本低、效率高、纠错或救济及时等制度优势，相较于行政诉讼而言，行政复议对行政行为既可以进行合法性审查，又可以进行合理性审查，无须担忧司法权对行政权的过度干预问题。因此，其受案范

---

① 参见曹鎏：《行政复议制度革新的价值立场与核心问题》，载《当代法学》2022 年第 2 期。

② 参见章剑生：《论作为权利救济制度的行政复议》，载《法学》2021 年第 5 期。

围应当是全面、广泛而不受过多限制的。[①] 本条中行政复议的审查对象由"具体行政行为"修改为"行政行为"，意即降低行政复议的申请条件，杜绝行政复议机关推诿受理复议申请，从而扩大行政复议的受案范围。

三、与其他条款的融贯适用

行政复议受案范围的界定，关系着行政复议机关对行政行为进行审查的广度深度，是行政复议制度的核心内容之一，必须予以明确规定。在立法技术上，行政复议法对此采取了概括式标准与列举式标准相结合的混合方式予以确定。所谓概括式标准，是指用一个抽象概括的法律概念或原则标准，来确定可以提起行政复议的案件类型，其优点在于全面、灵活、包容性强，缺点在于内涵和外延不够明确，容易产生争议。本条即对行政复议受案范围的肯定式概括规定。所谓列举式标准，是指用逐一列举的方式，明确规定可以申请行政复议的案件类型，其优点在于明确、具体，缺点在于分散、容易挂一漏万。行政复议法第十一条、第十二条分别是对行政复议受案范围的肯定式列举规定和否定式列举规定。行政复议法既规定了可以申请行政复议的概括式标准，又明确列举了可以受理和不予受理的行政复议案件类型，实现了上述两种标准的优势互补。

从体系解释的角度来看，本条的肯定式概括规定与第十二条的否定式列举规定相结合具有更为周延的规范效果。即在肯定概括后，再以负面清单的方式明确规定不予受理的行为，其他未在排除范围内的行为，都属于行政复议的受案范围。[②] 而第十一条的肯定式列举规定似乎在一定程度上削弱了本条肯定式概括规定的立法效果。对此，应当明确第十一条所列举的行政复议受案范围并非穷尽了所有可以受理的行政复议案件类型，该条在最后一项设置了"认为行政机关的其他行政行为侵犯其合法权益"这一兜底条款，表明其本意不在于发挥严格意义上正面清单的作用，而是更多地在于实现一种确认性规范的效果，为行政复议受案范围的确定提供具体、明确的操作指引。另外，第十二条的否定式列举规定将国防、外交等国家行为，行政法规、规章和规范性文件等抽象行政行为，行政机关的内部人事处理行为，以及行政调解行为明确排除在行政复议受案范围之外，体现出作为负面清单的良好的规范效果。

---

① 参见梁凤云、朱晓宇：《关于行政复议法修改若干重大问题的思考》，载《浙江工商大学学报》2021 年第 6 期。

② 参见章志远：《从"主渠道"到"实质性"：行政复议解决争议功能之审视》，载《苏州大学学报》2021 年第 4 期。

【适用指南】

本条在实务中的适用要点在于，准确理解和把握以“行政行为”与“合法权益”为双重标准的行政复议受案范围的审查构造。

第一，应当摈弃“无行政处分则无法律救济”原则，转而以行政相对人权利救济为价值基础，[①] 无须严格考察是否属于行政行为，而是只要行为侵害了相对人的合法权益，都应当被纳入行政复议受案范围。从本条的规范表述上来看，行政相对人只要“认为行政行为侵犯其合法权益”，均可以申请行政复议，而不要求其权益是否真的受到侵犯。由此可见，行政复议对行政相对人合法权益的保护门槛较低。然而，“行政行为”虽然相较于“具体行政行为”的概念内涵有所扩展，但依然不能涵盖所有具有可复议性的行为类型，[②] 在具体适用时应当对其作更为灵活和宽泛的解释。理由在于，因应“发挥行政复议化解行政争议的主渠道作用”的改革契机，行政复议受案范围的扩展有利于将行政复议打造成为行政争议“应收尽收”的制度渠道。在这个意义上，行政复议的受案范围应当要大于行政诉讼的受案范围，这一点从行政复议法修订后的其他条款（如第十一条、第十二条）中也可以看出。因此，同样是“行政行为”，行政复议相较于行政诉讼的适用标准也更为宽松，二者形成的是一种前宽后窄的“复议—诉讼”衔接机制。

第二，结合行政复议制度的功能定位和价值追求，应当将“合法权益”作为判断行政复议受案范围的核心标准，不拘泥于“行政行为”固有意涵的限制。过去，“具体行政行为”的立法表述主要是为了将抽象行政行为排除在外，但同时也限制了其他无法被识别为具体行政行为的行政活动的复议资格，如行政协议和部分行政事实行为。特别是一些行政事实行为，往往包含在被申请复议的具体行政行为之中，当这些行政事实行为影响到行政相对人权利义务的得失存废，需要确认行政责任的归属进而请求行政赔偿时，行政事实行为本身就具有了很强的复议价值。“行政行为固有的单一视角、稳定格局以及静态片面的处理方法，在权衡相互冲突的私益、促进法律关系主体的交互往来、应付复杂多样的行政管制实践方面，也都表现出相当的局限”，[③] “应当将行政争议作为行政复议审理构造的逻

---

① 参见周佑勇：《行政复议的主渠道作用及其制度选择》，载《法学》2021 年第 6 期。

② 参见王万华：《“化解行政争议的主渠道”定位与行政复议制度完善》，载《法商研究》2021 年第 5 期。

③ 赵宏：《法律关系取代行政行为的可能与困局》，载《法学家》2015 年第 2 期。

辑支点，无须考量行政行为的类型归属、种类判断、法律效果等具体问题，只要是行政管理活动中有关权利义务的法律争议，就符合受案范围的实质标准”。[①] 因此，实务中在界定行政复议受案范围时，应当着力发挥“合法权益”标准对行政复议受案范围的拓展功能，尽量限制“行政行为”标准对行政复议受案范围的收缩功能，以更好地把握行政复议受案范围的判断标准，充分发挥行政复议化解行政争议的主渠道作用。

【关联规范】

《中华人民共和国行政复议法》第十一条、第十二条。

第三条 【党的领导与基本原则】 行政复议工作坚持中国共产党的领导。

行政复议机关履行行政复议职责，应当遵循合法、公正、公开、高效、便民、为民的原则，坚持有错必纠，保障法律、法规的正确实施。

【条文主旨】

本条是关于行政复议工作应当坚持党的领导以及应当遵循合法、公正、公开、高效、便民、为民和监督等基本原则的规定。

【条文解读】

一、坚持党的领导

中国共产党的领导是中国特色社会主义最本质的特征。走中国特色社会主义法治道路就要坚持中国共产党的领导，必须把党的领导贯彻到依法治国工作的全过程和各方面。

《法治中国建设规划（2020—2025 年）》明确提出：“健全党的全面领导制度。推进党的领导入法入规，着力实现党的领导制度化、法制化。”行政复议承担着解决行政争议的主渠道功能，在中国特色社会主义法律体系中属于基本的法律制度，必须贯彻落实党的领导。本条首次将“坚持党

---

① 曹鎏：《行政复议制度革新的价值立场与核心问题》，载《当代法学》2022 年第 2 期。

的领导”写入行政复议法条文，进一步明确了党的领导是全面推进行政复议工作的根本保证。

二、合法原则

合法原则是行政复议工作开展的基础，是指承担复议职责的复议机关必须在法定职责范围内活动，一切行为均须符合法律的要求。比如，在行政复议的调解及和解制度中，新行政复议法扩大了行政复议调解范围，并在法律层面创设了行政复议和解撤案制度，给予了复议双方较大的合意解决行政争议的空间，但同时规定，行政复议的调解、和解不得违反法律、法规的强制性规定，为行政复议调解、和解奠定了合法性基础。

具体而言，合法原则主要包括以下内容：第一，承担复议职责的主体合法，即必须是依法设立并享有法定复议权的行政机关，且受理的案件必须是依法属于复议机关管辖的行政案件；第二，复议机关审理复议案件的依据合法；第三，审理复议案件的程序合法，即复议机关应当按照行政复议法和行政复议法实施条例等有关规定的复议程序进行行政复议活动。

三、公正原则

公正原则是实质化解行政争议的必然要求，是指复议机关的复议活动不仅应当是合法的，而且应当是公正的，即应当在合法性的前提下尽可能做到合理、充分、无偏私。新修订的行政复议法通过多个条款对行政复议中立性进行补强，以促进决定者不偏不倚，让每一个群众感受到公平正义。比如，完善了行政复议委员会机制，通过引入外部力量促进个案公正，提高个案质量。

具体而言，公正原则主要包括以下内容：第一，平等对待，即复议机关在行使复议权时应当平等地对待复议双方当事人，不能有所偏袒。尤其是在处理与下级行政机关的关系时，复议机关要把握合理的分寸，不能偏袒下级行政机关。第二，从实际出发，即复议机关在审理复议案件时，应当全面、准确查明事实。比如，为实质性化解争议，不能仅仅局限于争议事实的查明，而应当查明所有与案件有关的事实，并作出准确的定性。第三，合理裁量，即复议机关在作出复议决定时，应当正当、合理地行使复议裁量权。

四、公开原则

公开原则是增强行政复议公信力和权威性的重要原则，是确保复议权合法、公正行使的基本条件，也是防止滥用复议权的最好手段。公信力和权威性构成了人民群众是否愿意通过行政复议作为解决其与行政机关发生争议的出发点。

具体而言，公开原则是指复议机关在案件审理的各个环节，乃至行政复议的各个阶段应当对涉及国家秘密、个人隐私和商业秘密以外的有关信息予以公开。在理解本条时，应当结合行政处罚法、行政许可法、政府信息公开条例等有关规定。如行政复议法第七十九条第一款规定，行政复议机关根据被申请行政复议的行政行为的公开情况，按照国家有关规定将行政复议决定书向社会公开。可见，对于行政复议决定的公开性一方面应当参考被申请行政复议的行政行为的公开情况，另一方面要依据政府信息公开条例等国家有关规定公开。在行政复议决定公开之外，这一原则还要求行政复议过程信息公开。如行政复议法第五十一条第一款规定，行政复议机构应当于举行听证的五日前，将听证时间、地点、拟听证事项书面通知当事人。

五、高效原则

高效原则是行政复议相比行政诉讼在化解行政争议层面所具有的独特优势。由于行政机关对于行政业务更为专业、距离案件事实更为接近，同时行政程序注重效率、便捷、成本低，因此作为来自行政系统的救济机制，行政复议相比行政诉讼更具有高效化解行政争议的可能。在内涵上，高效原则是指行政复议机关及其工作人员应当积极履行法定职责，严格遵守法定时限，减少行政成本、提高行政效能。

具体而言，高效原则主要体现为两个方面：第一，提高效率。比如，在审理程序方面，可以采取更为灵活和简化的方式；又如，在期限上，强调行政复议期限一般要设置较行政诉讼更短的期限要求。第二，增大效益，即强调行政复议要最大限度降低争议化解的成本，以较小的行政资源投入来实现解决行政争议的目的，达到资源配置的最优状态。比如，不仅要求行政复议机关合理裁量，还要求其充分裁量，即在合法的基础上，可以基于行政机关独有的科层组织优势和资源配置优势，对当事人诉请争议之外的实质诉求和诉请争议的关联争议等“一揽子、一次性”化解，以促进行政争议的实质性化解，实现行政复议的治理意义。

六、便民、为民原则

便民、为民原则明确了行政复议“为了人民、依靠人民”的人民性，是贯彻落实“坚持以人民为中心”的具体实践。便民原则，是指行政复议机关应尽可能地为行政复议参加人提供必要的便利条件。行政机关是为公民提供公共服务的机关，为公民提供公共服务是其职责。因此，公共服务的过程应尽可能方便人民。为民原则，是指行政复议作为一项化解行政争议的具体制度的核心宗旨应当是保护人民群众的合法权益，必须始终坚持复议为了人民、依靠人民，让人民群众在每一件复议案件中都能更加感受到公平正义。

此次行政复议法的多处修改，均体现了便民、为民原则。如在复议体制方面，相对集中行政复议管辖权，将分散的救济渠道整合，方便公民寻求救济。又如，健全行政复议申请、受理和审理程序，扩大受案范围、提供简化审理程序，为人民寻求救济提供便利。

在根据行政复议法开展行政复议工作时，同样应当坚持便民、为民的宗旨。如可以尝试类比民事诉讼法健全案件繁简分流制度，进一步探索通过信息网络平台进行行政复议的可能，建立在线复议制度。对此，在行政复议法修改之前，实际上已经有地方政府尝试作出了一些改革。如在案件受理阶段，珠海市增加受理咨询点、在各司法所公共法律服务中心设立专门行政复议受理窗口，努力打破区域受案壁垒，全面铺开行政复议受理“全城通办”。①

七、监督原则

监督是除争议化解和维护相对人合法权益外行政复议的另一重要功能，监督原则是指复议机关应当通过行政复议实现对原行政行为的监督，督促行政机关自我纠错，保障法律、法规的正确实施。之所以如此规定，是因为行政复议作为一项行政权力，应当充分体现行政权力的特点，即通过内部的层级监督，更为直接和高效地督促行政机关自我纠错并合法、合理履行职责。此外，监督原则的前提是行政复议采取了“命令—服从”的行政模式。这可以充分发挥行政复议在整个公权救济体系中的优势。②

监督原则主要通过行政复议的审理和决定得以贯彻。如行政复议法第四章第五节规定了行政复议附带审查的制度框架，为行政规范性文件的内部监督确立制度框架。在第五章行政复议决定中，复议机关可以通过撤销、变更决定，在实体上直接处分原行政行为，实现自我纠错，保障法律、法规的正确实施。

【适用指南】

本条属法律基本原则条款。行政法基本原则对行政法规范具有重要的稳定、协调和优化价值，可以作为法律解释的基准和补充法律漏洞的工

① 参见《珠海市司法局：巧用“1234”！激活行政复议体制改革“一池春水”》，载广东省司法厅网站，http：//sft. gd. gov. cn/sfw/fzgz/xzfy/content/mpost_ 3617239. html，最后访问时间：2023 年 10 月 21 日。

② 参见练育强：《功能与结构视野下的行政复议制度变革》，载《法学》2021 年第 6 期。

具。① 具体而言，该条在适用中具有以下两方面作用：

第一，作为解释行政复议法律条文的基准。也就是说，本条为行政复议法的解释提供了价值导向，在对行政复议法具体条文进行解释的过程中，应当从本条提供的价值导向出发，不能违背本条阐释的精神。

第二，作为填补行政复议法律漏洞的工具。这意味着，在行政复议工作中，面对法律规定不完整甚至欠缺规定的情形时，复议机关应当根据本条提供的基本价值处理。需要注意的是，本条在直接适用中应具有谦抑性，即在有具体可用的法条的情况下，必须适用具体法条，一般不直接适用本条。

【关联规范】

《中华人民共和国行政复议法》第五条、第五十一条、第七十九条。

第四条　【复议机关、机构及其职责】 县级以上各级人民政府以及其他依照本法履行行政复议职责的行政机关是行政复议机关。

行政复议机关办理行政复议事项的机构是行政复议机构。行政复议机构同时组织办理行政复议机关的行政应诉事项。

行政复议机关应当加强行政复议工作，支持和保障行政复议机构依法履行职责。上级行政复议机构对下级行政复议机构的行政复议工作进行指导、监督。

国务院行政复议机构可以发布行政复议指导性案例。

【条文主旨】

本条是关于行政复议机关、行政复议机构及其职责的规定。

【条文解读】

一、行政复议机关的定义及其职责

根据修订前的行政复议法第十二条至第十五条以及行政复议法实施条

① 参见周佑勇：《行政法基本原则研究》，法律出版社 2019 年版，第 5 页、第 261~270 页。

例第二十三条至第二十五条的规定，我国行政复议体制一直为“条块”双重管辖体制，即行政相对人在对具体行政行为不服时，中央、地方各级人民政府及其各部门一般均有行政复议管辖权。这种管辖体制因管辖主体数量优势，确实在一定程度上能够为行政相对人行使复议权利提供充分的保障和便利，但是，从实际运行效果上看，这种管辖模式也同时使得行政复议权力行使较为分散，管辖范围和边界不清晰，造成了复议效率低下、监督缺失等问题，以致不能充分实现行政复议的制度功能。因此，需要对行政复议管辖模式加以调整，使行政复议权进一步加强集中行使。这种体制改革“是行政复议制度发展创新的内在需求，是对行政复议制度全面优化的关键所在和基础环节”。①

在充分总结试点经验的基础上，本次行政复议法修订对行政复议体制改革给予了明确的立法呼应，重点体现在本条内容中。首先，本条规定给予了行政复议机关清晰的界定，将复议机关统一为“县级以上各级人民政府以及其他依照本法履行行政复议职责的行政机关”，基本确立了以“块块”管辖为原则、“条条”管辖为例外的行政复议管辖原则。这一规定也改变了原有的分散管辖体制，使行政复议管辖体系愈加清晰，实现了行政复议权的集中行使，打破了一直以来阻碍行政复议制度充分发挥功能的桎梏。

其次，本条中“其他依照本法履行行政复议职责的行政机关”保留了部分的政府部门的行政复议职责，其目的有三方面：一是从本次修法的内容体系考虑，此规定为例外的“条条”管辖模式提供立法支撑。如行政复议法第二十七条中的各类垂直领导机关的复议管辖问题，均不再适用地方政府的管辖规定，而是由其上一级主管部门管辖。二是出于立法的接续性考虑，需要给予先前规范中确立的其他复议机关留存必要的空间，以保障制度变更中的缓冲效果。三是从法律实施角度考虑。相对于政府各部门，地方政府虽具备良好的行政基础条件，但缺乏相关的专业领域知识。从立法上将行政复议职能完全集中于地方政府，不免会造成过重的负担，“从而影响行政复议的办案质量和效率”。②

二、行政复议机构的概念及其职责

行政复议机构能否流畅、出色地完成职责，是我国行政复议能否实现其制度功能的基础和关键，其设置问题也是我国行政复议体制改革的核心

---

① 中国法学会行政法学研究会、中国政法大学法治政府研究院编：《行政复议法实施二十周年研究报告》，中国法制出版社 2019 年版，第 57 页。

② 马怀德：《行政复议体制改革与〈行政复议法〉修改》，载《中国司法》2022 年第 2 期。

问题之一。对本条的理解应当着重把握以下几个方面：

第一，本条定义了行政复议机构的概念。修订前的行政复议法第三条同样规定了行政复议机构的相关问题，但缺陷在于未能对行政机构有专门定义，而是直接规定了负责行政复议事项的机关。同时，将“负责法制的机构”直接对应了“行政复议机构”，这意味着行政复议机构的范围被牢牢限制，只能由法制机构负责。由此带来的后果体现于两方面：一是行政复议机构作为一机关法制机构的下属机构，从属性较强，工作范围受到限制，极易受到政府、上级部门的掣肘，缺乏独立性；二是行政复议机构规模过小，“不少县级政府法制机构是政府办公室内部挂牌机构，约 38.2% 的县级政府没有设立法制机构或者只挂牌无编制”，[①] 在人员配置、基础条件等方面往往达不到实际要求。同时，法制机构虽在法治专业程度上具备优势，但并不完全具备行政执法各个领域的专业知识，难以达到行政复议的专业性和科学性要求。以上两方面的后果使得行政复议难以发挥其主渠道作用，进而无法实现行政复议“权利救济”的制度价值。[②]

新修订后的行政复议法首先对行政复议机构进行了定义，明确规定“行政复议机关办理行政复议事项的机构是行政复议机构”。这一规定的含义可以从两个层面理解：一是在语义上，行政复议事项可以由法制机构负责办理，也可以由其他部门内的专业机构办理，还可以通过独立设置的行政复议机构办理，增添了机构设置多样性；二是在法律规范的内容衔接上，本条从立法上消解了对行政复议机构建设的限制，为后文诸如行政复议委员会等专门的、独立的行政复议机构设置规定留存了空间，从条文上协调了制度体系，优化了前后衔接。

第二，本条规定了行政复议机构对应诉事项的办理职责。行政机构负责应诉事项的办理并非新增规定。修订前的行政复议法以及行政复议法实施条例均通过规定行政应诉事项具体内容的形式对行政机构办理应诉事项作出了规定。而本次修法将这一问题予以专门规定，体现了对行政复议与行政诉讼衔接问题的高度重视。行政复议和行政诉讼均是行政法救济途径中的重要部分，其目的是及时有效解决行政纠纷、充分保障行政相对人权利。在“发挥行政复议化解行政争议的主渠道作用”的要求下，畅通复议和诉讼衔接路径，优化纠纷解决资源配置显得尤其重要。

---

① 王胜俊：《全国人民代表大会常务委员会执法检查组关于检查〈中华人民共和国行政复议法〉实施情况的报告》，载中国人大网，http：//www.npc.gov.cn/zgrdw/npc/xinwen/2013-12/24/content_ 1819964.htm，最后访问时间：2023 年 10 月 16 日。

② 周佑勇：《行政复议的主渠道作用及其制度选择》，载《法学》2021 年第 6 期。

根据新修订的行政复议法第二十三条的规定，在复议与诉讼的机制衔接上，于一定范围内确立了“复议前置为原则”的新模式，即法定情形下依法先申请行政复议，对行政复议决定不服的才可以提起行政诉讼。由行政复议机构负责相应的应诉工作，具备显著优势：在增强行政机构力量、扩大行政机构承担复议事项的前提下，行政复议机构不但具备专业的法律能力、出色的行政纠纷解决能力，而且掌握全面、详细的行政纠纷案情信息。本条规定的衔接职责模式，更有利于提高行政效率、节约行政资源，增强行政纠纷解决的合理性。

三、行政复议机关与行政复议机构之间的关系

行政复议机关作为履行行政复议职责的行政机关，有责任为具体办理行政复议事项的行政复议机构提供必要的支持和保障，以确保行政复议工作的顺利进行。根据本条文规定，行政复议机关和行政复议机构之间的关系应当从纵向和横向两个层面理解。

在纵向上，为进一步加强行政复议履职保障，完善行政复议工作有关要求，行政复议机关应当支持和保障行政复议机构依法履行职责。从实践来看，这种支持和保障的方式主要包括足够的经费、人力和物质等资源支持、人员的专业培训支持、有效的信息共享和协同配合机制等支持。

在横向上，上级行政复议机构对下级行政复议机构进行行政复议工作的指导监督职责。需要注意的是，指导监督责任并非领导责任，而是一种非强制性、弱影响力的活动，是上级机构对下级机构的“条条”管理、协调、咨询方式，也是对国务院、县级以上地方政府以及其他行政复议机关领导行政复议工作的重要补充。这种指导和监督旨在增强行政复议的合法性、合理性和专业性。

这些内容强化了行政复议机关保障行政复议工作的法定责任，明晰了行政复议的指导、监督责任，符合我国推进全面依法治国和全面深化改革的明确要求，也是法治政府建设过程中的必然举措。

四、行政复议指导案例制度的建立

根据本条第四款规定，国务院行政复议机构可以发布行政复议指导性案例。指导性案例制度在我国已经有充足的探索经验，例如，由最高人民法院定期发布的司法指导性案例、《法治中国建设规划（2020—2025年）》中提出的“建立行政执法案例指导制度”等。本次行政复议法的修订，将我国指导性案例制度内容进一步明确扩展至行政复议领域，具有重要意义。

通过指导性案例，国务院可以将行政复议的基本要求、程序和标准予以统一，确保行政复议工作的规范性和一致性。指导性案例可以对一些重要、具有普遍意义的行政复议案件进行分析和解释，为行政复议案件的办理提供依据和参考。这不仅可以加强对行政复议工作的指导，还能防止行政复议案件办理中出现的瑕疵、错误和不公正现象。

指导性案例的发布和推广可以提高行政复议机构的专业水平和办案质量。国务院作为最高行政机关，具有制定行政法规和政策的职权。通过发布指导性案例，国务院可以向行政复议机构传达正确的法律观念和办案标准，提高行政复议机构与法律法规的接轨度，确保行政复议工作的公正性和权威性。指导性案例可以为行政复议机构提供具体的操作指导，帮助他们规范办案程序、增强办案能力，提高办案效率和质量。

指导性案例的发布还可以促进行政复议案件的均衡发展和统一解释。行政复议案件种类繁多，与各个行政部门和行业相关，案件情况各异。对于某类案件，如果没有统一的解释和指导，可能导致不同行政复议机构对同类案件采取不同的判断和处理方式，造成案件结果不一致，增加当事人的不确定性和救济风险。通过指导性案例的发布，国务院可以对一类或类似案件进行统一解释，明确相关法律规定的意思和适用情况，提供一致的办案标准，确保行政复议的公正和稳定。

综上所述，行政复议指导性案例对于加强国务院对行政复议案件的指导具有重要意义。其可以提高行政复议机构的专业水平和办案质量，规范办案程序和提高办案效率，促进行政复议案件的均衡发展和统一解释。国务院应加强对指导性案例的制定、发布和推广工作，确保其发挥应有的指导作用，提升行政复议工作的科学性和合法性。

【适用指南】

第一，要具体理解行政复议机关对行政复议机构的支持、保障责任。这一责任的内容包括提供足够的物质资源、人力资源、财政资源以及法律支持。要实际履行上级行政复议机构对下级行政复议机构工作的指导和监督，确保复议工作的规范性和一致性。指导和监督应当依法定程序进行。

第二，要正确理解指导性案例的作用和地位。首先，指导性案例的发布主体是国务院行政复议机构，这有利于保证案例的权威性，有助于塑造社会对行政复议的尊重和信任。其次，指导性案例主要用以解释和适用法律法规的具体含义，并对全国的行政复议工作发挥指导作用。再次，指导性案例有助于提高复议决定的一致性，减少不同地区之间的决定差异，使各地行政机构能够更好地掌握复议工作要点。最后，法律规范和社会环境都在不断变化，相应地，指导性案例也应该定期更新，以反映新的法治发展和社会需求。

【关联规范】

《中华人民共和国行政复议法实施条例》第三条、第二十三条、第二十四条、第二十五条、第五十三条、第五十四条、第五十五条。

第五条 【行政复议调解】行政复议机关办理行政复议案件，可以进行调解。

调解应当遵循合法、自愿的原则，不得损害国家利益、社会公共利益和他人合法权益，不得违反法律、法规的强制性规定。

【条文主旨】

本条是关于行政复议调解适用范围和适用原则的规定。

【条文解读】

行政复议调解是将行政复议与调解有机结合的产物，是指在行政复议过程中，行政复议机关以中立的第三方的身份介入调解，对于双方当事人之间的行政争议，展开说服劝导、协调化解，有效促进当事人进行沟通协商，消除误解达成合意，化解行政争议的活动。本次修法将行政调解制度明确规定于行政复议法总则部分，以立法形式正式确立了其法律地位。

一、行政复议调解的立法意义

本条是行政复议调解制度在法律层级上的立法。从立法意义上看，本条将行政复议调解设立在修订后的行政复议法总则部分，有两层价值。一则，修订后的行政复议法效力层级为法律，在其中规定可以进行调解，是从法律层级上认可了行政复议调解制度的立法地位，回应了行政复议调解一直存在的争议。二则，突破了过去所规定的行政复议调解适用情形。在新修订的行政复议法第五条确立以前，立法中对行政复议调解的规定一直持谨慎态度，如行政复议法实施条例仅在第五十条规定了调解适用的两种情形、修订前的行政复议法仅在第八条“行政机关对民事纠纷作出的调解”中提到调解，均表明行政复议调解的适用范围十分狭窄。本条文规定在总则部分，对行政复议法的分则内容及行政复议法实施条例均有指导性作用，本条中“行政复议机关办理行政复议案件，可以进行调解”的立法表述，为调解的适用情形提供了广阔的制度空间。

二、行政复议调解的适用情形

依据行政复议法实施条例第五十条的规定，原行政复议调解的适用情形包括两类：一是相对人对行政机关自由裁量权作出的具体行政行为不服；二是有关纠纷当事人之间的行政赔偿或行政补偿纠纷。这意味着，并非所有行政争议都能够适用行政复议调解，行政复议调解的适用范围十分有限。与过去不同，本次修订后的行政复议法第五条明确规定“行政复议机关办理行政复议案件，可以进行调解”，调解成为行政复议机关化解行政纠纷的选项之一，切实增加了一个可供选择的纠纷解决手段。从文义上来看，本条规定的行政复议调解的适用情形几乎是不受约束的，只要是行政机关办理的行政复议案件就可以使用调解手段。这为大范围运用行政复议调解手段提供了合法性依据，有利于充分发挥行政复议的灵活、快捷、高效的制度优势，有利于行政纠纷的实质性化解。

三、行政复议调解的适用原则

从适用原则上看，行政复议调解应当遵循合法、自愿的原则。适用原则本质上是承继了调解本身应遵循的原则，一方面，调解来源于私法，强调主体平等协商；另一方面，因调解是法律规定争议解决的手段之一，又具备公法性质，因而又强调其规范性。概括而言，行政复议调解需遵循两类原则，合法原则是指遵循相关法律的规定，自愿原则是指在当事人自愿、平等的基础上进行调解。自愿、合法原则是对行政复议调解的弹性约束，是对其他法定规范的补充性说明，推动行政机关以柔性方式化解行政争议。

四、行政复议调解的适用规范

从适用规范上看，行政复议调解不得损害国家利益、社会公共利益和他人合法权益，不得违反法律、法规的强制性规定。此处的适用规范可以理解为适用时应当遵循的约束，可分为权益性约束和法律性约束两类。行政复议调解的过程包含互相妥协的过程，主体包括行政机关和行政相对人。从主体上看，行政机关的权益与国家利益和社会公共利益息息相关，相对人的权益与他人合法权益息息相关，由于行政复议调解过程中可能涉及对其他权益的侵害，因此权益性规范要求调解不得损害国家利益、社会公共利益和他人的合法权益。与此同时，行政复议调解在一定程度上是对学理中行政权力不可处分原则的挑战，甚至可能涉及廉政风险。因此，在适用行政复议调解过程中需严格依法进行，保证符合法律性规范，不得违反法律、法规的强制性规定。

【适用指南】

本条在行政复议实践中的适用要点主要在于行政复议调解的适用范围与行政复议调解原则两个方面：

第一，修订后的行政复议法扩大了行政复议调解的适用范围，突破了行政复议法实施条例第五十条规定的调解情形，将调解作为解决行政争议的通用手段之一，行政机关办理的行政复议案件都可以进行调解。具体而言，适用范围的判断需满足两个条件：一则，是行政复议机关办理的行政复议案件；二则，行政复议机关认为应当进行调解。其中，行政复议机关对是否进行调解具有裁量空间，有利于将调解作为行政复议案件的解决手段。

第二，行政复议调解在适用过程中应当遵循原则性规定和强制性规定。原则性规定包括合法原则、自愿原则，强制性规定包括不得违反法律、法规的强制性规定，同时需要符合不得损害国家利益、社会公共利益和他人合法权益的要求。合法原则是指遵循相关法律的规定，自愿原则是指在当事人自愿、平等的基础上进行调解。法律、法规的强制性规定是指效力位阶为法律和法规的法律条文中所规定的强制性规范，不得损害国家利益、社会公共利益和他人合法权益是指调解的过程及结果不得危及国家、社会、其他个人的合法权益。

【关联规范】

《中华人民共和国行政复议法实施条例》第五十条。

第六条　【队伍建设】国家建立专业化、职业化行政复议人员队伍。

行政复议机构中初次从事行政复议工作的人员，应当通过国家统一法律职业资格考试取得法律职业资格，并参加统一职前培训。

国务院行政复议机构应当会同有关部门制定行政复议人员工作规范，加强对行政复议人员的业务考核和管理。

【条文主旨】

本条是关于行政复议人员队伍建设的规定。

【条文解读】

一、行政复议人员队伍建设的指导性要求

第一，专业化。专业化是保障行政复议质量、打造高水平复议队伍的基本要求。行政复议制度设立后在一定程度上存在资源分散、人员不足、维持决定率高等问题。行政复议队伍应由内而外革新，建立专业的人才队伍，切实发挥行政复议的效能。行政复议人员不同于一般的政府公务员，既需要熟悉具体行政实务、了解各部门机关职能，又需要具备法律专业知识、高效处理行政争议。首先，专业化意味着提高行政复议机关职位的录用标准，打造专业化行政复议人员队伍。只有符合工作职责要求的专业人员，才能最大限度体现职位价值，出色完成工作要求。其次，专业化意味着围绕工作特点和要求，针对性地开展专业知识学习、职业技能强化等周期性培训活动，引导行政复议人员将理论与实践相结合，把知识运用于实务，提高其分析和解决问题的专业素养，适应时代发展的现实需要。最后，专业化意味着需避免行政性定位引起的制度性缺陷，融合行政性与准司法性，为行政复议人员提供发挥专业能力的空间。在依法治国的大背景下，专业的人员队伍实质上要求行政复议人员依据宪法和法律行使权力、履行职责，做到有法可依且有法必依，运用法治的思维完成行政工作。牢固树立复议人员的法治意识、程序意识、规则意识，严格按照权限、程序、期限开展工作，破除维持决定率高等弊端，将形式正义和实质正义落到实处，全方位打造专业化的行政复议人员队伍，进而提升行政复议的公信力。

第二，职业化。职业化是指行政复议工作的制度化、分工化，包括行政复议工作职位的相对独立性和行政复议人员自身具备的职业道德素养。行政复议的目的是纠正行政主体作出的违法或者不当的行政行为，因此复议人员需要保持相对独立性，落实“事编匹配、优化节约、按需调剂”的原则，行政机关应科学设置内设机构，调配专职行政复议人员，使得人员配备与工作需要相适应。制定行政复议职业身份、权利、物质等职业保障制度，抵制外部利益干扰，提升行政复议人员职业化水准，确保行政复议工作高效运转。良好的职业道德素养能够让复议人员忠于职业操守，激发主观能动性，保证复议工作的质量和效率。一方面，行政复议机关应当重

视职业道德建设，出台职业道德规章制度，严格规范行政复议人员的职业作风，廓清权力边界，制定激励措施，宣扬优秀工作人员事迹，营造良好的职业氛围。另一方面，行政复议人员应培育职业道德素养。徒法不足以自行，职业道德与工作规范相互融合，是复议人员正面提升行政复议制度效益的内在动力。良好的职业道德素养能够约束复议人员的内部关系，为行政相对人提供优质服务，充分发挥化解行政争议的主渠道作用，推动行政复议工作的良性循环。

二、明确行政复议人员准入资格要求

行政争议一般具有较强的专业性和技术性，需要行政复议人员掌握行政领域的专业知识和合理归责的法律知识，掌握公正处理行政纠纷的基本技术。行政复议人员属于公务员范畴，以往的准入资格要求不是很具体，导致当前行政复议人员队伍存在专业性不高的问题。为落实“专业化、职业化”的指导要求，应当提升行政复议人员的准入资格要求，保证加入行政复议队伍的人员具备职位所必需的专业知识基础。因此，依据本法第六条，初次从事行政复议工作的人员应当通过国家统一法律职业资格考试取得法律职业资格。同时，各复议机关应当根据职责要求，对初次从事复议工作的人员进行统一培训。一方面，由于不同行政领域具有各自的特点，应当依据职务特点对其进行实操性、针对性培训，促进复议人员将专业知识与工作需求相融合。另一方面，要培养复议人员自主学习的意识，充分发挥其主观能动性，提升个人知识积累和工作能力。

三、健全行政复议人员队伍配套规范机制

如果行政复议工作规范缺失，不同领域、不同地区的复议人员工作标准则将存在差异。为规范复议人员工作行为，保障复议人员工作权益，应当制定行政复议人员工作规范。本条第三款提出，国务院行政复议机构会同有关部门制定工作规范，既发挥国务院在规范制定中的全局引领作用，也充分尊重了行政复议在实践中的切实需要，保证了法律实施的延续性，增强了规范的可操作性。行政复议人员工作规范应当包括且不限于执业基本行为规范、具体领域行为规范、执业禁止行为、监督及惩戒。

分级分类定期展开复议人员考核是保持工作队伍活力的重要措施，考核内容应当包括专业知识、工作能力、思想品德、政治素质、职业道德等，并将认真履职尽责、承担急难任务、处理复杂问题、应对重大考验等情况纳入考核范围。考核结果应当公示并以书面形式通知工作人员本人，将其作为调整职位、工资以及奖励、培训、辞退的依据。行政复议机关实行动态管理，根据工作数量、机构层级等因素确定人员队伍名额，并有计划地对复议人员进行任职、晋升、监督、惩罚等管理工作。

【适用指南】

第一，在建立行政复议人员队伍时，应当注重队伍的专业化和职业化两项特征。对于行政复议人员而言，应当具备适配该项职位的专业能力与素养。对于行政复议机构而言，应该设置负责行政复议程序的专职工作人员，避免兼职、兼任等现象导致复议程序随意化。

第二，对于初次从事行政复议工作的人员，从其自身角度出发，应当通过国家统一法律职业资格考试取得法律职业资格，具备专业知识基础；从行政复议机构角度出发，应当定期组织行政复议工作人员参加统一职前培训，促进专业知识与工作需求相融合。

第三，行政复议机构应当加强对行政复议人员的业务考核和管理。国务院行政复议机构应当会同有关部门制定行政复议人员工作规范，作为行政复议人员开展复议工作的基础与指南。其他各行政复议机构应当依据工作规范，加强对行政复议人员的业务考核和管理，考核与管理的内容不得违反工作规范，可以根据地方实际情况进行必要的补充，补充内容应当提前向社会公开。

【关联规范】

《中华人民共和国公务员法》第三十五条、第五十七条、第六十七条。

第七条　【复议工作能力适配】行政复议机关应当确保行政复议机构的人员配备与所承担的工作任务相适应，提高行政复议人员专业素质，根据工作需要保障办案场所、装备等设施。县级以上各级人民政府应当将行政复议工作经费列入本级预算。

【条文主旨】

本条是关于保证复议工作正常运行时所需配置的规定。

【条文解读】

一、能力建设

一般认为，行政复议的能力建设主要包括行政机关领导对行政复议渠道的认知能力和行政复议机关履行职责的能力，也包括行政复议机构、编制、人员配备等硬件能力建设，还包括复议机构及其人员的政治素质、把握大局的能力、理论研究能力、处理复杂案件的能力、指导能力、宣传能力等。也有学者认为，行政复议能力建设包括行政复议立法能力建设、行政复议权威力建设、行政复议认知能力建设、行政复议组织能力建设和行政复议执行能力建设等。虽然形式不同，但这些能力落实到主体上皆表现为行政复议机关工作人员的能力、行政机构整体的工作能力，以达到行政复议定分止争的效果。行政复议机关工作人员的能力主要表现为人员素质，机构整体能力包括对外的权威能力和对内的硬件设施能力，其中，权威能力水平也取决于工作人员素质。无论何种说法都殊途同归，最终是为了保证行政复议工作正常运行，促进行政复议目的的实现。

二、成员能力建设

行政复议的队伍建设围绕行政复议机关工作人员展开，根据行政复议的工作需要配备专业的工作人员。

复议机关的工作职能主要在于保障和监督行政机关依法行使行政职权，促进行政机关依法进行社会管理、提供公共服务，以实现行政复议的救济功能、争议解决功能。成员能力建设针对的是行政复议效率低下问题——复议机关工作人员数量不足、能力不足。为保证行政复议工作高效运行，需提高复议工作人员的能力建设：第一，配备一定数量的高质量且稳定的专门人员。可以根据行政复议应诉工作的性质和特点，保证一般案件至少 2 人承办，重大复杂案件 3 人承办。第二，重视对行政复议人员的筛选和培训工作，提高复议人员素质，将优秀的专业人才充实到复议工作的岗位上，实现人员配置与工作任务相适配。对于复议人员的筛选工作，要求初次从事行政复议的人员应当通过国家统一法律职业资格考试，取得国家法律职业资格。

此外，还需从以下三方面提高行政复议工作人员素质：第一，政治素质。增强政治意识、大局意识、核心意识、看齐意识，能够站在全局考虑，将法律法规的执行与妥善处理各方利益关系相协调。第二，业务素质。增强掌握和运用法律法规的能力，明确按照行政复议法定程序展开，将法理学习与工作实践相结合，提高行政复议的工作能力和办案水平。第三，作风素质。将以民为本、复议为民的要求落实到实际行动中，推进规范办案、公正办案、文明办案，打造一支真正为人民服务的行政复议队伍。①

三、设施能力建设

行政复议的设施建设围绕复议机关的物质条件展开，根据行政复议工作需要配备足够的硬件设施，加强行政复议办案设施保障。

设施能力建设针对的是行政复议办案设施保障不足的问题。设施能力建设是指保证行政复议具有所必需的硬件设施：第一，独立的办公场所。如行政复议接待窗口、听证室、调解室、审理室、阅卷室、资料室、档案室等。第二，法律书籍等辅助资料。配备法律资料以提高复议人员专业能力。第三，办案车辆。办案车辆是调查核实证据所必需的交通工具，有利于提高行政复议案件办理效率。因此，设施能力建设要求县级以上人民政府根据行政复议工作规范化建设要求，在按照办公用房配置要求满足办公需要的基础上，设置行政复议申请立案登记（接待）、听证、阅卷、案审、调解、档案管理等办案场所，满足人民群众申请行政复议、参与行政复议和行政复议机构办案需要。根据调查核实证据、案件听证、出庭应诉等实际工作需要，配备执法记录仪、办案车辆等办案保障设施。

四、经费保障

“县级以上各级人民政府应当将行政复议工作经费列入本级预算”的规定，包含两个要点：第一，主体明确为县级以上各级人民政府。行政复议的管辖机关包括县级以上地方各级人民政府、国务院部门、实行垂直领导的行政机关和税务、国家安全机关的上级主管部门等。本条明确将县级以上地方各级人民政府单独列出，是对地方政府的强制性要求。以立法形式对地方政府的行政复议工作进行强调，一方面是为地方政府的行政复议工作提供保障，另一方面是提醒地方政府应当重视行政复议工作。第二，要求将行政复议工作经费列入本级预算。政府应当将经费列入预算，明确以立法形式保障资金来源，既为行政复议运行过程中的必要支出提供资金支持，也为行政复议的成员能力建设和设施能力建设提供支撑，是行政复议工作正常运行的必要前提。要求县级以上各级人民政府将行政复议工作经费列入本级预算，是行政复议工作的经费保障方面的规定。

---

① 吕学军：《和谐社会视野下的行政复议能力建设》，载《行政与法》2011 年第 5 期。

【适用指南】

本条在实务的适用要点在于，检验行政复议机关是否保证成员能力建设、设施能力建设与工作需求适配，政府是否将行政复议工作经费列入预算。具体而言，将政府的行政复议机关建设情况与本条能力建设的要求相对照。

第一，要求行政复议机关工作人员具备专业素质，且配备的人员数量与工作任务量相适应。

第二，要求行政复议机关的设施装备齐全，支持行政复议工作持续平稳运行。

第三，落实到县级以上地方各级人民政府主体，检验其是否将行政复议工作经费列入本级财政预算，确保行政复议的经费保障。

【关联规范】

《中华人民共和国行政复议法》第二十四条、第二十五条、第二十七条。

第八条　【信息化建设】行政复议机关应当加强信息化建设，运用现代信息技术，方便公民、法人或者其他组织申请、参加行政复议，提高工作质量和效率。

【条文主旨】

本条是关于行政复议机关信息化建设的规定。

【条文解读】

随着互联网的普及以及信息技术的发展，互联网科技推动人类社会生活方式全方位改变，并由此导致了法学理论和法律实践的变革。对于行政复议机关而言，有效运用现代信息技术是提高行政复议工作质量和效率、便利人民群众的重要保障措施。《法治政府建设实施纲要（2021—2025年）》提出“全面推进行政复议规范化、专业化、信息化建设，不断提高办案质量和效率”，要求行政复议机关在工作中运用好信息化的新型技术手段和技术工具，以更好地推进工作。具体而言，行政复议机关在工作中加强信息化建设及运用现代信息技术的目的和意义在于以下两个方面：

第一，通过信息化建设方便公民、法人或者其他组织申请、参加行政复议。便民原则是行政复议法的法定原则，也是行政复议机关信息化建设的重要价值遵循。行政复议机关应当运用现代信息技术，使公民、法人和其他组织能够更加便捷地申请和参加行政复议。由于全国各地区信息化水平存在差异，行政复议信息化建设宜充分考虑各地区经济社会发展差异及行政复议实践现状，采用循序渐进的基本思路。根据试点情况，未来需进一步出台专门的政策文件，对行政复议信息化建设进行全局性统筹规定。从地方层面看，部分地区展开智慧复议改革，探索出了区域化的智慧复议制度和复议平台。比如，深圳市司法局行政复议处开通网上申请和网上听证，开发出了包含远程视频庭审及笔录过程语音转文字功能的行政复议平台，推动实现“让信息多跑路，让群众少跑腿”。① 又如，《湘潭市行政复议体制改革实施方案》规定，在全面应用全国行政复议工作平台的基础上，依托“智慧湘潭”项目中“智慧司法”建设，推进网络信息化技术在全市行政复议工作中的应用，打造互联互通的信息共享平台，逐步完成行政复议网上申请、网上办理、网上听证、网上送达等线上建设。通过“智慧复议”“掌上复议”等信息化技术的运用，公民、法人或者其他组织能够在云端实现“远程复议”，大大提高了复议案件的便捷性和办理实效。

第二，通过信息化建设提高行政复议工作质量和效率。一方面，信息化建设有助于提高行政复议工作质量。通过行政复议受理、审理、决定、履行等办案流程的数字化运行和管理，使行政复议办案工作全程留痕，倒逼行政复议人员依法履职、规范用权，有效提升了行政复议工作质量和制度公信力。② 此外，通过辅助生成相关行政复议文书、在线实时流转审批等功能，能够从技术层面赋能行政复议工作质量提升。另一方面，信息化建设有助于提高行政复议效率。高效原则是行政复议法的法定原则，行政复议制度有别于行政诉讼制度的独特优势在于其便捷高效性。现代信息科技以其特有的技术功能属性全面提升现代政府的行政复议能力，有助于破解行政复议机关“案多人少”的实践难题，并有效满足行政相对人对行政复议制度之便捷高效的具体需求。从行政复议申请到行政复议受理，再到行政复议审理，直至行政复议决定作出送达，现代信息技术均可运用其

---

① 《深圳行政复议开通网上申请和网上听证》，载《深圳特区报》2021 年 4 月 7 日。

② 周院生：《以数字赋能推动行政复议工作跨越式发展》，载《中国法治》2023 年第 6 期。

中，并在不同行政复议阶段发挥不同的技术功能作用。通过现代信息技术的运用，行政复议工作质量和效率得到大幅度提升。

总之，现代信息技术在行政复议中的广泛运用不仅提升了行政复议效率，更有助于公民获得权利救济，契合国家治理体系和治理能力现代化的现实需要。随着数字技术和智能技术的进一步推进，数据化和智能化或将成为未来行政复议体制机制改革的主要方向。①

【适用指南】

第一，行政复议机关应当充分发挥科技赋能作用，优化行政复议在线办案系统的平台制度和流程设计，提高行政复议信息数据采集、分析和研判能力，构建行政复议辅助办案系统，让行政复议信息化发展成果更多更公平地惠及广大人民群众，增强人民群众法治获得感。

第二，行政复议机关应当增强数据安全意识，贯彻落实网络安全责任制，建立健全网络安全、信息安全、数据安全等机制，利用数字技术安全开展行政复议工作，实现行政复议信息化系统安全可靠运行。

第九条　【表彰奖励】对在行政复议工作中做出显著成绩的单位和个人，按照国家有关规定给予表彰和奖励。

【条文主旨】

本条是关于行政复议表彰奖励的规定。

【条文解读】

2007 年公布的行政复议法实施条例第六十一条规定："各级行政复议机关应当定期总结行政复议工作，对在行政复议工作中做出显著成绩的单位和个人，依照有关规定给予表彰和奖励。"本次修订后的行政复议法参考吸纳了行政复议法实施条例第六十一条的相关表述，将表彰奖励制度上升至法律层级。

本条规定的表彰奖励制度，是指行政复议机关依照有关规定对在行政

---

① 周佑勇：《行政复议的主渠道作用及其制度选择》，载《法学》2021 年第 6 期。

复议工作中做出显著成绩的单位和个人给予表彰和奖励。从功能上看，行政复议表彰奖励制度有助于表扬先进、振奋精神、鼓舞士气，激发行政复议机关及其工作人员的积极性和创造性。其中，表彰奖励制度的实施主体是行政复议机关。表彰奖励制度的激励对象包括单位和个人，既可以对行政复议机关等单位进行表彰和奖励，又可以对单位中的优秀个人进行表彰和奖励。表彰和奖励的规范依据既包括公务员法的相关规定，同样包括其他法律、法规、规章及规范性文件中有关表彰和奖励的规定。此外，从奖励的具体表现形式上看，公务员法第五十一条第一款规定："对工作表现突出，有显著成绩和贡献，或者有其他突出事迹的公务员或者公务员集体，给予奖励。奖励坚持定期奖励与及时奖励相结合，精神奖励与物质奖励相结合、以精神奖励为主的原则。"可见，表彰奖励制度应当坚持定期奖励与及时奖励相结合，以精神奖励为主，将精神奖励与物质奖励相结合。

【关联规范】

《中华人民共和国公务员法》第五十一条；《中华人民共和国行政复议法实施条例》第六十一条。

第十条　【对复议不服的诉讼】公民、法人或者其他组织对行政复议决定不服的，可以依照《中华人民共和国行政诉讼法》的规定向人民法院提起行政诉讼，但是法律规定行政复议决定为最终裁决的除外。

【条文主旨】

本条是关于相对人对复议决定不服可以提起行政诉讼的规定。

【条文解读】

一、行政复议机关作为被告的制度逻辑

行政相对人对行政复议决定不服的一般可以提起行政诉讼，这关涉行政复议机关是否需要作为被告的问题。本条与修订前的行政复议法第五条一致，仍然是以"全部被告说"为基本立场，遵行现行行政诉讼法确立的"双被告"制度。虽然新法第十条与旧法第五条基本一致，但仍有必要进

一步明确复议机关做被告的制度逻辑。

关于复议机关是否可以做被告，自1989年行政诉讼法第二十五条第二款到1990年《行政复议条例》第四十七条以及1999年出台的行政复议法都给予充分的肯定。但是，理论界在这一问题上却存在三种不同认识：

第一，部分被告说。所谓“部分被告说”，是指并非所有复议机关都有可能成为被告，只是在复议决定改变了原行为的情况下，才会被作为被告。[①] 这一学说最早可以追溯到1989年的行政诉讼法。该法第二十五条第二款规定：“经复议的案件，复议机关决定维持原具体行政行为的，作出原具体行政行为的行政机关是被告；复议机关改变原具体行政行为的，复议机关是被告。”在行政复议改变原行为的情况下复议机关才能做被告，这容易导致复议机关为了避免成为被告不作复议改变决定，而是大量维持原行政行为。“部分被告说”不仅造成居高不下的维持率，也使得相对人往往不经复议直接起诉。

第二，全部被告说。“全部被告说”认为，“经复议的案件，在行政诉讼中，起诉时一律以复议机关为被告……如此，必将促使复议机关依法履行复议职责，真正发挥行政复议制度的功能”。[②] 虽然全部被告说提出时并不符合1989年行政诉讼法的规定，但是在2014年行政诉讼法修改时，该学说被采纳，最终形成2014年行政诉讼法第二十六条第二款之规定：“经复议的案件，复议机关决定维持原行政行为的，作出原行政行为的行政机关和复议机关是共同被告；复议机关改变原行政行为的，复议机关是被告。”据此，只要复议机关作出复议决定就必然要成为被告。

第三，全部非被告说。所谓“全部非被告说”认为，无论行政复议机关作出何种复议决定，都不应当将其作为行政诉讼的被告。这一认识强调行政复议机关的中立裁判功能，“行政复议只是作为一般的裁判程序出现的，扮演的是一个先行救济的程序角色。这样有利于行政复议机构更加公正和独立地办案，而无当被告之忧”。[③] “全部非被告说”的一个理由是，“部分被告说”和“全部被告说”所构建的被告制度给复议机关施加了“被告”的可能性，这会增加复议机关的行政成本，因此复议机关难以真正做到中立裁决，从而导致行政复议“立案难”“高维持率”等问题。因此，在立法上需要给复议机关“松绑”，不让复议机关做被告。[④]

---

① 参见赵远：《简析行政复议机关的被告地位问题》，载《河北法学》2009年第4期。

② 朱芒、邹荣、王春明：《〈行政复议法〉的若干问题》，载《法学》1999年第10期。

③ 湛中乐：《论行政复议法的修改与完善》，载《中国工商管理研究》2005年第7期。

④ 熊樟林：《行政复议机关做被告的理论逻辑》，载《法学》2021年第7期。

当然，“全部非被告说”同样存在缺陷。首先，这一立场忽视了行政复议法与行政诉讼法之间的协调关系。这主要表现在：其一，行政复议法并不适合直接就被告问题进行规定，这是属于行政诉讼法的规范范畴；其二，在2014年修改行政诉讼法时就已经对复议机关做被告进行过充分的讨论，“当时的社会大众和人大代表强烈要求复议机关当被告，并且法院也认为复议机关当被告有助于解决纠纷”。① 其次，“全部非被告说”未准确认识“复议不作为”与“复议机关做被告”的关联关系。1989年行政诉讼法确立的是复议机关改变原行政行为当被告，2014年行政诉讼法确立的是完全被告原则，然而面对这样的立法变动，复议维持率仍然较高，并没有因为复议被告规则的改变而存在明显变化。因此，复议维持（或不作为）与被告规则之间并没有绝对关联，导致复议维持率较高的原因并不完全在于复议被告规则，没有必要对这一规则再次改弦易辙。

正是基于以上对复议被告规则的认识，此次行政复议法修订，继续坚持和完善了行政诉讼法和修订前的行政复议法确立的共同被告制度，再次坚持了“全部被告说”的基本立场。

二、作为最终裁决的行政复议决定

所谓行政机关的最终裁决，是指依据法律规定由行政机关作出最终决定的行为，公民对此类行为不服向法院提起行政诉讼的，法院不予受理。② 此次修订前的行政复议法规定的最终裁决分属两类：其一，修订前的行政复议法第十四条规定：“对国务院部门或者省、自治区、直辖市人民政府的具体行政行为不服的，向作出该具体行政行为的国务院部门或者省、自治区、直辖市人民政府申请行政复议。对行政复议决定不服的，可以向人民法院提起行政诉讼；也可以向国务院申请裁决，国务院依照本法的规定作出最终裁决。”其二，修订前的行政复议法第三十条第二款规定：“根据国务院或者省、自治区、直辖市人民政府对行政区划的勘定、调整或者征收土地的决定，省、自治区、直辖市人民政府确认土地、矿藏、水流、森林、山岭、草原、荒地、滩涂、海域等自然资源的所有权或者使用权的行政复议决定为最终裁决。”然而在本次修改后，行政复议法第二十六条中仅保留了对省级政府和国务院部门的法定有关复议决定不服的，可以向国务院申请裁决，国务院依照本法的规定作出最终裁决。从这一立法变化来

---

① 何海波：《一次修法能有多少进步——2014年〈中华人民共和国行政诉讼法〉修改回顾》，载《清华大学学报（哲学社会科学版）》2018年第3期。

② 《中华人民共和国行政诉讼法》第十三条规定：“人民法院不受理公民、法人或者其他组织对下列事项提起的诉讼……（四）法律规定由行政机关最终裁决的行政行为。”

看，行政复议法不再将省级政府确认土地等自然资源的所有权和使用权的复议决定作为最终裁决。

【适用指南】

第一，在确定复议被告规则时应当坚持“双被告”制度，即经复议的案件，复议机关决定维持原行政行为的，作出原行政行为的行政机关和复议机关是共同被告；复议机关改变原行政行为的，复议机关是被告。“双被告”制度更有利于推进行政纠纷的实质性解决，可促使复议机关在复议阶段让行政纠纷获得实质性解决。同时，对于行政复议共同被告制度可能带来的成本增加现象可以通过增加人员编制，扩充复议队伍等方式改善。

第二，关于法律规定的最终裁决不进入司法审查，而是由行政机关作出终局审查决定的情况。本次修订行政复议法删除了省级政府确定自然资源所有权和使用权的复议裁决为终局裁决的规定。由此，省级政府有关自然资源的所有权和使用权的复议决定不再是最终裁决，而可以通过诉讼进入司法审查程序。

第三，在单行立法中也存在“最终裁决”，但仅限于“法律规定”。例如，《中华人民共和国外国人入境出境管理法》第二十九条第二款规定：“受公安机关罚款或者拘留处罚的外国人，对处罚不服的，在接到通知之日起十五日内，可以向上一级公安机关提出申诉，由上一级公安机关作出最后的裁决，也可以直接向当地人民法院提起诉讼。”《中华人民共和国公民出境入境管理法》第十五条规定也作了与上述类似的规定。但这两部法律在 2012 年《中华人民共和国出境入境管理法》出台后已经被废止。

【关联规范】

《中华人民共和国行政诉讼法》第十三条、第二十六条；《中华人民共和国行政复议法》第十四条、第二十六条。

案例评析

行政复议多元化功能的有机统一

——臧某等诉某某市人民政府未履行被征地农民社会保障职责案①

【案情简介】

2016年，被申请人某某市人民政府（以下简称被申请人）因重大项目建设需要，对臧某等187名申请人（以下简称申请人）所在地某区土地进行了征收，申请人使用土地在征收范围之内。当地政府发放了征地补偿款，但未将包括申请人在内的被征地农民纳入被征地农民社会保障。

2018年11月13日，申请人集体向被申请人递交了《关于要求将劳动年龄段被征地农民的社会保障资金记入其在保障资金专户中的个人分账户的申请》，要求被申请人按照《J省征地补偿和被征地农民社会保障办法》的规定，将社会保障资金记入被征地农民社会保障资金财政专户个人分账户。被申请人收到申请后，认为该申请属于信访事项，按照《信访条例》②转交给某区人民政府处理，未对申请人进行回复或告知，2019年1月14日，申请人不服被申请人对其要求将社会保障资金记入个人分账户申请未回复，向J省人民政府提出4起行政复议申请，J省人民政府依法予以受理。

在复议期间，申请人撤回了复议申请，复议程序终止。但复议机关仍然对本案的争议焦点等问题进行了阐释，复议机关认为，本案的争议焦点为被申请人是不是被征地农民社会保障的责任主体。根据土地管理法、土地管理法实施条例、《J省征地补偿和被征地农民社会保障办法》，被申请人负有做好被征地农民社会保障的法定职责，应当依法履职。

【专家评析】

根据行政复议法和行政复议法实施条例的规定，行政复议具有“解决行政争议”“监督依法行政”“保护或救济公民权益”等多元化功能。然而，如何实现多元化功能的有机统一，是从立法到实践都需要破解的难

---

① 参见周佑勇：《行政复议多元化功能的有机统一——评臧某等187人不服某某市人民政府未履行职责案》，载中国法学会行政法学研究会、中国政法大学法治政府研究院编：《行政复议法实施二十周年研究报告》，中国法制出版社2019年版。

② 本书中案例评析部分“案情简介”中涉及的相关规范均为办理案件时有效的规范，下文不再赘述。

题。本案系作为复议机关的J省人民政府（以下简称省政府）成功借助行政复议实质性化解纠纷的功能优势，实现行政复议多元化功能有机统一的典型案例，为解决重大敏感、群体性矛盾纠纷提供了范例。

一、创新协调调解机制，有力推进实质性化解争议

由于部分复议机关未能把实质性化解行政争议作为行政复议的首要任务，大量原本可能通过协调对话、和解、调解等方式解决的纠纷进入法院。这在增加当事人救济成本的同时，也让司法不堪重负。特别在修订前的行政复议法未能导入调解机制的背景下，个别复议机关有将行政纠纷“外推”的可能。这不仅导致行政复议程序本身被虚置，还造成其与监督行政、权利救济功能的脱节。

本案中，作为复议机关的省政府在正式启动复议审查程序前，创新性地科学嵌入协调调解机制，使纠纷得以实质性化解。这不仅完全避免了前述情形的发生，还通过定分止争恢复了行政复议应有的信服力和信任度。从本案处理进程可以看到，省政府并未完全以复议机关身份自居而仅仅局限于审查法律适用问题，而是主动以“调解员”的中立身份展开复议活动。在整个纠纷的解决过程中，省政府没有作出任何具有约束力的决定。相反，省政府更多地充当争议双方的“顾问”，一方面与复议被申请人进行意见交流和对策商讨；另一方面与复议申请人展开诉求沟通和适当引导，用以鼓励争议双方讨论、对话和解决。由此，作为“调解员”的省政府帮助双方识别真实问题、构建讨论框架并生成预期结果选项。省政府的沟通协调为双方达成“双赢”决议奠定了基础，最终促成双方达成和解，并以申请人撤回复议申请而告终，实质性化解了此行政争议。无疑，本案调解机制的导入传递出了“行政复议能彻底解决争议”的有效信号。

从现行制度上看，修订后的行政复议法对在行政复议中可以适用调解予以了明确，在修订前的行政复议法的基础上进行了一定的制度创新。但其范围十分有限，多在于原则性的规定，且对其具体程序也未加以直接规定，由此极大影响了其制度功能的有效发挥。本案主要涉及被申请人未履行职责，省政府通过导入调解机制，协调指导被申请人正确履行职责，引导申请人达成协议，从而达到实质性解决纠纷的目的，真正做到了“案结事了”。为此，一方面本案在某种程度上可以视为对复议调解制度进行必要完善和有益补正的范例；另一方面也表明在解决行政不作为、给付行政等领域行政纠纷时嵌入调解机制的必要性和有效性。修订后的行政复议法对在行政复议中可以适用调解予以了明确，无疑是一种重要的制度创新。

二、法定职责必须为，有效促进行政机关依法履职

本案的另外一个显著特征是，导入调解机制并非抛弃法律原则的“和稀泥”，而是坚持依法办案与化解矛盾并重，根据“法定职责必须为”的职权法定原则，依法确认被申请人存在未履行法定职责的前提下展开调解活动。

法定职责必须为，否则即构成违法的行政不作为。这里关键是如何认定“法定职责”？这也正是本案争议的焦点，即被申请人是否具有履行“被征地农民社会保障的法定职责”。由于土地管理法、土地管理法实施条例等法律法规对此并未作出明确的规定，由此在以往的集体土地征收补偿安置工作中，市、县人民政府往往认为所属土地行政主管部门是履职主体，而自己不是适格被申请人，这在一定程度上造成了政府和相关部门相互推诿、责任空转。为此，本案复议机关根据《J省征地补偿和被征地农民社会保障办法》关于“县级以上地方人民政府统一负责本行政区域内的征地补偿和被征地农民社会保障工作”等规定依法确定被申请人负有履行被征地农民社会保障的法定职责，并将其列为适格被申请人，从而防止了行政机关的不作为，有效促进其依法履行法定职责，充分发挥了行政复议监督依法行政的功能。

在本案中，除了对“法定职责”的来源做出了合理的解释和认定之外，还通过创新调解机制，引导下级机关正确履行法定职责。相较于作出生效的行政复议决定书命令被申请人作为而言，非正式的调解机制所具有的“柔性”更容易让下级机关接受并主动履行职责。本案经验对促进复议制度发展和完善提供了全新的视角和样本，充分展示了行政复议在监督依法行政中的重要作用。

三、有权利必有救济，切实保护相对人合法权益

本案中，社保问题涉及的不是一个简单的行政决定，而是如何利用财政资金实现保障的问题。本案中省政府除了科学导入调解机制、切实沟通申请人诉求之外，还在复议过程中主动与地方政府负责人展开沟通交流，提出建设性意见建议。同时，结合过错责任追究机制，对失职人员进行追责问责，倒逼地方政府依法行政、主动履职。由此，本案的复议机关着眼于真正实现对相对人的权利救济，保护其合法不受失职行为的侵害，充分彰显出行政复议制度在保护行政相对人权益方面的功能优势。

四、有机统一行政复议多元化功能

从域外的情况看，诉讼外替代性争议解决机制已成为实现政府治理现代化的重要手段。在我国，由于长期局限于行政争议不适用调解这一传统观念，非诉纠纷解决机制的建构成为我国法治政府建设缺失的一环。可喜的是，修订后的行政复议法在第一章第五条中已经明确了“行政复议机关办理行政复议案件，可以进行调解”，并在后续条款中对行政复议调解的原则、文书、执行等作了相应的规定。这一制度创新，有利于推动多元化纠纷化解体系建设，促进国家治理体系和治理能力现代化。

本案中，一方面复议机关通过创新协调调解机制，实质性化解了本案行政争议，由此充分彰显了行政复议在制止侵权、维护权益和填补损失方面特有的便利性、专业性、效率性。这一创新为修订后的行政复议法中关于行政复议调解活动的开展提供了可供参考的前例。另一方面复议机关并没有停留在诠释法律本身，而是以实质性解决纠纷为导向，以有效救济相对人权益为目的，通过更进一步发挥行政监督功能，既有效促进了行政机关依法履职，也切实保护了相对人合法权益。这为破解行政复议多元化功能长期隔离而无法融合的难题做出有益尝试，一定程度上实现了行政复议多元化功能的有机统一，为推进法治政府建设落下重要一笔。

第二章　行政复议申请

第一节　行政复议范围

第十一条　【行政复议的范围】有下列情形之一的，公民、法人或者其他组织可以依照本法申请行政复议：

（一）对行政机关作出的行政处罚决定不服；

（二）对行政机关作出的行政强制措施、行政强制执行决定不服；

（三）申请行政许可，行政机关拒绝或者在法定期限内不予答复，或者对行政机关作出的有关行政许可的其他决定不服；

（四）对行政机关作出的确认自然资源的所有权或者使用权的决定不服；

（五）对行政机关作出的征收征用决定及其补偿决定不服；

（六）对行政机关作出的赔偿决定或者不予赔偿决定不服；

（七）对行政机关作出的不予受理工伤认定申请的决定或者工伤认定结论不服；

（八）认为行政机关侵犯其经营自主权或者农村土地承包经营权、农村土地经营权；

（九）认为行政机关滥用行政权力排除或者限制竞争；

（十）认为行政机关违法集资、摊派费用或者违法要求履行其他义务；

（十一）申请行政机关履行保护人身权利、财产权利、受教育权利等合法权益的法定职责，行政机关拒绝履行、未依法履行或者不予答复；

（十二）申请行政机关依法给付抚恤金、社会保险待遇或者最低生活保障等社会保障，行政机关没有依法给付；

（十三）认为行政机关不依法订立、不依法履行、未按照约定履行或者违法变更、解除政府特许经营协议、土地房屋征收补偿协议等行政协议；

（十四）认为行政机关在政府信息公开工作中侵犯其合法权益；

（十五）认为行政机关的其他行政行为侵犯其合法权益。

【条文主旨】

本条是关于行政复议范围的规定。

【条文解读】

行政复议的核心是审查行政行为，解决行政纠纷。行政复议的范围即哪些行政行为可以进入复议程序、成为复议审查的对象，行政复议的范围决定了复议权的广度和深度，关系到行政复议的价值评判与功能定位。[①] 将更多案件纳入行政复议范围、使行政诉讼和信访无法受理的行政争议为行政复议所覆盖，是塑造行政复议主渠道地位的首要突破口。[②] 本次修法将原法具体列举的十项增加到十四项，扩大了行政复议的范围，同时保留了“认为行政机关的其他行政行为侵犯其合法权益”这一兜底条款，为未来立法扩大行政复议范围留下了空间。

本条是在修订前的行政复议法第六条的基础上修改而来的，该条规定：“有下列情形之一的，公民、法人或者其他组织可以依照本法申请行

① 参见周佑勇：《行政法原论》（第三版），北京大学出版社 2018 年版，第 361 页。

② 章志远：《以习近平法治思想引领行政复议法修改》，载《法学评论》2022 年第 6 期。

政复议：(一) 对行政机关作出的警告、罚款、没收违法所得、没收非法财物、责令停产停业、暂扣或者吊销许可证、暂扣或者吊销执照、行政拘留等行政处罚决定不服的；(二) 对行政机关作出的限制人身自由或者查封、扣押、冻结财产等行政强制措施决定不服的；(三) 对行政机关作出的有关许可证、执照、资质证、资格证等证书变更、中止、撤销的决定不服的；(四) 对行政机关作出的关于确认土地、矿藏、水流、森林、山岭、草原、荒地、滩涂、海域等自然资源的所有权或者使用权的决定不服的；(五) 认为行政机关侵犯合法的经营自主权的；(六) 认为行政机关变更或者废止农业承包合同，侵犯其合法权益的；(七) 认为行政机关违法集资、征收财物、摊派费用或者违法要求履行其他义务的；(八) 认为符合法定条件，申请行政机关颁发许可证、执照、资质证、资格证等证书，或者申请行政机关审批、登记有关事项，行政机关没有依法办理的；(九) 申请行政机关履行保护人身权利、财产权利、受教育权利的法定职责，行政机关没有依法履行的；(十) 申请行政机关依法发放抚恤金、社会保险金或者最低生活保障费，行政机关没有依法发放的；(十一) 认为行政机关的其他具体行政行为侵犯其合法权益的。”

本次修订后的行政复议法主要作了如下修改：第一，将列举的行政处罚决定类型“警告、罚款、没收违法所得、没收非法财物、责令停产停业、暂扣或者吊销许可证、暂扣或者吊销执照、行政拘留”全部删除；第二，将行政强制执行决定纳入行政复议的受案范围，同时删除了行政强制措施决定具体类型“限制人身自由或者查封、扣押、冻结财产”；第三，将“有关许可证、执照、资质证、资格证等证书变更、中止、撤销的决定”和“认为符合法定条件，申请行政机关颁发许可证、执照、资质证、资格证等证书，或者申请行政机关审批、登记有关事项，行政机关没有依法办理的”简化为“申请行政许可，行政机关拒绝或者在法定期限内不予答复，或者对行政机关作出的有关行政许可的其他决定不服”；第四，将列举的自然资源类型“土地、矿藏、水流、森林、山岭、草原、荒地、滩涂、海域”全部删除；第五，将“认为行政机关违法……征收财物”修改为“对行政机关作出的征收征用决定及其补偿决定不服”；第六，将“对行政机关作出的赔偿决定或者不予赔偿决定不服”纳入行政复议的受案范围；第七，将“对行政机关作出的不予受理工伤认定申请的决定或者工伤认定结论不服”纳入行政复议的受案范围；第八，将“认为行政机关侵犯合法的经营自主权的”修改为“认为行政机关侵犯其经营自主权”，将“认为行政机关变更或者废止农业承包合同，侵犯其合法权益的”修改为

“认为行政机关侵犯其经营自主权或者农村土地承包经营权、农村土地经营权”；第九，将“认为行政机关滥用行政权力排除或者限制竞争”纳入行政复议的受案范围；第十，将“人身权利、财产权利、受教育权利”修改为“人身权利、财产权利、受教育权利等合法权益”，将“没有依法履行”修改为“拒绝履行、未依法履行或者不予答复”；第十一，将“抚恤金、社会保险金或者最低生活保障费”修改为“抚恤金、社会保险待遇或者最低生活保障等社会保障”，将“发放”修改为“给付”；第十二，将“不依法订立、不依法履行、未按照约定履行或者违法变更、解除政府特许经营协议、土地房屋征收补偿协议等行政协议”纳入行政复议的受案范围；第十三，将“认为行政机关在政府信息公开工作中侵犯其合法权益”纳入行政复议的受案范围；第十四，将“具体行政行为”修改为“行政行为”。本条扩大了行政复议范围，不仅将行政协议、行政赔偿、工伤认定、政府信息公开行为等明确列入行政复议范围，而且扩大了可复议的行政强制、行政许可、行政处罚、行政不作为等行政行为的范围，对行政争议“应收尽收”。

具体而言，本条采取“列举+兜底”的方式，规定了可提起行政复议的十五类行为：

一、行政处罚

行政处罚法第二条规定：“行政处罚是指行政机关依法对违反行政管理秩序的公民、法人或者其他组织，以减损权益或者增加义务的方式予以惩戒的行为。”第九条规定：“行政处罚的种类：（一）警告、通报批评；（二）罚款、没收违法所得、没收非法财物；（三）暂扣许可证件、降低资质等级、吊销许可证件；（四）限制开展生产经营活动、责令停产停业、责令关闭、限制从业；（五）行政拘留；（六）法律、行政法规规定的其他行政处罚。”相对人对所有这些行政处罚决定不服的，均可申请行政复议。本次修法取消了对行政处罚决定的列举，以适应实践发展的需要。

二、行政强制

行政强制法第二条规定：“本法所称行政强制，包括行政强制措施和行政强制执行。行政强制措施，是指行政机关在行政管理过程中，为制止违法行为、防止证据损毁、避免危害发生、控制危险扩大等情形，依法对公民的人身自由实施暂时性限制，或者对公民、法人或者其他组织的财物实施暂时性控制的行为。行政强制执行，是指行政机关或者行政机关申请人民法院，对不履行行政决定的公民、法人或者其他组织，依法强制履行义务的行为。”第九条规定：“行政强制措施的种类：（一）限制公民人身自由；（二）查封场所、设施或者财物；（三）扣押财物；（四）冻结存款、汇款；（五）其他行政强制措施。”第十二条规定：“行政强制执行的方式：（一）加处罚款或者滞纳金；（二）划拨存款、汇款；（三）拍卖或者依法处理查封、扣押的场所、设施或者财物；（四）排除妨碍、恢复原状；（五）代履行；（六）其他强制执行方式。”考虑到行政强制执行是一个独立的行政行为，有独立的程序要求，执行中可能影响到行政相对人的财产权，本次修法把行政强制执行一并纳入行政复议范围。但需要注意的是，本项中的行政强制执行，仅指行政机关的强制执行，不包括法院的非诉强制执行。

三、行政许可

本项参考了行政诉讼法第十二条第一款第三项的规定，即“申请行政许可，行政机关拒绝或者在法定期限内不予答复，或者对行政机关作出的有关行政许可的其他决定不服的”。行政许可法第二条规定：“本法所称行政许可，是指行政机关根据公民、法人或者其他组织的申请，经依法审查，准予其从事特定活动的行为。”行政许可表现为许可证、执照、资格证、资质证、行政机关的批准文件或证明文件等。[①] 有关行政许可的决定包括准许许可决定、拒绝许可决定、变更许可决定、中止许可决定、撤销许可决定等，申请行政许可，行政机关拒绝或者在法定期限内不予答复，或者对行政机关作出的有关行政许可的其他决定不服，均可以申请行政复议。

四、行政机关作出的确认自然资源所有权或者使用权的决定

根据土地管理法、矿产资源法、水法、森林法、草原法、渔业法等法律的规定，县级以上各级政府对土地、矿藏、水流、森林、山岭、草原、荒地、滩涂、海域等自然资源的所有权或使用权予以确认和核发相关证书。这里的“确认”，包括颁发确认所有权或使用权的证书，也包括所有权或使用权发生争议，由行政机关作出的裁决。这类行为一经作出便对相对人具有法定的约束力和强制力，直接影响到相对人的合法权益，相对人对这类行为不服的，可申请行政复议。[②] 其中自然资源包括土地、矿藏、水流、森林、山岭、草原、荒地、滩涂、海域等，不管是涉及所有权还是使用权均可申请行政复议。

---

① 参见马怀德主编：《行政法学》（第二版），中国政法大学出版社 2009 年版，第 182~183 页。

② 参见周佑勇：《行政法原论》（第三版），北京大学出版社 2018 年版，第 362 页。

五、行政机关作出的征收征用决定及其补偿决定

本项参考了行政诉讼法第十二条第一款第五项的规定，即“对征收、征用决定及其补偿决定不服的”。征收是指行政机关为了公共利益，依法将公民、法人或其他组织的财物收归国有的行政行为。如为了建设高铁，人民政府征收农村集体土地。征用是指行政机关为了公共利益，依法强制使用公民、法人或其他组织财物或劳务的行政行为。[①] 根据《中华人民共和国民法典》第一百一十七条的规定，为了公共利益的需要，依照法律规定的权限和程序征收、征用不动产或者动产的，应当给予公平、合理的补偿。公民、法人或其他组织对征收征用决定不服，或者对补偿决定不服，都可以申请行政复议。需要强调的是，本条规定的征收不包括征税和行政收费。

六、行政机关作出的赔偿决定或者不予赔偿决定

具体包括“赔偿义务机关在规定期限内未作出是否赔偿的决定”“对赔偿的方式、项目、数额有异议”“对赔偿义务机关作出的不予赔偿决定不服”三种情形。国家赔偿法第三条、第四条规定，行政机关及其工作人员在行使行政职权时侵犯人身权、财产权的，受害人有取得赔偿的权利。第十三条规定，赔偿义务机关应当自收到申请之日起两个月内，作出是否赔偿的决定。“赔偿义务机关在规定期限内未作出是否赔偿的决定”“赔偿义务机关作出不予赔偿决定”均构成赔偿不作为，侵犯了相对人的财产权等合法权益。“对赔偿的方式、项目、数额有异议”说明相对人对赔偿义务机关所作赔偿决定的内容不服，有权通过复议获得救济。

七、行政机关作出的不予受理工伤认定申请的决定或者工伤认定结论

工伤认定关系着劳动者及其家人的切身利益和社会公共利益，社会公众关注度高。近年来，因工伤认定引发的纠纷较多，内容主要涉及是否受理工伤认定申请、是否认定工伤等。行政机关作出的不予受理工伤认定申请的决定以及工伤认定结论直接影响到相对人享受社会保险待遇，本条将其纳入行政复议的受案范围，有助于进一步保护相对人的合法权益。《工伤保险条例》第五十五条规定：“有下列情形之一的，有关单位或者个人可以依法申请行政复议，也可以依法向人民法院提起行政诉讼：（一）申请工伤认定的职工或者其近亲属、该职工所在单位对工伤认定申请不予受理的决定不服的；（二）申请工伤认定的职工或者其近亲属、该职工所在单位对工伤认定结论不服的；（三）用人单位对经办机构确定的单位缴费

---

① 参见胡建淼：《行政法学》（第四版），法律出版社 2015 年版，第 404 页。

费率不服的；（四）签订服务协议的医疗机构、辅助器具配置机构认为经办机构未履行有关协议或者规定的；（五）工伤职工或者其近亲属对经办机构核定的工伤保险待遇有异议的。”《工伤认定办法》第二十三条也规定：“职工或者其近亲属、用人单位对不予受理决定不服或者对工伤认定决定不服的，可以依法申请行政复议或者提起行政诉讼。”

八、行政机关侵犯经营自主权或者农村土地承包经营权、农村土地经营权的行为

本项参考了行政诉讼法第十二条第一款第七项的规定，即“认为行政机关侵犯其经营自主权或者农村土地承包经营权、农村土地经营权的”。经营自主权是企业、个体经营者等依法享有的调配使用自己的人力、物力、财力，自主组织生产经营活动的权利。我国法律法规赋予了企业等单位一系列经营自主权，由企业独立自主行使，不受包括行政机关在内的任何人或组织的非法干涉。行政机关非法干涉企业经营活动、侵犯企业经营自主权的，企业可申请行政复议。农村土地承包经营权是农村集体经济组织的成员或其他承包经营人依法对其承包的土地享有的自主经营、流转、收益的权利。农村土地承包经营者一般采取承包合同的方式约定双方的权利义务，行政机关不得侵犯。如果行政机关未经农民同意，随意变更或废止原承包经营合同，侵犯农民依合同享有的合法权益，农民有权申请行政复议。本次修法将这方面纳入行政复议范围，目的在于更明确地维护农业承包经营合同的稳定性，保护承包方的合法权益。农村土地经营权是从农村土地承包经营权中分离出的一项权能，指承包农户将承包土地流转出去，由其他组织或个人经营，其他组织或个人取得土地经营权。

九、行政机关滥用行政权力排除或者限制竞争的行为

本项参考了行政诉讼法第十二条第一款第八项的规定，即“认为行政机关滥用行政权力排除或者限制竞争的”。公平竞争权是市场主体依法享有的在公平环境中竞争、以实现其经济利益的权利。反垄断法第十条规定：“行政机关和法律、法规授权的具有管理公共事务职能的组织不得滥用行政权力，排除、限制竞争。”该法第五章专章规定了“滥用行政权力排除、限制竞争”，行政机关滥用行政权力排除或者限制竞争的行为主要包括：（1）强制交易行为，即行政机关限定或变相限定单位或个人购买、使用其所指定的经营者提供的商品；（2）设置地方贸易壁垒，即行政机关通过对外地商品设定歧视性收费项目、实行歧视性收费标准，规定歧视性价格、歧视性技术标准或采取专门的行政许可等方式，限制外地商品进入本地市场；（3）限制跨地区招投标活动和投资活动，即行政机关以设定歧视性资质要求、评审标准、不依法发布信息或采取不平等待遇等方式，排斥或限制外地经营者参与本地招投标活动和投资活动；（4）强制经营者从事违法的不正当竞争行为或垄断行为；（5）行政机关通过行使行政权对平等主体间的竞争关系进行非法干预或给予不平等对待的其他情形。此外，行政机关不履行法定监管义务，致使守法的经营者处于不利竞争地位的，也可能构成对行政权的滥用。行政机关滥用行政权力排除或者限制竞争的行为往往导致某一生产、流通或消费领域的竞争受到实质性的限制，不仅破坏公平竞争环境，也构成对公民、法人或其他组织公平竞争权的侵犯，公民、法人或其他组织可申请行政复议。

十、行政机关违法集资、摊派费用或者违法要求履行其他义务的行为

本条第十项参考了行政诉讼法第十二条第一款第九项的规定，即“认为行政机关违法集资、摊派费用或者违法要求履行其他义务的”。行政机关往往通过设定义务的形式来实现对社会的管理，但行政机关设定义务必须符合合法行政规定与原则，没有法律依据或违反法律规定设定义务，即属于违法要求履行义务。违法集资、摊派费用是较典型的行政机关违法要求履行义务的表现：违法集资是指行政机关违反法律、法规的规定或不依照法定程序，向社会公众筹集资金的行为；摊派费用是指行政机关以法律、法规规定以外的任何方式要求公民、法人或其他组织提供财产的行为。这两种行为都是行政机关对公民合法财产的违法侵占，侵犯了公民、法人或其他组织的财产权。此外，行政机关违法要求相对人履行某种不作为义务，如要求企业不得销售某种产品，或超出法律规定的种类、幅度和方式要求相对人履行其他义务的，如超法定标准收费等，都属于行政机关“违法要求履行义务”的行为，相对人有权申请行政复议。

十一、行政机关不履行法定职责的行为

行政机关作为执行国家法律的重要组织力量，担负着保护公民、法人或其他组织的人身权利、财产权利、受教育权利等合法权益的法定职责。公民、法人或其他组织认为其合法权益受到威胁时，有权向有关行政机关申请保护。行政机关无正当理由拒绝或不予答复的，构成不履行法定职责。由此，这类案件的形成需要满足以下三个条件：第一，公民、法人或其他组织向行政机关提出了保护申请，或者行政机关应当主动履行法定职责；第二，接到申请的行政机关负有保护公民、法人或其他组织的人身权利、财产权利、受教育权利等合法权益的法定职责，公民、法人或其他组织所申请保护的内容必须在被申请的行政机关的职责范围之内；第三，行政机关对公民、法人或其他组织的申请拒绝、不依法履行或不予答复。需要注意的是，本次修法将“人身权利、财产权利、受教育权利”修改为“人身权利、财产权利、受教育权利等合法权益”，扩大了行政相对人可以主张的合法权益范围。

十二、行政机关不依法给付的行为

本条第十二项中的给付对象是指“抚恤金、社会保险待遇或者最低生活保障等社会保障”。其中。抚恤金是指公民因公、因病致残或死亡后，由民政部门发给其本人或亲属的生活费用，包括因公死亡人员遗属的死亡抚恤金和因公致伤、致残者本人的伤残抚恤金。社会保险待遇是公民在年老、疾病、工伤、失业、生育等情况下，国家和社会提供的物质帮助。根据《中华人民共和国社会保险法》第二条的规定，社会保险包括基本养老保险、基本医疗保险、工伤保险、失业保险、生育保险等。最低生活保障是指政府向城镇居民发放的维持其基本生活需要的社会救济金，按照家庭成员人均收入低于当地最低生活保障标准的差额按月发放。根据《城市居民最低生活保障条例》第二条第一款的规定，持有非农业户口的城市居民，凡共同生活的家庭成员人均收入低于当地城市居民最低生活保障标准的，均有从当地人民政府获得基本生活物质帮助的权利。抚恤金、社会保险待遇或者最低生活保障等社会保障的发放属于行政给付行为，依法给付抚恤金、社会保险待遇或者最低生活保障等社会保障是行政机关的法定职责。公民、法人或其他组织申请行政机关依法给付抚恤金、社会保险待遇或者最低生活保障等社会保障，行政机关没有依法给付的，公民、法人或其他组织有权申请行政复议。

十三、行政协议行为

本条第十三项参考了行政诉讼法第十二条第一款第十一项的规定，即“认为行政机关不依法履行、未按照约定履行或者违法变更、解除政府特许经营协议、土地房屋征收补偿协议等协议的”，同时将“不依法订立行政协议”纳入复议范围。根据《最高人民法院关于审理行政协议案件若干问题的规定》第一条规定，行政协议是指行政机关为了实现行政管理或者公共服务目标，与公民、法人或者其他组织协商订立的具有行政法上权利义务内容的协议。常见的行政协议包括政府特许经营协议、土地、房屋等征收征用补偿协议、矿业权等国有自然资源使用权出让协议、政府投资的保障性住房的租赁、买卖等协议、政府与社会资本合作协议等。行政机关不依法订立、不依法履行、未按照约定履行或者违法变更、解除行政协议的，侵犯了相对人一方的合法权益，应当允许相对人一方申请行政复议寻求救济。

十四、政府信息公开行为

《中华人民共和国政府信息公开条例》第二条规定，政府信息是指行政机关在履行行政管理职能过程中制作或者获取的，以一定形式记录、保存的信息。为了保障公民、法人和其他组织依法获取政府信息，提高政府工作的透明度，建设法治政府，充分发挥政府信息对人民群众生产、生活和经济社会活动的服务作用，行政机关负有主动公开相关政府信息或依申请公开相关政府信息的义务。行政机关在政府信息公开工作中侵犯相对人合法权益的，应当允许相对人通过复议、诉讼等途径寻求救济。政府信息公开条例第五十一条也规定，公民、法人或者其他组织认为行政机关在政府信息公开工作中侵犯其合法权益的，可以依法申请行政复议。《关于审理政府信息公开行政复议案件若干问题的指导意见》第二条进一步规定："公民、法人或者其他组织认为政府信息公开行为侵犯其合法权益，有下列情形之一的，可以依法向行政复议机关提出行政复议申请：（一）向行政机关申请获取政府信息，行政机关答复不予公开（含部分不予公开，下同）、无法提供、不予处理或者逾期未作出处理的；（二）认为行政机关提供的政府信息不属于其申请公开的内容的；（三）认为行政机关告知获取政府信息的方式、途径或者时间错误的；（四）认为行政机关主动公开或者依申请公开的政府信息侵犯其商业秘密、个人隐私的；（五）认为行政机关的其他政府信息公开行为侵犯其合法权益的。"

十五、行政机关的其他行政行为

本项属于兜底条款，凡认为行政机关的行政行为侵犯其合法权益的行政案件，即便本条前十四项未予列举，均属于行政复议的范围。

【适用指南】

本条在实务的适用要点在于，准确把握行政复议的范围。行政复议的受案范围基本囊括了所有的行政行为，如行政许可、行政处罚、行政强制、行政征收、行政协议、行政确认、行政给付等。根据本条与行政诉讼法第十二条的对比，行政复议的受案范围广于行政诉讼：一则取消了行政处罚、行政强制措施、自然资源的列举，以适应实践不断发展的需要。二则增加了"受教育权"的列举，明确了行政机关保护受教育权的法定职责，强化了对公民受教育权的保护。且将"未依法履行法定职责"这类行为列入行政复议范围。三则扩充了行政给付的范围，在列举"抚恤金、最低生活保障待遇、社会保险待遇"之外，增加了"社会保障"这一兜底类型。四则增加了"不依法订立"行政协议行为的可复议性。五则增加了以下三类可复议行为：行政机关作出的赔偿决定；行政机关作出的不予受理工伤认定申请的决定或者工伤认定结论；行政机关的政府信息公开行为。

【关联规范】

《中华人民共和国行政诉讼法》第二条、第十二条；《中华人民共和国政府信息公开条例》第二条、第五十一条；《关于审理政府信息公开行政复议案件若干问题的指导意见》第二条；《中华人民共和国行政处罚法》第二条、第九条；《中华人民共和国行政强制法》第二条、第九条、第十二条；《中华人民共和国民法典》第一百一十七条；《城市居民最低生活保障条例》第二条；《中华人民共和国国家赔偿法》第三条、第四条；《工伤保险条例》第五十五条；《工伤认定办法》第二十三条。

第十二条　【不属于行政复议范围的事项】 下列事项不属于行政复议范围：

（一）国防、外交等国家行为；

（二）行政法规、规章或者行政机关制定、发布的具有普遍约束力的决定、命令等规范性文件；

（三）行政机关对行政机关工作人员的奖惩、任免等决定；

（四）行政机关对民事纠纷作出的调解。

【条文主旨】

本条是关于行政复议排除情形的规定。

【条文解读】

本条是在修订前的行政复议法第八条的基础上修改而来的，该条规定："不服行政机关作出的行政处分或者其他人事处理决定的，依照有关法律、行政法规的规定提出申诉。不服行政机关对民事纠纷作出的调解或者其他处理，依法申请仲裁或者向人民法院提起诉讼。"修订后的行政复议法主要做了如下修改：第一，增加了"国防、外交等国家行为"；第二，增加了"行政法规、规章或者行政机关制定、发布的具有普遍约束力的决定、命令等规范性文件”；第三，将“行政机关对民事纠纷作出的调解或者其他处理”修改为“行政机关对民事纠纷作出的调解”；第四，将“行政机关作出的行政处分或者其他人事处理决定”修改为“行政机关对行政机关工作人员的奖惩、任免等决定”。

本条采取列举的方式，明确了行政复议的排除范围，具体包括以下四项：

一、国防、外交等国家行为

本项与行政诉讼法第十三条第一项一致。根据《最高人民法院关于适用〈中华人民共和国行政诉讼法〉的解释》第二条的规定，国家行为是指国务院、中央军事委员会、国防部、外交部等根据宪法和法律的授权，以国家的名义实施的有关国防和外交事务的行为，以及经宪法和法律授权的国家机关宣布紧急状态等行为。国家行为不可复议的原因主要有二：一是国家行为具有很强的保密性，一旦公开将损害国家的整体利益；二是国家行为具有很强的政策性，不宜由行政复议机关监督。国防行为是指国家为了防备和抵抗侵略，制止武装颠覆，保卫国家的主权、领土完整和安全所进行的军事活动，如宣战、发布动员令、戒严令、军事演习、设立军事禁区等。外交行为是指国家之间或国家与国际组织之间的交往行为，如对外国国家和政府的承认、建交、断交，缔结条约、公约和协定等。除了国防、外交以外，还有一些涉及国家重大利益的行为也属于国家行为，如宪法第八十九条第十六项规定，国务院有权依照法律规定决定省、自治区、直辖市的范围内部分地区进入紧急状态。

二、行政法规、规章或者行政机关制定、发布的具有普遍约束力的决定、命令等规范性文件

本项与行政诉讼法第十三条第二项近似，增加了“等规范性文件”。行政法规、规章或者行政机关制定、发布的具有普遍约束力的决定、命令等规范性文件属于抽象行政行为，其不可复议的原因有四：一是依照宪法和有关组织法，确认抽象行政行为是否合法、是否予以撤销、改变的权力属于国家权力机关和制定机关的上级行政机关。根据宪法第六十七条的规定，撤销国务院制定的同宪法、法律相抵触的行政法规、决定和命令属于全国人民代表大会常务委员会的职权。第八十九条规定，改变或者撤销各部、各委员会发布的不适当的命令、指示和规章，改变或者撤销地方各级国家行政机关的不适当的决定和命令属于国务院的职权。地方各级人民代表大会和地方各级人民政府组织法第五十条第一款第十二项规定，县级以上的地方各级人民代表大会常务委员会有权撤销本级人民政府的不适当的决定和命令；第七十三条规定，县级以上的地方各级人民政府有权改变或者撤销所属各工作部门的不适当的命令、指示和下级人民政府的不适当的决定、命令。二是现行体制中已经存在对抽象行政行为的监督和救济制度。除了上述的国家权力机关和上级行政机关的监督以外，还可以通过备案审查、法规清理和间接诉讼的方式进行监督。具体而言，国务院各部委和地方各级人民政府制定的规章要向国务院备案，国务院通过备案审查可以发现规章存在的不当或违法问题，从而加以纠正。有些省、自治区、直辖市人民政府也要求所属工作部门和下级人民政府将其规范性文件上报备案，国务院在组织清理规范性文件过程中也可以发现抽象行政行为存在的问题并予以解决。根据《最高人民法院关于适用〈中华人民共和国行政诉讼法〉的解释》第二条第二款的规定，"具有普遍约束力的决定、命令"是指行政机关针对不特定对象发布的能反复适用的规范性文件。这些决定、命令在实践中大量存在，在行政管理中发挥了重要作用，但有些也存在问题，侵犯了公民、法人或其他组织的合法权益，后果比具体行政行为更严重。为了解决规范性文件的违法问题，本法第十三条规定明确行政复议机关可以对规范性文件进行附带审查。三是抽象行政行为具有较多政策性成分和自由裁量因素，不适于行政复议机关审查，行政复议机关主要解决法律问题而非政策问题。四是抽象行政行为针对的都是较大范围的广泛的对象，如果抽象行政行为侵犯了多人的利益，不宜由每一个对象通过一个个申请行政复议来解决，较合适的方式是由国家权力机关和上级机关撤销或改变抽象行政行为，进行全面解决。

三、行政机关对行政机关工作人员的奖惩、任免等决定

这类行为属于行政系统内部的行为，由行政系统内部的上级行政机关、人事管理机关或行政监察机关通过申诉途径解决，而不能申请复议。"奖"是指奖励，"惩"是指行政处分，是在行政机关内部，上级对有隶属关系的下级违反纪律的行为或尚未构成犯罪的违纪行为所给予的纪律制裁，包括警告、记过、记大过、降级、撤职、开除六种类型。任免即行政机关工作人员职务的委任、聘任和撤免。

四、行政机关对民事纠纷作出的调解

行政调解对双方当事人的约束力取决于其是否自愿接受，一方当事人如不服行政机关对民事作出的调解，可以向法院提起民事诉讼或申请仲裁解决其争议，不必申请复议。如果允许其提起行政复议，则难以达到解决民事纠纷的目的。①

【适用指南】

本条在实务的适用要点在于，准确把握行政复议的排除范围。除了本条规定的四类行为之外，行政机关的其他行为并非均属于行政复议的范围，公民、法人或其他组织并非均有权申请复议。如行政机关领导在系统内部的讲话、请求公安机关履行警务督察职责等均未产生行政法上的权利义务关系，不属于行政行为，不应作为行政复议的对象。

【关联规范】

《中华人民共和国行政诉讼法》第十三条；《最高人民法院关于适用〈中华人民共和国行政诉讼法〉的解释》第二条；《中华人民共和国宪法》第六十七条、第八十九条；《中华人民共和国地方各级人民代表大会和地方各级人民政府组织法》第四十四条。

第十三条　【规范性文件的审查】公民、法人或者其他组织认为行政机关的行政行为所依据的下列规范性文件不合法，在对行政行为申请行政复议时，可以一并向行政复议机关提出对该规范性文件的附带审查申请：

（一）国务院部门的规范性文件；

（二）县级以上地方各级人民政府及其工作部门的规范性文件；

（三）乡、镇人民政府的规范性文件；

（四）法律、法规、规章授权的组织的规范性文件。

前款所列规范性文件不含规章。规章的审查依照法律、行政法规办理。

【条文主旨】

本条是关于规范性文件的范围以及对规范性文件申请附带审查的

① 王春业：《行政复议受案范围负面清单模式之建构》，载《法商研究》2017年第4期。

规定。

【条文解读】

规范性文件附带审查是指公民、法人或者其他组织认为行政机关的行政行为所依据的规范性文件不合法，在对行政行为申请行政复议时，一并向行政复议机关申请审查该规范性文件。规范性文件附带审查制度体现了复议机关对行政规范性文件合法性的监督职能。① 本条是在修订前的行政复议法第七条的基础上修改而来，该条规定："公民、法人或者其他组织认为行政机关的具体行政行为所依据的下列规定不合法，在对具体行政行为申请行政复议时，可以一并向行政复议机关提出对该规定的审查申请：（一）国务院部门的规定；（二）县级以上地方各级人民政府及其工作部门的规定；（三）乡、镇人民政府的规定。前款所列规定不含国务院部、委员会规章和地方人民政府规章。规章的审查依照法律、行政法规办理。"修订后的行政复议法主要作了如下修改：第一，将"规定"修改为"规范性文件"；第二，将"具体行政行为"修改为"行政行为"；第三，将"法律、法规、规章授权的组织的规范性文件"列入规范性文件的范围；第四，将"国务院部、委员会规章和地方人民政府规章"修改为"规章"。

一、对规范性文件申请附带审查的条件

这里的规范性文件是指行政主体制定和发布的具有普遍约束力的决定、命令，不包括行政法规和规章。实践中，个别地方政府和部门存在乱发文件的现象，不仅侵犯单个公民、法人或其他组织的合法权益，而且在一定范围内侵犯广大相对人的合法权益。允许申请人在对行政行为申请行政复议时同时要求审查规范性文件，实际上建立了一种由申请人启动对违法规范性文件的监督审查机制，不仅有利于保障相对人的合法权益，而且有利于扩大人民群众对政府的监督范围，促进依法行政。公民、法人或者其他组织申请附带审查规范性文件的条件包括：（1）被审查的规范性文件作为行政行为的依据存在，即与影响相对人权利义务的行政行为相联系。（2）申请对规范性文件进行审查的当事人，必须是对行政行为申请行政复议的申请人。（3）规范性文件的审查源于公民、法人或其他组织的申请，不是行政复议机关主动对规范性文件进行审查。（4）对规范性文件要求审查的理由，只能是"不合法"，不能是"不适当"。（5）有权审查规范性文件的主体是行政复议机关。（6）公民、法人或其他组织不能单独就规范

① 曹鎏：《行政复议制度革新的价值立场与核心问题》，载《当代法学》2022 年第 2 期。

性文件申请审查，只能在对行政行为申请行政复议时“一并”申请行政复议机关对规范性文件进行“附带”审查。换言之，公民、法人或其他组织不能仅因对规范性文件不服而申请行政复议，只有对行政行为不服且认为行政行为的依据——规范性文件是其错误的原因并直接导致行政行为侵犯自己的合法权益时，才能在提出对行政行为的复议申请时一并要求复议机关附带性审查该规范性文件。

二、可附带审查的规范性文件的范围

就制定主体而言，有权制定规范性文件的包括国务院部门、县级以上地方人民政府及其工作部门、乡镇人民政府和法律、法规、规章授权的组织。尤其是不能忽略法律、法规、规章授权的组织的规范性文件，后者同属规范性文件范畴，受本条规制。由此，本次修订扩大了规范性文件的附带审查范围，公民、法人或者其他组织对有关行政机关和被授权组织制定的规范性文件都可以提出附带审查申请。

规范性文件不同于规章，国务院部门规章和地方人民政府规章的审查不适用本条，而是依照法律、行政法规办理。根据宪法第八十九条的规定，部门规章的监督权属于国务院。对于地方政府规章，根据地方各级人民代表大会和地方各级人民政府组织法第七十四条的规定，可通过备案审查发现地方政府规章存在的不当或违法问题，从而加以纠正。

【适用指南】

第一，行政复议机关审查规范性文件由公民、法人或其他组织申请发起，且公民、法人或其他组织不能单独申请行政复议机关审查规范性文件，只能在申请审查行政行为时一并提起。

第二，规范性文件的制定主体不限于行政机关即国务院部门、县级以上地方人民政府及其工作部门、乡镇政府，亦包括法律、法规、规章授权的组织。

第三，准确把握对规范性文件提出审查申请的期限。申请人可以在对行政行为提出行政复议申请的同时申请审查规范性文件，但并不意味着必须同时提出审查规范性文件的要求。实践中申请人在对行政行为提出行政复议申请时往往尚不知道该行政行为所依据的规范性文件是什么或是否属于本条第一款规定的可申请审查的规范性文件。如果要求申请人必须在申请行政复议时就提出审查规范性文件的要求，就剥夺了申请人要求审查规范性文件的权利。因此，如果申请人在对行政行为提出复议申请时尚不知道行政行为所依据的规范性文件，应当允许申请人在行政复议机关作出行政复议决定前向行政复议机关提出对该规范性文件的审查申请。但是，一旦行政复议机关作出行政复议决定，行政复议程序即告终结，申请人不能再提出审查规范性文件的申请。

【关联规范】

《中华人民共和国宪法》第八十九条；《中华人民共和国地方各级人民代表大会和地方各级人民政府组织法》第七十四条。

第二节　行政复议参加人

第十四条　【行政复议的申请人】依照本法申请行政复议的公民、法人或者其他组织是申请人。

有权申请行政复议的公民死亡的，其近亲属可以申请行政复议。有权申请行政复议的法人或者其他组织终止的，其权利义务承受人可以申请行政复议。

有权申请行政复议的公民为无民事行为能力人或者限制民事行为能力人的，其法定代理人可以代为申请行政复议。

【条文主旨】

本条是关于行政复议申请人认定标准与资格转移的规定。

【条文解读】

本次修订前的行政复议法第十条第一款、第二款规定：“依照本法申请行政复议的公民、法人或者其他组织是申请人。有权申请行政复议的公民死亡的，其近亲属可以申请行政复议。有权申请行政复议的公民为无民事行为能力人或者限制民事行为能力人的，其法定代理人可以代为申请行政复议。有权申请行政复议的法人或者其他组织终止的，承受其权利的法人或者其他组织可以申请行政复议。”本次修订后的行政复议法主要作了如下修改：第一，将“承受其权利的法人或者其他组织”修改为“其权利义务承受人”；第二，将“有权申请行政复议的公民为无民事行为能力人或者限制民事行为能力人的，其法定代理人可以代为申请行政复议”单独拆分出去作为第三款。

一、行政复议申请人的认定标准

本法第二条第一款规定：“公民、法人或者其他组织认为行政机关的行政行为侵犯其合法权益，向行政复议机关提出行政复议申请，行政复议机关办理行政复议案件，适用本法。”由此，行政复议申请人可概括为“认为行政机关的行政行为侵犯其合法权益的公民、法人或者其他组织”。公民是指具有一国国籍并享有该国法律所规定的权利、履行该国法律所规定的义务的自然人。根据民法典第五十七条的规定，法人是指具有民事权利能力和民事行为能力，依法独立享有民事权利和承担民事义务的组织。包括营利法人、非营利法人和特别法人。其他组织是指没有取得法人资格的社会组织，包括合伙企业、其他合伙组织及其他非法人组织。

二、行政复议申请人资格的转移

行政复议申请人资格转移的条件包括：一是有复议申请人资格的主体在法律上不复存在或失去行为能力，即公民死亡、为无民事行为能力人或者限制民事行为能力人或者法人或其他组织终止。二是有复议申请人资格的主体死亡、失去行为能力或终止时，仍然处在法定复议期限之内。三是复议申请人资格转移发生于与申请人有特定关系的主体之间。如对公民来说，这种转移发生于其与近亲属、法定代理人之间。

一旦发生复议申请人资格的转移，由于申请人自身不再具有权利能力，由申请人资格转移而获得申请人资格的公民、法人或其他组织并非作为代理人申请复议，而是以其本人的名义申请复议。对于公民而言，有权申请行政复议的公民死亡的，其近亲属可以申请行政复议。有权申请行政复议的公民为无民事行为能力人或者限制民事行为能力人的，其法定代理人可以代为申请行政复议。根据《最高人民法院关于适用〈中华人民共和国行政诉讼法〉的解释》第十四条第一款的规定，“近亲属”包括配偶、父母、子女、兄弟姐妹、祖父母、外祖父母、孙子女、外孙子女和其他具有扶养、赡养关系的亲属。对于法人或其他组织而言，有权申请行政复议的法人或者其他组织终止的，承受其权利的法人或者其他组织可以申请行政复议。法人或其他组织的终止有两种情况：一是灭失，即法人或其他组织的资格在法律上最终归于消灭和结束，如撤销、破产，其权利由法律规定的组织承受，如清算组；二是变更，即原法人或其他组织以新的法人或其他组织形式出现，并且与原法人或其他组织之间在法律上仍然享有继承关系，包括分立和合并。此外，承受申请人资格的公民、法人或其他组织应当向行政复议机关提供其属于法定近亲属、法定代理人范围的证明或作为被终止组织的权力承受者的证明文件。

【适用指南】

本条在实务的适用要点在于，复议申请人的认定。第一，合伙企业申请行政复议的，应以核准登记的企业为申请人，由执行合伙事务的合伙人代表该企业参加行政复议。其他合伙组织申请行政复议的，由合伙人共同申请行政复议。不具备法人资格的其他组织申请行政复议的，由该组织的主要负责人代表该组织参加行政复议；没有主要负责人的，由共同推选的其他成员代表该组织参加行政复议。第二，股份制企业的股东大会、股东代表大会、董事会认为行政机关作出的行政行为侵犯企业合法权益的，可以以企业的名义申请行政复议。第三，中外合作经营企业的合作一方，认为中外合作经营企业合法权益受行政行为侵害的，可以依法以自己的名义申请行政复议。第四，行政复议期间，法人的法定代表人发生职务变动的，自职务变动之日起，原担任法定代表人的人员即不得以该法人的名义进行行政复议。第五，对涉及农村集体土地的行政行为不服，具有适格行政复议申请人主体资格的组织和个人主要包括：一是作为集体土地所有权人的村民委员会或者农村集体经济组织；二是在集体经济组织不起诉的情形下，也可以是过半数的集体经济组织成员；三是土地使用权人或者实际使用人。①

【关联规范】

《中华人民共和国民法典》第五十七条；《最高人民法院关于适用〈中华人民共和国行政诉讼法〉的解释》第十二条、第十四条。

---

① 最高人民法院（2018）最高法行再55号行政裁定书，载中国裁判文书网，https：//wenshu. court. gov. cn/website/wenshu/181107ANFZ0BXSK4/index. html？docId = DJhb2Ojc + NLOYfjOAIeOTWWmyK4coAlwJNWpUzXUmTY0sB5UI6o5KZ/dgBYosE2gBbsPyIg2 + tPPM/17vU + UrS-ghPoRLrLrAWllbczIKweph3oIoiakr4zsnbh1gH4jh，最后访问时间：2023年10月20日。

第十五条　【行政复议的代表人】 同一行政复议案件申请人人数众多的，可以由申请人推选代表人参加行政复议。

代表人参加行政复议的行为对其所代表的申请人发生效力，但是代表人变更行政复议请求、撤回行政复议申请、承认第三人请求的，应当经被代表的申请人同意。

【条文主旨】

本条是关于行政复议代表人制度的规定。

【条文解读】

本条第一款可视为在行政复议法实施条例第八条的基础上修改而来的，该条规定："同一行政复议案件申请人超过5人的，推选1至5名代表参加行政复议。"主要修改之处在于：第一，取消了申请人人数与代表人数的规定，以"人数众多"取代"超过5人"，以"代表人"取代"1至5名代表"；第二，明确推选代表人是申请人的权利；第三，增加"可以"一词，意即申请人并非必须推选代表人不可。本条第二款属于新增条款，明确了代表人参加复议行为的效力及其例外情形。

一、行政复议代表人制度的意义

行政复议代表人可看作一种特殊的行政复议代理人，但又不同于一般的行政复议代理人，代表人本身就是行政复议申请人，而代理人则需以被委托的申请人或者第三人的名义参加复议活动。

之所以要设立行政复议代表人制度，主要原因有二：一是为了适应行政复议实践的需要，完善和发展我国的行政复议主体制度。行政机关在整个国家机关系统中不仅工作机构最为庞大、工作范围最为广泛，对国家的政治、经济、社会、文化生活的干预也最为直接、最为有效，行政权已经延伸到社会的方方面面。在这种客观形势下，行政机关的某些行政行为所针对的往往不只是一两个人，而是一定范围内的公众，涉及人数众多，从而形成具有某种共同利益、息息相关的群体。如果同一行政行为被申请行政复议，并且人数众多达到一定程度时，会出现难以审理的情形。在此情况下适用行政复议代表人制度，将行政复议代表人参加行政复议的行为视为全体申请人的行为，以便于保护申请人的合法权益。二是因为适用行政复议代表人制度符合市场经济的效益原则，能达到复议经济的目的。市场经济的核心内容是优化资源配置结构，充分发挥市场的调节作用，追求最大经济效益。行政复议中适用代表人制度，有助于大大简化行政复议程序，节省大量的人力、物力、财力，促进行政复议机关依法全面彻底解决行政纠纷，有效保护当事人的合法权益。

二、行政复议代表人制度的适用条件

首先，行政复议代表人制度仅适用于“申请人人数众多人的同一行政复议案件”。一方面，同一行政复议案件，如果申请人人数并非众多，则不能推选代表人参加行政复议。另一方面，必须是同一行政复议案件的申请人人数众多，不得多个行政复议案件一并计算。其次，即便“同一行政复议案件”的“申请人人数众多”，申请人也并非必须推选代表人参加行政复议，而是具有选择的权利，既可以推选代表人参加，也可以不推选代表人，而是自己亲自参加。

三、行政复议代表人参加行政复议的效力

行政复议代表人本身就是行政复议申请人，代表人参加行政复议的行为不仅对其自身发生效力，而且对其代表的其他申请人也发生效力。其原理在于，代表人由申请人推选而来，行政复议代表人参加行政复议的行为理应视为全体申请人的行为。但是，代表人参加行政复议的行为并不总是能够对其所代表的申请人发生效力。代表人变更行政复议请求、撤回行政复议申请、承认第三人请求的，必须经被代表的申请人同意，否则对其所代表的申请人不发生效力。

【适用指南】

第一，适用行政复议代表人制度的前提必须是申请人人数众多，即涉及同一法律问题或事实问题的利害关系人人数众多。本条未对人数众多加以具体界定，一般可理解为“超过十人”。之所以要将“人数众多”作为推选代表人的条件，主要是考虑到一旦人数过多，一般行政复议机关的接待场所难以容纳，且不便于行政复议人员与申请人交流，会降低行政复议的效率。

第二，适用行政复议代表人制度最主要的条件是申请人之间存在共同的法律问题或事实问题。只有成员之间存在共同的法律问题或事实问题，他们之间才有共同的利益，否则便失去了存在基础。同时，行政复议代表人提出的请求或抗辩事由能代表绝大多数被代表成员的意志，即复议请求和抗辩事由属同一类型。但是，不排斥各成员实际请求的差异和某些成员存在某些特殊抗辩事由。

第三，复议代表人必须合格。复议代表人是否合格关系到能否维护其他申请人的合法权益，关系到行政复议机关是否能够作出正确判决。合格的行政复议代表人需符合以下条件：（1）是本案的申请人；（2）具有民事行为能力；（3）能公正妥善地维护全体申请人的利益；（4）合法产生并为其他申请人所信赖。实践中推选行政复议代表人时，必须出具具有全体行政复议申请人签字的书面授权委托书，代表人的权限以书面委托书的规定为准。

第十六条　【行政复议的第三人】申请人以外的同被申请行政复议的行政行为或者行政复议案件处理结果有利害关系的公民、法人或者其他组织，可以作为第三人申请参加行政复议，或者由行政复议机构通知其作为第三人参加行政复议。

第三人不参加行政复议，不影响行政复议案件的审理。

【条文主旨】

本条是关于行政复议第三人参加行政复议的规定。

【条文解读】

本条第一款可视为在修订前的行政复议法第十条第三款和行政复议法实施条例第九条第一款、第二款的基础上修改而来的。修订前的行政复议法第十条第三款规定："同申请行政复议的具体行政行为有利害关系的其他公民、法人或者其他组织，可以作为第三人参加行政复议。"行政复议法实施条例第九条第一款、第二款规定："行政复议期间，行政复议机构认为申请人以外的公民、法人或者其他组织与被审查的具体行政行为有利害关系的，可以通知其作为第三人参加行政复议。行政复议期间，申请人以外的公民、法人或者其他组织与被审查的具体行政行为有利害关系的，可以向行政复议机构申请作为第三人参加行政复议。"主要修改之处在于：第一，将"具体行政行为"修改为"行政行为"；第二，增加了"同行政复议案件处理结果有利害关系"；第三，删除了"行政复议期间"这一时间限定。第二款与行政复议法实施条例第九条第三款内容相同。

一、行政复议第三人的含义与意义

行政复议第三人是指同被复议的行政行为或者案件处理结果有利害关系，经复议机关批准参加复议的申请人和被申请人以外的其他公民、法人或其他组织。行政复议第三人首先与行政管理第三人不同。行政复议中的第三人是与申请人相对的概念，指两个或两个以上的当事人与某个行政行为均有利害关系，部分当事人申请行政复议的，其他当事人可以不再单独提出行政复议申请，而是作为第三人参加到他人已经申请的行政复议案件中，实现保护自身合法权益的目的。因此，第三人并非天然地只能作为第三人，其之所以成为第三人是因为参加到了其他当事人申请的行政复议案件中，正如行政管理相对人申请行政复议时成为申请人一样。如果与行政行为有利害关系的当事人都分别申请行政复议，则他们都是申请人，无第三人可言。其次，第三人与申请人也不同。第三人与申请人身份不可能由同一个主体同时享有，第三人参加的行政复议是由申请人的申请行为引起的，如果某人以自己的名义申请行政复议而非参加到其他公民、法人或组织申请的行政复议案件中，那他就是另一行政复议案件的申请人而非第三人。

设立第三人制度的意义主要有以下几点：第一，保护第三人的权益。申请人和被申请人所争议的行政行为常常涉及第三人的利益，为了保护第三人的合法权益，应当赋予第三人参加行政复议的权利。第二，尊重当事人意愿。在一部分当事人申请行政复议，另一部分当事人不愿申请行政复议的情况下，第三人制度可以使不愿申请行政复议的当事人作为第三人参加行政复议。第三，有利于复议机关查清案件事实。第三人了解有关行政行为的情况，且为了自己的利益会积极向复议机关举证。行政复议第三人的参与，有利于复议机关及时查清案件的全部事实真相，准确把握和分析有关法律问题，正确作出行政复议决定。第四，实现并案审理。第三人制度设立的目的之一在于通过一个行政复议案件的审理解决与同一行政行为都有利害关系的多个当事人的诉求，避免不同当事人就同一行政行为引发若干个行政复议案件，加大审理难度和成本。第五，避免矛盾决定，维护复议权威。如果不允许与正在进行行政复议案件有利害关系的公民、法人或其他组织参加已开始的行政复议，势必逼迫其另行申请行政复议或提起行政诉讼，可能导致就同一个问题作出的行政复议决定之间发生矛盾和冲突。反之，则能防止前后两个复议决定互相矛盾，维护行政复议的权威性。第六，促进“案结事了”。由于行政复议第三人参与到正在进行的行政复议活动中，行政复议决定的作出建立在广泛听取包括行政复议第三人在内的各方当事人意见的基础上，有利于避免行政复议第三人再次申请行政复议，防止造成人力物力资源的浪费，可促进社会稳定。

二、行政复议第三人的认定标准

本条第一款首先明确了第三人的认定标准，即“申请人以外的同被申请行政复议的行政行为或者行政复议案件处理结果有利害关系的公民、法人或者其他组织”。“同被申请行政复议的行政行为或者行政复议案件处理结果有利害关系”具体是指，行政行为或者复议机关对行政行为的复议决定会影响到公民、法人或其他组织的合法权益。根据《最高人民法院关于适用〈中华人民共和国行政诉讼法〉的解释》第十二条的规定，有下列情形之一的，属于行政诉讼法第二十五条第一款规定的“与行政行为有利害关系”：(1) 被诉的行政行为涉及其相邻权或者公平竞争权的；(2) 在行政复议等行政程序中被追加为第三人的；(3) 要求行政机关依法追究加害人法律责任的；(4) 撤销或者变更行政行为涉及其合法权益的；(5) 为维护自身合法权益向行政机关投诉，具有处理投诉职责的行政机关作出或者未作出处理的；(6) 其他与行政行为有利害关系的情形。

具体而言，应当从以下方面把握行政复议第三人的认定标准：第一，与被申请复议的行政行为或者行政复议案件处理结果有利害关系。这是第三人参加行政复议的根本原因。第三人的权利义务应当与被复议的行政行为有关，或者对被复议行政行为的处理可能影响到第三人在法律上的权利义务。需要注意的是，这里的“利害关系”是指独立的利害关系，既不能依附于申请人也不能依附于被申请人，第三人有相对独立的复议请求，如要求撤销、变更或维持被复议的行政行为。对复议决定不服的，第三人有权提起行政诉讼。第二，为了自己的权益参加复议。第三人之所以参加行政复议，是为了维护自己的合法权益，这一点区别于证人、鉴定人、代理人等。尽管第三人提出的复议主张、证据等可能有利于申请人或被申请人，但最终目的是维护自己的合法权益，与其他当事人具有不同的利害关系。第三，参加已开始的行政复议。如果某公民、法人或其他组织在其他人申请行政复议后自己提出行政复议申请，就不是行政复议第三人，而是申请人。

三、第三人参加行政复议的方式

本条第一款还明确了第三人参加行政复议的两种方式。第一，行政复议机构依职权主动通知第三人参加复议。行政复议机构认为申请人以外的公民、法人或者其他组织与被复议的行政行为或者案件处理结果有利害关系的，必须通知第三人参加。即通知第三人是行政复议机构的法定义务。主要原因在于，对于涉及多个当事人的行政复议案件，通知有利害关系的第三人参加行政复议有利于全面及时查清案件事实，促进行政争议的实质性解决。行政复议机构通知第三人参加行政复议的方式通常是制作参加行政复议通知书。第二，第三人申请参加行政复议。申请人以外的公民、法人或者其他组织与被复议的行政行为或者案件处理结果有利害关系的，可以向行政复议机构申请作为第三人参加行政复议。对此，行政复议机构必须进行审查，以决定是否同意申请人以外的公民、法人或其他组织参加行政复议。但是，如果行政复议机构不批准当事人提出的以第三人身份参加行政复议的申请，很可能因越权而在司法审查中遭遇诘难。

四、第三人不参加行政复议的法律后果

本条第二款规定了第三人不参加行政复议的法律后果，即第三人不参加行政复议，不影响行政复议案件的审理。这是因为，第三人并非行政复议案件中必需的当事人。第三人虽然与申请人享有很多共性的权利，如委托代理人，但与申请人存在本质区别。申请人是行政复议案件的必备角色，第三人并非必要，即便其不主动申请参加乃至拒绝参加，都不会对行政复议案件的审理产生实质影响。而允许第三人参加行政复议的主要目的在于保障第三人的参与权，其主动放弃这种参与权的，只会影响其自身权益，而不会影响整个行政复议案件的进度，实践中，尤其不能因为第三人的不参加而影响申请人通过行政复议寻求救济的合法权利。

【适用指南】

在实务的适用中，除要准确把握行政复议第三人的认定标准及其参与方式外，需认真对待行政复议第三人不参加行政复议的后果。首先，参加行政复议是第三人的权利，行政复议机关不能强迫其行使，第三人放弃此项权利并不会对其他当事人的权利造成影响，也不影响行政复议案件的审理。其次，如果第三人坚持不参加行政复议，行政复议机关应当记录在案。

【关联规范】

《中华人民共和国行政诉讼法》第二十五条；《最高人民法院关于适用〈中华人民共和国行政诉讼法〉的解释》第三十条；《税务行政复议规则》第二十三条。

第十七条　【行政复议的代理人】 申请人、第三人可以委托一至二名律师、基层法律服务工作者或者其他代理人代为参加行政复议。

申请人、第三人委托代理人的，应当向行政复议机构提交授权委托书、委托人及被委托人的身份证明文件。授权委托书应当载明委托事项、权限和期限。申请人、第三人变更或者解除代理人权限的，应当书面告知行政复议机构。

【条文主旨】

本条是关于行政复议代理人的规定。

【条文解读】

本条被视为在修订前的行政复议法第十条第五款和行政复议法实施条例第十条的基础上修改而来。修订前的行政复议法第十条第五款规定："申请人、第三人可以委托代理人代为参加行政复议。"行政复议法实施条例第十条规定："申请人、第三人可以委托 1 至 2 名代理人参加行政复议。申请人、第三人委托代理人的，应当向行政复议机构提交授权委托书。授权委托书应当载明委托事项、权限和期限。公民在特殊情况下无法书面委托的，可以口头委托。口头委托的，行政复议机构应当核实并记录在卷。申请人、第三人解除或者变更委托的，应当书面报告行政复议机构。"主要变化之处在于：第一，将"代理人"修改为"律师、基层法律服务工作者或者其他代理人"；第二，在"授权委托书"之外，增加了"委托人及被委托人的身份证明文件"这两项材料；第三，删除了"公民在特殊情况下无法书面委托的，可以口头委托。口头委托的，行政复议机构应当核实并记录在卷"；第四，将"解除或者变更委托"修改为"变更或者解除代理人权限"；第五，将"报告"修改为"告知"。

一、行政复议代理人制度的意义

行政复议代理人制度是行政复议制度的重要组成部分，其意义有三：第一，维护当事人的权利。复议代理人可以解决无复议行为能力的当事人不能参加复议的问题，也可以为那些虽有复议能力但因故不能亲自复议或不善于进行复议的当事人提供帮助，还可以解决法人、其他组织及行政机关的法定代表人或负责人因忙于自身业务活动或不熟悉复议程序及有关法律法规而不便实施复议行为的困难。进言之，复议代理人制度有利于协助公民、法人或其他组织实现权利、履行义务，有效维护自身的合法权益。第二，有利于进一步查清事实，更好地维护申请人和第三人的合法权益。第三，有利于行政复议机关正确、合法、及时地审理案件，解决当事人之间的行政争议。

二、申请人、第三人有权委托代理人

申请人、第三人可以委托一至两名律师、基层法律服务工作者或者其他代理人代为参加行政复议。第一，申请人与第三人均享有委托代理人的权利，体现了行政复议平等保护复议当事人合法权益的原则，对申请人和第三人的合法权益基于平等的保护，而不偏袒任何一方。① 第二，委托的对象不受限制但对人数有要求。本条没有规定代理人的条件，意味着申请人、第三人可以依法委托任何他们满意或信任的人作为代理人，包括律师、基层法律服务工作者或者其他代理人。第三，委托代理人是申请人、第三人的权利而非义务。申请人、第三人既可以选择委托代理人，也可以选择不委托代理人。

三、申请人、第三人委托代理人的形式

申请人、第三人委托代理人的，应当向行政复议机构提交授权委托书、委托人及被委托人的身份证明文件。意即申请人委托代理人，应当以书面形式委托。其意义有三：一则有利于明确代理权限；二则有利于准确掌握代理人的情况；三则有利于行政复议机构与代理人的交流。授权委托书应当载明委托事项、权限和期限，三者缺一不可，并由委托人签名盖章。在授权委托书之外，申请人、第三人委托代理人的，还应当向行政复议机构提交委托人及被委托人的身份证明文件，以防止代为委托、被委托人转委托等现象的发生。第二款还规定了变更或者解除代理人权限的程序要求。首先，申请人、第三人有权对代理人权限进行变更甚至解除，以便更好地维护自身的合法权益。其次，申请人、第三人变更或者解除代理人权限并非可以率性而为，而是必须遵守一定的程序要求：一则必须告知行政复议机构；二则必须以书面形式告知，以便行政复议机构及时作出工作调整。

---

① 参见杨建顺：《行政规制与权利保障》，中国人民大学出版社2007年版，第563页。

【适用指南】

第一，委托事项、权限并无限制。申请人、第三人既可以全权委托，也可以部分委托。委托权限范围、委托事项以及代理权的变更或取消，一般都由委托人决定。代理人是基于委托而参加复议，代理人的代理行为受委托事项、委托权限和期限的限制，即使在复议过程中，被代理人仍有变更委托代理人的权利。

第二，委托代理的效力。行政复议机构对于申请人、第三人委托的代理人，应当依其与申请人签订的授权委托书，在授权范围内视之为申请人、第三人；代理人在授权范围内所为之行为，视为被代理人的行为。

第三，委托代理的变更、解除。委托代理关系成立后，委托人根据需要可以对代理权限作必要的变更、扩大或缩小，委托人可以解除委托，代理人也可以辞去委托。发生上述情况后，当事人应及时书面告知行政复议机构。

【关联规范】

《中华人民共和国行政诉讼法》第三十一条；《最高人民法院关于适用〈中华人民共和国行政诉讼法〉的解释》第三十一条；《税务行政复议规则》第三十一条。

第十八条　【行政复议的法律援助】符合法律援助条件的行政复议申请人申请法律援助的，法律援助机构应当依法为其提供法律援助。

【条文主旨】

本条是关于为行政复议申请人提供法律援助的规定。

【条文解读】

一、法律援助的意义

本条是新增条款。所谓法律援助，是指国家建立的为经济困难公民和符合法定条件的其他当事人无偿提供法律咨询、代理、刑事辩护等法律服务的制度，是公共法律服务体系的组成部分。之所以建立为符合法律援助条件的行政复议申请人提供法律援助的制度，主要是因为实践中很多相对人出于种种原因未能提出或不能及时提出行政复议申请。行政复议法律援助制度的意义有二：一则有助于相对人消除顾虑，增强提出复议申请的自信心和专业性；[①] 二则有助于充分保护申请人的合法权益，彻底化解行政争议，同时有利于监督行政机关依法行政。

二、法律援助的对象

凡是符合法律援助条件的行政复议申请人均可能获得法律援助。《中华人民共和国法律援助法》明确了法律援助的范围，其中第三十一条与行政复议相关：下列事项的当事人，因经济困难没有委托代理人的，可以向法律援助机构申请法律援助：（1）依法请求国家赔偿；（2）请求给予社会保险待遇或者社会救助；（3）请求发给抚恤金；（4）请求给付赡养费、抚养费、扶养费；（5）请求确认劳动关系或者支付劳动报酬；（6）请求认定公民无民事行为能力或者限制民事行为能力；（7）请求工伤事故、交通事故、食品药品安全事故、医疗事故人身损害赔偿；（8）请求环境污染、生态破坏损害赔偿；（9）法律、法规、规章规定的其他情形。因此，只有特定事项的行政复议申请人且必须面临经济困难，才具备得到法律援助的资格。此外，只有行政复议申请人有权获得法律援助，第三人没有获得法律援助的权利。

三、提供法律援助的主体

有义务为“符合法律援助条件的行政复议申请人”提供法律援助的主体是法律援助机构，法律援助机构不得无故推脱。本条规定法律援助机构应当依法提供法律援助，这里的“依法”主要是指依照法律援助法，包括程序、实施等方面。法律援助法第四十四条规定：“法律援助机构收到法律援助申请后，发现有下列情形之一的，可以决定先行提供法律援助：（一）距法定时效或者期限届满不足七日，需要及时提起诉讼或者申请仲裁、行政复议……”

四、法律援助的程序

法律援助通常源于行政复议申请人申请，但只要符合法律援助条件，法律援助机构即应当依法为其提供法律援助，不得拒绝推脱。

【适用指南】

行政复议中法律援助的启动既可能源于行政复议申请人的主动申请，

---

① 参见莫于川：《行政复议机制和方法创新路径分析——从修法提升行政复议规范性、效率性和公正性的视角》，载《行政法学研究》2019年第6期。

也可由法律援助机构主动向符合条件的行政复议申请人提供。对于行政复议申请人向法律援助机构申请法律援助的情形，法律援助机构有权进行审查，包括是否有管辖权限、是否符合法律援助的条件等。如果申请法律援助的行政复议申请人并不符合获得法律援助的条件，法律援助机构有权拒绝。如果收到法律援助申请的法律援助机构没有管辖权，应当告知申请法律援助的行政复议申请人向有管辖权的法律援助机构提起法律援助申请。

【关联规范】

《中华人民共和国法律援助法》第三十一条、第四十四条。

第十九条　【行政复议的被申请人】公民、法人或者其他组织对行政行为不服申请行政复议的，作出行政行为的行政机关或者法律、法规、规章授权的组织是被申请人。

两个以上行政机关以共同的名义作出同一行政行为的，共同作出行政行为的行政机关是被申请人。

行政机关委托的组织作出行政行为的，委托的行政机关是被申请人。

作出行政行为的行政机关被撤销或者职权变更的，继续行使其职权的行政机关是被申请人。

【条文主旨】

本条是关于行政复议被申请人的规定。

【条文解读】

本条第一款是在修订前的行政复议法第十条第四款的基础上修改而来的。修订前的行政复议法第十条第四款规定："公民、法人或者其他组织对行政机关的具体行政行为不服申请行政复议的，作出具体行政行为的行政机关是被申请人。"修订后本条的变化之处在于：第一，将"行政机关的具体行政行为"修改为"行政行为"；第二，将"法律、法规、规章授权的组织"纳入被申请人范围。本条第二、三、四款参考了行政诉讼法第二十六条第四、五、六款的规定，即"两个以上行政机关作出同一行政行为的，共同作出行政行为的行政机关是共同被告。行政机关委托的组织所作的行政行为，委托的行政机关是被告。行政机关被撤销或者职权变更的，继续行使其职权的行政机关是被告”。

一、被申请人的概念和特征

被申请人是与申请人相对的概念，指作出申请人不服的行政行为的行政机关和法律、法规、规章授权的组织，也是申请人认为侵犯其合法权益而向复议机关“指控”并由复议机关通知参加复议的主体。只要行政机关或者法律、法规、规章授权的组织作出的行政行为属于复议范围，公民、法人或其他组织依法申请复议，复议机关依法受理复议申请，该作出行政行为的行政机关或法律、法规、规章授权的组织就成为被申请人。

第一，并非只有具有外部行政管理职能的行政机关或者法律、法规、规章授权的组织才可能成为被申请人，所有实施了外部行政管理行为的行政机关或者法律、法规、规章授权的组织都可能成为被申请人。比如，人事部门虽没有外部管理职能，但如果对外作出了影响公民、法人或其他组织的行政行为，如罚款，也可能成为被申请人。因此，被申请人是否为法定的行政主体并不重要，只要声称自己享有行政管理权，便具备成为被申请人的资格。至于其是否是法定的行政主体、是否具有自称的法定职权，正是需要通过行政复议加以判别的。此外，自然人不可能成为行政复议的被申请人。即使行政行为由行政机关或法律、法规、规章授权组织的工作人员作出，被申请人也只能是行政机关或法律、法规、规章授权的组织。原因在于公务人员的执法行为代表其所属行政机关或法律、法规、规章授权的组织的意志，属于其所从属的行政机关或法律、法规、规章授权的组织的行政行为。

第二，必须是运用行政权、作出有争议的行政行为的行政机关或法律、法规、规章授权的组织。行政复议中必须存在可被公民、法人或其他组织申请的复议标的——行政行为。没有实施行政行为，或者虽实施了行政行为但与申请人的合法权益之间没有因果关系，不能成为被申请人。首先，被申请人是行政权的行使者。行政机关和法律、法规、规章授权的组织具有双重身份：一方面是拥有行政权的管理者，另一方面又是民事主体。如果它们只是参与民事法律关系，则不具备被申请人资格。其次，被申请人作出了有争议的行政行为。并非所有的行政机关或法律、法规、规章授权的组织都可以成为被申请人，只有当其实施的行政行为给公民、法人或其他组织的合法权益造成侵害，并被公民、法人或其他组织申请复议时才能成为被申请人。

第三，被申请人由行政复议机关通知参加复议。由复议机关通知参加复议是行政复议案件发生的标志，也是行政机关或法律、法规、规章授权的组织作为被申请人的必要条件，复议机关没有通知参加复议的，不能成为被申请人。换言之，被申请人资格最终由复议机关确认。行政机关或法律、法规、规章授权的组织即使作出了损害申请人权益的行政行为，但没有申请人提起复议申请，也不会成为被申请人。

二、被申请人的类型

被申请人包括行政机关与法律、法规、规章授权的组织两大类。其中，行政机关是最主要的被申请人类型，指行使国家行政职能、依法独立享有与行使行政权的国家机关。其特征有五项：（1）执掌国家行政职能，管理国家的行政事务；（2）依法享有行政权力；（3）能以自己的名义独立行使行政权；（4）有一定的独立的组织形式；（5）有一定的国家财政拨款。行政机关包括下列三类：一是依照宪法、组织法规定成立的机关，如各级人民政府、国务院各部委等；二是列入国务院编制序列的行政机关，如国务院所属的专业局；三是依照宪法、组织法以外的法律、法规、规章授权而享有行政权的机关，如根据商标法第二条第二款的规定，国务院工商行政管理部门①设立商标评审委员会，负责处理商标争议事宜。法律、法规、规章授权的组织虽然不是行政机关，但按照权力来源，凡是法律、法规、规章授权的组织作出的行政行为，该组织也属于被申请人。行政处罚法第十九条即规定："法律、法规授权的具有管理公共事务职能的组织可以在法定授权范围内实施行政处罚。"

三、被申请人的特殊情形

第一，两个以上行政机关以共同的名义作出同一行政行为的，共同作出行政行为的行政机关是被申请人。实践中经常出现行政机关联合作出行政行为的情形。如行政许可法第二十六条第二款规定："行政许可依法由地方人民政府两个以上部门分别实施的，本级人民政府可以确定一个部门受理行政许可申请并转告有关部门分别提出意见后统一办理，或者组织有关部门联合办理、集中办理。"为了实现对多个行政机关的共同监督，保障公民、法人或其他组织的合法权益，应当把共同作出同一行政行为的行政机关一起列为被申请人。修订前的行政复议法第十五条第一款规定："对本法第十二条、第十三条、第十四条规定以外的其他行政机关、组织的具体行政行为不服的，按照下列规定申请行政复议：……（四）对两个

---

① 对应现国务院市场监督管理部门。

或者两个以上行政机关以共同的名义作出的具体行政行为不服的，向其共同上一级行政机关申请行政复议……”由此可见，尽管修订前的行政复议法没有明确提出两个以上行政机关共同作出行政行为时如何确定被申请人，但实际上通过管辖规则即“向其共同上一级行政机关申请行政复议”表示了“共同作出行政行为的行政机关”都是被申请人。修订后的本条在此基础上进一步加以明确。行政复议法实施条例尽管没有规定两个以上行政机关共同作出行政行为时如何确定被申请人，但第十二条第一款规定：“行政机关与法律、法规授权的组织以共同的名义作出具体行政行为的，行政机关和法律、法规授权的组织为共同被申请人。”同样佐证了多个行政主体联合作出行政行为时共同作为被申请人的基本原理。本条第二款适用条件有三：一是只存在一个行政行为；二是这一个行政行为的作出机关为两个或两个以上的行政机关；三是两个以上的行政机关必须以共同的名义作出这一行政行为。满足以上三个条件的，共同作出这一行政行为的两个以上行政机关都是被申请人。

第二，行政机关委托的组织作出行政行为的，委托的行政机关是被申请人。行政机关委托的组织主要是指行政机关以外的社会组织，也包括行政机关。实践中经常出现行政机关委托其他组织作出行政行为的情形。如行政许可法第二十四条规定，行政机关在其法定职权范围内，依照法律、法规、规章的规定，可以委托其他行政机关实施行政许可。委托行政机关对受委托行政机关实施行政许可的行为应当负责监督，并对该行为的后果承担法律责任。受委托行政机关在委托范围内，以委托行政机关名义实施行政许可。行政处罚法第二十条规定，行政机关依照法律、法规、规章的规定，可以在其法定权限内书面委托符合本法第二十一条规定条件的组织实施行政处罚。委托行政机关对受委托组织实施行政处罚的行为应当负责监督，并对该行为的后果承担法律责任。受委托组织在委托范围内，以委托行政机关名义实施行政处罚。由于受委托的组织不是以自己的名义作出行政行为，不能对受委托作出的行政行为承担法律后果，因而不能作为行政复议的被申请人。无论是从理论上还是从行政许可法、行政处罚法的相关规定看，都要求委托行政机关对受委托的组织行为负责监督，并对行为后果负法律责任。因此，行政相对人申请行政复议，委托机关是被申请人。

第三，作出行政行为的行政机关被撤销或者职权变更的，继续行使其职权的行政机关是被申请人。改革开放以来，我国政府的机构调整和职能转变一直在进行当中，有的行政机关被撤销、合并，有的部门职权发生调整——原来行使的职权转由别的部门行使。这种情形下，行政相对人对原行政机关作出的行政行为不服申请行政复议的，需要明确被申请人是谁。行政机关被撤销或职权变更属于行政机关的内部组织变化，不能因此影响当事人的权利救济。在行政机关被撤销或职能变更后，会发生被申请人资格的承继或转移。作出行政行为的行政机关被撤销或者职权变更的，继续行使其职权的行政机关是被申请人。由于被申请人行政机关应当具备承担复议结果的能力，因此必须是具备相应职能的行政机关。

【适用指南】

第一，被申请人的认定。行政复议的被申请人既可以是行政机关，也可以是法律、法规、规章授权的组织。具体分为以下情形：（1）行政机关独自作出行政行为的，作出该行政行为的行政机关是被申请人；（2）法律、法规、规章授权的组织独自作出行政行为的，作出该行政行为的法律、法规、规章授权的组织是被申请人；（3）两个以上行政机关以共同的名义作出同一行政行为的，共同作出行政行为的行政机关均是被申请人；（4）行政机关与法律、法规、规章授权的组织以共同的名义作出行政行为的，行政机关与法律、法规、规章授权的组织均为被申请人；（5）行政机关与其他组织以共同名义作出行政行为的，行政机关为被申请人；（6）行政机关委托的组织作出行政行为的，委托的行政机关是被申请人；（7）行政机关依照法律、法规、规章规定，经上级行政机关批准作出行政行为的，批准机关是被申请人；（8）作出行政行为的行政机关被撤销或者职权变更的，继续行使其职权的行政机关是被申请人；（9）行政机关设立的派出机构、内设机构或者其他组织，未经法律、法规、规章授权，对外以自己名义作出具体行政行为的，该行政机关为被申请人。

第二，"不服"的界定。"不服"是申请人申请复议的主观要件，即认为行政行为侵犯了其合法权益，具体包括三层含义：一是申请人只需"认为"行政行为侵犯其合法权益，至于是否真正侵犯其合法权益，需行政复议机关审查后才能确定。"认为"是申请人的一种主观判断，不要求行政行为确属违法才能申请行政复议。二是申请人认为行政行为侵犯其本人的权益而非他人的权益。三是申请人认为行政行为侵犯的是其合法权益而非非法利益。公民、法人或者其他组织既然认为其合法权益受到行政行为的侵犯，其首先必须享有合法权益，即权益必须现实存在且为法律认可和保护。其次，公民、法人或者其他组织的合法权益与被申请复议的行政行为具有法律上的利害关系，即合法权益有被行政行为侵犯的可能性。这种可能性必须实际存在，而不是凭空想象出来的。

第三，共同作出的行政行为如何认定。认定是否属于共同作出的行政行为，简单的方法是看行政决定文书上的署名和印章。但是，实践中有些经上级机关批准的行政决定并没有上级机关的署名和印章，认定是否是共同作出的行政行为有一定的困难。原则上，应当以行政决定文书是否有署名作为认定标准。因为有的行政机关事先请示上级行政机关并非法定程序，而是行政机关的内部程序，上级行政机关不对外承担法律后果，不能作为共同被申请人。但如果批准程序是法定程序，就应认定为共同作出行政行为。此外，行政机关与法律、法规、规章授权的组织以共同的名义作出行政行为的，行政机关与法律、法规、规章授权的组织为共同被申请人。

第四，委托的理解。《最高人民法院关于适用〈中华人民共和国行政诉讼法〉的解释》第二十条第三款规定，没有法律、法规或者规章规定，行政机关授权其内设机构、派出机构或者其他组织行使行政职权的，属于行政诉讼法第二十六条规定的委托。当事人不服提起诉讼的，应当以该行政机关为被告。同样地，在行政复议中，法律、法规、规章授权的组织以自己的名义作出行政行为的，被申请人是该组织；非经法律、法规、规章授权行使行政权的其他组织，包括内部机构、派出机构、临时机构、事业单位和其他组织等，而是由行政机关以规章、规范性文件的形式予以“授权”的，均不属于行政复议法意义上的授权，而属于委托。这些组织行使相应职权产生行政争议的，行政复议的被申请人就是作出委托的行政机关。

第五，公民、法人或其他组织并不因为“作出行政行为的行政机关被撤销或者职权变更”而丧失救济资格。作出行政行为的行政机关可能被撤销也可能发生职权变更，但其原有的职权不会就此消失，而是会随着机构改革转移至其他行政机关。机构改革曾导致实践中发生了大量行政机关被撤销或职权变更的情形。对此，应当由继续行使其职权的行政机关担当被申请人。

【关联规范】

《中华人民共和国行政诉讼法》第二条、第二十六条；《中华人民共和国行政处罚法》第十九条、第二十四条；《中华人民共和国行政许可法》第二十条、第二十六条；《最高人民法院关于适用〈中华人民共和国行政诉讼法〉的解释》第二十条。

第三节 申请的提出

第二十条 【行政复议的一般申请期限】公民、法人或者其他组织认为行政行为侵犯其合法权益的，可以自知道或者应当知道该行政行为之日起六十日内提出行政复议申请；但是法律规定的申请期限超过六十日的除外。

因不可抗力或者其他正当理由耽误法定申请期限的，申请期限自障碍消除之日起继续计算。

行政机关作出行政行为时，未告知公民、法人或者其他组织申请行政复议的权利、行政复议机关和申请期限的，申请期限自公民、法人或者其他组织知道或者应当知道申请行政复议的权利、行政复议机关和申请期限之日起计算，但是自知道或者应当知道行政行为内容之日起最长不得超过一年。

【条文主旨】

本条是关于行政复议一般申请期限的规定。

【条文解读】

本条是在修订前的行政复议法第九条的基础上修改而来，该条规定："公民、法人或者其他组织认为具体行政行为侵犯其合法权益的，可以自知道该具体行政行为之日起六十日内提出行政复议申请；但是法律规定的申请期限超过六十日的除外。因不可抗力或者其他正当理由耽误法定申请期限的，申请期限自障碍消除之日起继续计算。"主要修改之处在于：第一，将"具体行政行为"修改为"行政行为"；第二，将"知道"修改为"知道或者应当知道"；第三，增加了第三款"行政机关作出行政行为时，未告知公民、法人或者其他组织申请行政复议的权利、行政复议机关和申请期限的，申请期限从公民、法人或者其他组织知道或者应当知道申请行政复议的权利、行政复议机关和申请期限之日起计算，但是从知道或者应当知道行政行为内容之日起最长不得超过一年"。

一、申请行政复议的一般期限

本条第一款规定了申请行政复议的一般期限，即公民、法人或者其他组织认为行政行为侵犯其合法权益的，可以自知道或者应当知道该行政行为之日起六十日内提出行政复议申请；但是法律规定的申请期限超过六十日的除外。行政复议必须突出简便、快捷的行政优势，本款首先将申请行政复议的一般期限确定为“六十日”，督促公民、法人或其他组织及时行使复议权。但是，如果法律规定的申请期限超过六十日，则应遵循法律的特殊规定，而非本条规定的“六十日”。这里的法律是指狭义的法律，即全国人大及其常委会制定的规范性法律文件，不包括法规、规章和其他规范性文件。此外，本款还将“知道”修改为“知道或者应当知道”，所谓“知道”，是指有充分证据证明，申请人知道作出行政行为的时间；所谓“应当知道”，一般是指运用逻辑推理和生活经验，根据相关证据，推定申请人知道作出行政行为的时间。增加“应当知道”，有助于避免公民、法人或其他组织以“不知道”为由滥用复议权。

二、因正当理由耽误法定申请期限的计算方式

根据本条第二款的规定，因不可抗力或者其他正当理由耽误法定申请期限的，申请期限自障碍消除之日起继续计算。不可抗力是指不能预见、不可避免并不能克服的客观情况。一般指自然灾害，如火山、海啸、地震等，也在某些情况下包括社会事件，如战争、国家行为（如戒严）等。其他正当理由包括：（1）申请人因严重疾病不能在法定申请期限内申请行政复议的；（2）申请人为无行为能力人或限制行为能力人，其法定代理人在法定申请期限内不能确定的；（3）法人或其他组织合并、分立或终止，承受其权利的法人或其他组织在法定申请期限内不能确定的；（4）作出行政行为的行政机关没有向申请人依法告知行政复议权利及行政复议机关名称，致使申请人在法定期限内向无权受理的行政机关提出行政复议申请，接到行政复议申请的机关又没有及时将案件移送，申请人的申请行政复议期限因此被耽误的；（5）公民、法人或其他组织不服行政行为，在法定行政复议申请期限内向法院直接提起行政诉讼，法院依法裁判应当先申请行政复议、对行政复议决定不服再向法院起诉，公民、法人或其他组织申请行政复议时已经超过法定行政复议申请期限的。

三、未告知时的行政复议申请期限

本条第三款规定了行政机关未告知公民、法人或者其他组织申请行政复议的权利、行政复议机关和申请期限时的行政复议申请期限。行政机关作出的行政行为对公民、法人或者其他组织的权利、义务可能产生不利影

响的，有义务告知其申请行政复议的权利、行政复议机关和行政复议申请期限。如果行政机关作出行政行为时，未告知公民、法人或者其他组织申请行政复议的权利、行政复议机关和申请期限，不应适用本条第一款的六十日期限，即“知道或者应当知道该行政行为之日起六十日内”。第一，其起算时间为“知道或者应当知道申请行政复议的权利、行政复议机关和申请期限之日”。第二，即便在这种情形下，公民、法人或者其他组织的申请期限也不是无限的，而是从“知道或者应当知道行政行为内容之日起最长不得超过一年”。如《公安机关办理行政复议案件程序规定》第二十一条第一款即规定，公安机关作出具体行政行为时，未告知公民、法人或者其他组织行政复议权或者申请行政复议期限的，申请行政复议期限从公民、法人或者其他组织知道或者应当知道行政复议权或者申请行政复议期限之日起计算。

【适用指南】

本条在实务的适用要点在于行政复议申请期限的认定。实践中需要区分两种情形：一种情形是，行政机关作出行政行为时告知了公民、法人或者其他组织申请行政复议的权利、行政复议机关和申请期限。此时公民、法人或者其他组织应当自“知道或者应当知道该行政行为之日起六十日内”提出行政复议申请，起算点为“知道或者应当知道该行政行为之日”。另一种情形是，行政机关作出行政行为时未告知公民、法人或者其他组织申请行政复议的权利、行政复议机关和申请期限。此时公民、法人或者其他组织应当自“知道或者应当知道行政行为内容之日起最长不得超过一年”提出行政复议申请，起算点为“知道或者应当知道申请行政复议的权利、行政复议机关和申请期限之日”。

关键是如何准确把握申请人“知道或者应当知道”行政行为的时间。第一，当场作出行政行为的，行政行为的作出时间为知道的时间。第二，作出行政行为的法律文书直接送交受送达人的，受送达人签收的时间为知道的时间；受送达人拒绝接收作出行政行为的法律文书，有送达人、见证人在送达回证上签字或盖章的，送达回证上签署的时间为知道的时间；送达时本人不在的，与其共同居住的有民事行为能力的亲属签收的时间为知道的时间；本人指定代收人的，代收人签收的时间为知道的时间；受送达人为法人或其他组织的，其收发部门签收的时间为知道的时间。第三，载明行政行为的法律文书邮寄送达的，当事人签收邮件的时间为知道的时间；没有邮件签收单的，受送达人在送达回执上签名的时间为知道的时间。第四，行政行为依法通过公告形式告知当事人的，公告规定的届满之日的次日为知道的时间。第五，行政机关作出行政行为时未告知公民、法人或者其他组织，事后补充告知的，该公民、法人或者其他组织收到行政机关补充告知的通知之日为知道的时间。第六，被申请人能够证明公民、法人或者其他组织知道行政行为的，自证据材料证明其知道行政行为之日为知道的时间。第七，行政机关作出行政行为，依法应当向有关公民、法人或者其他组织送达法律文书而未送达的，视为该公民、法人或者其他组织不知道该行政行为。第八，公民、法人或其他组织依照行政复议法第十一条第九项、第十项申请行政机关履行法定职责，行政机关未履行的，行政复议申请期限依照下列规定计算：（1）有履行期限规定的，自履行期限届满之日起计算；（2）没有履行期限规定的，自行政机关收到申请满60日起计算；（3）公民、法人或者其他组织在紧急情况下请求行政机关履行保护人身权、财产权的法定职责，行政机关不履行的，行政复议申请期限不受上述履行期限的限制，申请人从即日起可以申请行政复议。

【关联规范】

《公安机关办理行政复议案件程序规定》第二十条至第二十四条。

第二十一条　【行政复议的最长申请期限】因不动产提出的行政复议申请自行政行为作出之日起超过二十年，其他行政复议申请自行政行为作出之日起超过五年的，行政复议机关不予受理。

【条文主旨】

本条是关于最长复议申请期限的规定。

【条文解读】

本条属于本次修订新增条款，参考了行政诉讼法第四十六条第二款的规定，即“因不动产提起诉讼的案件自行政行为作出之日起超过二十年，其他案件自行政行为作出之日起超过五年提起诉讼的，人民法院不予受理”。

最长复议申请期限是指公民、法人或其他组织不知道行政机关作出行政行为内容时的申请期限。正常情况下，行政机关作出行政行为，应当告知相对人行政行为的内容，以期得到相对人的配合或者履行，实现行政行为的目的。但实践中也出现过由于行政机关作出行政行为时没有告知相对人、利害关系人以及其他方面的原因，导致相对人、利害关系人迟迟不知道行政机关已作出行政行为的情况。在此情况下，如果因为当事人无法"知道或应当知道"而无法开始计算复议申请期限，就会导致行政法律关系无限期处于不稳定状态。为了解决这一问题，有必要确定一个最长保护期限，即作出的行政行为到某一时间节点后，不论当事人是否知道或应当知道，都不能再申请行政复议。本条规定，因不动产提出的行政复议申请自行政行为作出之日起超过二十年，其他行政复议申请自行政行为作出之日起超过五年的，行政复议机关不予受理。《住房城乡建设行政复议办法》第十三条第三款也规定，对涉及不动产的行政行为从作出之日起超过 20 年、其他行政行为从作出之日起超过 5 年申请行政复议的，行政复议机关不予受理。最长保护期限为不变期间，即行政复议机关不得延长或缩短的期间。最长二十年的复议申请期限，参考了民法典的有关规定。民法典第一百八十八条第二款规定，诉讼时效期间自权利人知道或者应当知道权利受到损害以及义务人之日起计算。法律另有规定的，依照其规定。但是，自权利受到损害之日起超过二十年的，人民法院不予保护，有特殊情况的，人民法院可以根据权利人的申请决定延长。

【适用指南】

本条在实务的适用要点在于，应根据行政法律关系的稳定性和所涉及的财产性质，区分不动产案件与其他案件分别适用不同的最长复议申请期限。因不动产提出的行政复议申请期限为二十年，其他申请期限为五年。

【关联规范】

《中华人民共和国行政诉讼法》第四十六条；《中华人民共和国民法典》第一百八十八条；《住房城乡建设行政复议办法》第十三条。

第二十二条 【行政复议的申请方式】申请人申请行政复议，可以书面申请；书面申请有困难的，也可以口头申请。

书面申请的，可以通过邮寄或者行政复议机关指定的互联网渠道等方式提交行政复议申请书，也可以当面提交行政复议申请书。行政机关通过互联网渠道送达行政行为决定书的，应当同时提供提交行政复议申请书的互联网渠道。

口头申请的，行政复议机关应当当场记录申请人的基本情况、行政复议请求、申请行政复议的主要事实、理由和时间。

申请人对两个以上行政行为不服的，应当分别申请行政复议。

【条文主旨】

本条是关于行政复议申请方式的规定。

【条文解读】

行政复议的申请方式是指公民、法人或其他组织提出复议要求和表达复议意愿的具体表现形式。本条第一款和第三款是在修订前的行政复议法第十一条的基础上修改而来的，该条规定：“申请人申请行政复议，可以书面申请，也可以口头申请；口头申请的，行政复议机关应当当场记录申请人的基本情况、行政复议请求、申请行政复议的主要事实、理由和时间。”主要修改之处在于，增加“书面申请有困难的”作为口头申请的前提和条件。本条第二款可视为在行政复议法实施条例第十八条第一款的基础上修改而来的，该款规定：“申请人书面申请行政复议的，可以采取当面递交、邮寄或者传真等方式提出行政复议申请。”主要修改之处在于：第一，将“传真”修改为“行政复议机关指定的互联网渠道”；第二，增加“行政机关通过互联网渠道送达行政行为决定书的，应当同时提供提交行政复议申请书的互联网渠道”。本条第四款属于新增条款。

一、书面申请原则

本条第一款确立了行政复议的书面申请原则，但同时保留了申请人口头申请行政复议的权利。申请人申请行政复议，可以书面申请；书面申请有困难的，也可以口头申请。书面申请是申请人通过向行政复议机关递交行政复议申请书来表达其申请复议的意愿和要求的活动，以书面形式申请行政复议，能够全面、准确、详尽地表达申请人的行政复议请求、申请行政复议的主要事实、理由等，也有利于行政复议机关准确地了解有关情况，把握案件的关键所在，及时进行审查和判断。口头申请是申请人以口头语言的形式向行政复议机关提出申请来表达其申请复议的意愿和要求的活动，口头申请以“书面申请有困难”为前提，即原则上书面申请，只有在书面申请有困难的情形下才允许口头申请。

二、书面申请的方式

根据本条第二款的规定，书面申请的方式，可以通过邮寄或者行政复议机关指定的互联网渠道等方式提交行政复议申请书，也可以当面提交行政复议申请书。行政机关通过互联网渠道送达行政行为决定书的，应当同时提供提交行政复议申请书的互联网渠道。复议申请书是书面申请的具体表现形式，本条规定了申请人提交行政复议申请书的多种方式，从而有利于畅通行政复议渠道，使更多的行政争议通过行政复议得到解决。第一，当面提交。即申请人将行政复议申请书当面交给行政复议机关的工作人员。申请人递交行政复议申请书之日，即为提出行政复议申请之日。第二，邮寄提交。即申请人将行政复议申请书邮寄至行政复议机关。这种申请方式简便易行，方便申请人提出申请，且申请人可以通过邮寄提供相关证据。申请人将包含申请书的信件交给邮政部门之日，即为提出行政复议申请之日，不考虑在途时间。第三，通过行政复议机关指定的互联网渠道，如电子邮件提交。这是一种新型的书面申请方式，高效、快捷且成本较低。不仅是为了提升相对人在行政复议中权利救济的科技支撑，而且是为了充分发挥行政复议便民为民的制度优势。①

申请人将行政复议申请书以电子邮件形式发送到行政复议机关之日，即为提出行政复议申请之日。通过互联网渠道申请行政复议适应互联网技术高速发展的需要，能为申请人行使行政复议权提供极大的便利。但是，互联网渠道以“行政复议机关指定”为准，行政机关通过互联网渠道送达行政行为决定书的，应当同时提供提交行政复议申请书的互联网渠道。对于以上方式，申请人拥有选择权，行政复议机关不得拒绝。

三、口头申请的方式

本条第三款规定了口头申请时行政复议机关的记录义务和记录内容。

---

① 周佑勇：《行政复议的主渠道作用及其制度选择》，载《法学》2021 年第 6 期。

口头申请的，行政复议机关应当当场记录申请人的基本情况、行政复议请求、申请行政复议的主要事实、理由和时间。第一，申请人口头申请行政复议的，应当说明自己的姓名或者名称、有效身份证件号码或者统一社会信用代码、住所、联系方式等基本情况，阐明行政复议请求、申请行政复议的主要事实、理由、被申请人的名称等。第二，申请人应当到行政复议机关所在地当面向行政复议机关提出申请，否则行政复议机关很难当场全面记录。第三，行政复议机关应当当场做好详细记录，并询问有关情况，写清申请人的基本情况、行政复议请求、申请行政复议的主要事实、理由、署名时间等。

四、一事一议

本条第四款规定，申请人对两个以上行政行为不服的，应当分别申请行政复议。本款确立了"一事一议"原则，一个行政复议案件只处理一个行政行为。

【适用指南】

第一，本条并未绝对限制申请行政复议的方式，并非必须书面申请不可。在行政复议实务中，如果申请人书面申请确有困难，应当允许申请人进行口头申请，此时行政复议机关不得以申请人提出行政复议申请的方式不合法为由拒绝申请人的行政复议申请。

第二，行政复议申请书的具体要求。一是申请人的姓名应与身份证相一致，并提供有效身份证号码。住所、联系方式主要是为了便于行政复议机关与申请人联系，不一定与身份证中登记的信息一致。二是申请人是法人或其他组织的，其法定代表人参加行政复议的，应当提交《法定代表人身份证明书》。三是申请人委托代理人的，应当提交授权委托书。委托代理人的信息填写同申请人。四是被申请人的名称应当与申请人提出行政复议所针对的行政行为中署名机关一致，特殊情况下也要根据实际予以调整。被申请人只需要写明名称即可，不需要写明被申请人住所、法定代表人姓名等。五是《行政复议申请书》副本原则上应当按照申请人、复议机关的数量确定，副本数量不足的，一般由行政复议机关负责复印、补齐，不应作为通知申请人补正的理由。

第三，只要公民、法人或其他组织提出的行政复议申请书大体具备本条要求的内容，就应当认为符合要求。即使不符合本条的要求，也应当先告知申请人做相应改正，不能仅以申请书内容不符合要求就不予受理。公民、法人或其他组织提出行政复议申请，表明他们对行政复议机关非常信任，愿意通过合法正当的渠道解决行政争议。行政复议机关要按照切实保护相对人行政复议权的要求，疏通进口，积极受理行政复议案件，决不允许以任何理由把合法的行政复议申请挡在门外。同时，行政复议机关应当向社会广泛宣传行政复议申请书的规范格式，并在行政复议接待场所置备行政复议申请书样本，供申请人参照使用。

第四，行政复议机关认为有必要时，可以通知申请人到现场进行身份核对。“有必要”主要是指申请人没有当面提交行政复议申请书的情形，包括邮寄、传真、电子邮件等，行政复议机关因无法见到申请人而在身份核对问题上存在现实困难，对申请人身份持怀疑态度时可以通知申请人到现场进行身份核对。

第二十三条　【行政复议前置】有下列情形之一的，申请人应当先向行政复议机关申请行政复议，对行政复议决定不服的，可以再依法向人民法院提起行政诉讼：

（一）对当场作出的行政处罚决定不服；

（二）对行政机关作出的侵犯其已经依法取得的自然资源的所有权或者使用权的决定不服；

（三）认为行政机关存在本法第十一条规定的未履行法定职责情形；

（四）申请政府信息公开，行政机关不予公开；

（五）法律、行政法规规定应当先向行政复议机关申请行政复议的其他情形。

对前款规定的情形，行政机关在作出行政行为时应当告知公民、法人或者其他组织先向行政复议机关申请行政复议。

【条文主旨】

本条是关于行政复议前置情形及行政机关告知义务的规定。

【条文解读】

本次修订前的行政复议法第十六条第一款笼统规定了复议前置案件的操作规则，但该款未明确复议前置的具体情形。修订前的行政复议法第十六条第一款规定："公民、法人或者其他组织申请行政复议，行政复议机关已经依法受理的，或者法律、法规规定应当先向行政复议机关申请行政复议、对行政复议决定不服再向人民法院提起行政诉讼的，在法定行政复议期限内不得向人民法院提起行政诉讼。"为了贯彻落实行政复议作为化解行政争议主渠道的制度定位，本次修法完善明确了"复议前置"模式，即法定情形下先申请行政复议，对行政复议决定不服的可以再提起行政诉讼。明确了复议前置的范围，并特别强调了行政机关的告知义务。

一、行政复议前置的情形

行政复议前置是指公民、法人或其他组织对于特定行政行为不服的，必须先向行政复议机关申请行政复议，对行政复议决定不服的，才能向人民法院提起行政诉讼，不允许不经行政复议直接提起行政诉讼。有助于行政复议化解行政争议主渠道作用的实现，具体包括五种情形：

（一）对当场作出的行政处罚决定不服

行政处罚法第五十一条规定，违法事实确凿并有法定依据，对公民处以二百元以下、对法人或者其他组织处以三千元以下罚款或者警告的行政处罚的，可以当场作出行政处罚决定。这类行政处罚案件往往事实清楚、权利义务关系明确、争议不大，通过行政复议就可有效化解绝大部分案件的争议，有利于节省诉讼资源。

（二）对行政机关作出的侵犯其已经依法取得的自然资源的所有权或者使用权的决定不服

本项参考了修订前的行政复议法第三十条第一款，即"公民、法人或者其他组织认为行政机关的具体行政行为侵犯其已经依法取得的土地、矿藏、水流、森林、山岭、草原、荒地、滩涂、海域等自然资源的所有权或者使用权的，应当先申请行政复议；对行政复议决定不服的，可以依法向人民法院提起行政诉讼"。此类案件往往专业性较强，适合行政复议机关审理。

（三）认为行政机关存在本法第十一条规定的未履行法定职责情形

实践中行政机关不履行法定职责的案件比较常见，要求复议前置不仅可以避免大量的案件直接流向行政诉讼，而且由行政机关行使层级监督权来督促不履行法定职责的行政机关依法履责往往更有效率。如果不作为案件先由法院解决，不仅耗时可能过长，而且由于法院无法直接要求行政机关如何具体有效履行职责，最终不利于及时有效保障当事人的合法权益。[①]

（四）申请政府信息公开，行政机关不予公开

实践中政府信息公开案件较多，尤其是行政机关拒绝相对人信息公开申请的案件。要求“申请政府信息公开，行政机关不予公开”案件复议前置有助于让行政复议担当解决行政纠纷主渠道的角色，避免过多的政府信息公开案件涌入法院。这一点区别于政府信息公开条例的规定。政府信息公开条例第五十一条规定：“公民、法人或者其他组织认为行政机关在政府信息公开工作中侵犯其合法权益的，可以向上一级行政机关或者政府信息公开工作主管部门投诉、举报，也可以依法申请行政复议或者提起行政诉讼。”即政府信息公开条例并未直接指出政府信息公开案件适用复议前置原则。

（五）法律、行政法规规定应当先向行政复议机关申请行政复议的其他情形

本项参考了修订前的行政复议法第十六条第一款的规定：“公民、法人或者其他组织申请行政复议，行政复议机关已经依法受理的，或者法律、法规规定应当先向行政复议机关申请行政复议、对行政复议决定不服再向人民法院提起行政诉讼的，在法定行政复议期限内不得向人民法院提起行政诉讼。”即除了前四种明确列举的复议前置情形，本条还设置了兜底条款，允许法律、行政法规规定特殊的复议前置情形。如《价格违法行为行政处罚规定》第二十条规定：“经营者对政府价格主管部门作出的处罚决定不服的，应当先依法申请行政复议；对行政复议决定不服的，可以依法向人民法院提起诉讼。”地方性法规无权设定行政复议前置的情形，原因有二：一是地方性法规的位阶较低，限制救济权利的正当性存疑；[②]二是地方性法规制定主体繁多，由地方性法规作出复议前置要求，容易造成大量的“同案不同审”的现象，妨碍法律统一适用。

二、行政机关的告知义务

对本条第一款规定的复议前置情形，行政机关在作出行政行为时应当告知公民、法人或者其他组织先向行政复议机关申请行政复议。实践中，哪些案件应当复议前置，公民、法人或者其他组织可能缺乏分辨能力。如果行政机关作出行政行为时并未告知其应当先向行政复议机关申请行政复

① 刘权：《主渠道视野下行政复议与诉讼关系的重构》，载《中国政法大学学报》2021年第6期。

② 参见杨伟东：《行政复议与行政诉讼的协调发展》，载《国家行政学院学报》2017年第6期。

议，公民、法人或者其他组织有可能会选择直接提起行政诉讼。如此一来，不仅耽误公民、法人或者其他组织及时寻求救济，而且浪费了有限的司法资源。因此，本条明确要求行政机关承担告知义务，即在作出行政行为时告知公民、法人或者其他组织先向行政复议机关申请行政复议。

【适用指南】

本条在实务的适用要点在于五类复议前置情形的适用。第一，所有当场作出的行政处罚决定均应复议前置。第二，对行政机关作出的侵犯其已经依法取得的自然资源的所有权或者使用权的决定不服，均应当复议前置。本项前置情形主要包括两类：第一类是公民、法人或者其他组织认为行政机关确认土地、矿藏、水流、森林、山岭、草原、荒地、滩涂、海域等自然资源的所有权或者使用权的行政行为，侵犯其已经依法取得的自然资源的所有权或者使用权；第二类是行政机关颁发自然资源所有权或使用权证书的行为。但对涉及自然资源所有权或使用权的行政处罚、行政强制措施等其他行政行为提起行政诉讼的，不适用复议前置。第三，所有行政机关不履行法定职责的案件均应复议前置。第四，并非所有的政府信息公开案件均应复议前置。在政府信息公开案件中，只有当申请政府信息公开，行政机关不予公开的，才应复议前置。至于其他政府信息公开案件，如公开内容不全等，相对人仍可以选择复议或诉讼。第五，仅法律和行政法规能够规定应当先向行政复议机关申请行政复议的情形，地方性法规、规章乃至其他规范性文件规定应当先向行政复议机关申请行政复议的，申请人不能遵照执行。

对于以上五类案件，行政机关在作出行政行为时必须告知公民、法人或者其他组织先向行政复议机关申请行政复议。即告知义务是以上五种情形中行政机关的法定强制性义务，行政机关不得拒绝履行。

【关联规范】

《中华人民共和国行政处罚法》第五十一条；《中华人民共和国政府信息公开条例》第五十一条；《价格违法行为行政处罚规定》第二十条。

第四节　行政复议管辖

第二十四条　【县级以上地方人民政府的管辖】 县级以上地方各级人民政府管辖下列行政复议案件：

（一）对本级人民政府工作部门作出的行政行为不服的；

（二）对下一级人民政府作出的行政行为不服的；

（三）对本级人民政府依法设立的派出机关作出的行政行为不服的；

（四）对本级人民政府或者其工作部门管理的法律、法规、规章授权的组织作出的行政行为不服的。

除前款规定外，省、自治区、直辖市人民政府同时管辖对本机关作出的行政行为不服的行政复议案件。

省、自治区人民政府依法设立的派出机关参照设区的市级人民政府的职责权限，管辖相关行政复议案件。

对县级以上地方各级人民政府工作部门依法设立的派出机构依照法律、法规、规章规定，以派出机构的名义作出的行政行为不服的行政复议案件，由本级人民政府管辖；其中，对直辖市、设区的市人民政府工作部门按照行政区划设立的派出机构作出的行政行为不服的，也可以由其所在地的人民政府管辖。

【条文主旨】

本条是关于县级以上地方人民政府管辖案件的规定。

【条文解读】

一、县级以上各级地方人民政府管辖的行政复议案件

本条第一款规定了县级以上各级地方人民政府作为行政复议机关所管辖的四类行政复议案件。

（1）对本级人民政府工作部门作出的行政行为不服的。本项参考了修订前的行政复议法第十二条第一款的规定："对县级以上地方各级人民政府工作部门的具体行政行为不服的，由申请人选择，可以向该部门的本级人民政府申请行政复议，也可以向上一级主管部门申请行政复议。"由此，对县级以上地方各级人民政府工作部门的行政行为不服的，申请人可以向该部门的本级人民政府或上一级主管部门申请行政复议。但是，本法此次修订取消了地方人民政府工作部门的行政复议职责，对本级人民政府工作部门作出的行政行为不服的，统一由本级人民政府作为行政复议机关。这里的"本级政府部门"主要是指，海关、金融、外汇管理等实行垂直领导的行政机关、税务、国家安全机关以外的部门。

（2）对下一级人民政府作出的行政行为不服的。本项参考了修订前的行政复议法第十三条第一款的规定："对地方各级人民政府的具体行政行为不服的，向上一级地方人民政府申请行政复议。"根据条条管辖原则，下一级人民政府由上一级人民政府负责监督，对下一级人民政府作出的行政行为不服的，应当且只能由其上一级人民政府管辖。

（3）对本级人民政府依法设立的派出机关作出的行政行为不服的。本项参考了修订前的行政复议法第十五条第一款第一项的规定："对县级以上地方人民政府依法设立的派出机关的具体行政行为不服的，向设立该派出机关的人民政府申请行政复议。"派出机关是指县级以上地方人民政府因工作需要，经有关机关批准而在一定区域内设立的，承担该区域内各项行政事务的国家行政机关。目前主要包括三类：省、自治区人民政府经国务院批准设立的行政公署；县、自治县人民政府经省、自治区、直辖市人民政府批准设立的区公所；市辖区、不设区的市人民政府经上一级人民政府批准设立的街道办事处。此外，目前县级以上地方各级人民政府在经济技术开发区设立的管理委员会，也属于派出机关。派出机关代表设立它的人民政府履行行政职能，对其作出的行政行为不服，只能向设立这些派出机关的人民政府申请复议。①

（4）对本级人民政府或者其工作部门管理的法律、法规、规章授权的组织作出的行政行为不服的。本项参考了修订前的行政复议法第十五条第一款第三项的规定："对法律、法规授权的组织的具体行政行为不服的，分别向直接管理该组织的地方人民政府、地方人民政府工作部门或者国务院部门申请行政复议。"法律、法规、规章授权的组织是指，根据法律、法规、规章的规定行使国家权力的非行政机关的组织。既然法律、法规、

① 张树义主编：《行政法学》（第二版），北京大学出版社 2012 年版，第 343 页。

规章授权的组织由本级人民政府管理，对其作出的行政行为不服的，应由其管理者即本级人民政府管辖。对于本级人民政府工作部门管理的法律、法规、规章授权的组织作出的行政行为，由于政府工作部门无复议管辖权，应由本级人民政府管辖。

此外，根据本条第三款的规定，省、自治区人民政府依法设立的派出机关参照设区的市级人民政府的职责权限管辖相关行政复议案件。省、自治区人民政府依法设立的派出机关是行政公署，在行政级别上与设区的市级人民政府相同。因此，本款规定省、自治区人民政府依法设立的派出机关参照设区的市级人民政府的职责权限管辖相关行政复议案件。对省级人民政府设立的派出机关的工作部门作出的行政行为不服，应向该派出机关申请行政复议。

二、省、自治区、直辖市人民政府作出的行政行为的复议管辖

本条第二款规定，省、自治区、直辖市人民政府同时管辖对本机关作出的行政行为不服的行政复议案件。本款参考了修订前的行政复议法第十四条的规定："对国务院部门或者省、自治区、直辖市人民政府的具体行政行为不服的，向作出该具体行政行为的国务院部门或者省、自治区、直辖市人民政府申请行政复议。"被申请人是省、自治区、直辖市人民政府的，适用原级复议原则，即由省、自治区、直辖市人民政府自我管辖。

三、派出机构作出的行政行为的复议管辖

根据本条第四款的规定，对县级以上地方各级人民政府工作部门依法设立的派出机构依照法律、法规、规章规定，以派出机构的名义作出的行政行为不服的行政复议案件，由本级人民政府管辖；其中，对直辖市、设区的市人民政府工作部门按照行政区划设立的派出机构作出的行政行为不服的，也可以由其所在地的人民政府管辖。派出机构是指政府职能部门根据工作需要而在一定区域设置的、代表该职能部门管理某项行政事务的派出工作机构，如派出所、税务所等。本款规定了两种情形，一种是县级以上地方各级人民政府工作部门依法设立的派出机构，另一种是直辖市、设区的市人民政府工作部门按照行政区划设立的派出机构。对于第一种派出机构，由于政府工作部门无复议管辖权，应由本级人民政府管辖。这种情形参考了修订前的行政复议法第十五条第一款第二项的规定："对政府工作部门依法设立的派出机构依照法律、法规或者规章规定，以自己的名义作出的具体行政行为不服的，向设立该派出机构的部门或者该部门的本级地方人民政府申请行政复议。"对于第二种派出机构，原则上应由其管理者即直辖市、设区的市人民政府管辖。但是，考虑到这些派出机构可能分布于各个行政区划范围，出于便民原则考虑，本法同时赋予了派出机构所在地的人民政府管辖权限。

【适用指南】

本条在实务的适用要点在于，行政复议机关的确定。第一，地方人民政府未经有权机关批准设立开发区并自行组建开发区管委会及其所属部门的，公民、法人或其他组织对开发区管委会及其所属部门的行政行为不服，可以设立该开发区管委会的地方人民政府为被申请人，依法向上一级人民政府提出行政复议申请。第二，对就业服务管理机构、职业技能鉴定指导机构、乡镇劳动工作机构等作出的行政行为不服的，可以向委托其行使行政管理职能的劳动保障行政部门的同级人民政府申请行政复议。委托的劳动保障行政部门是被申请人。第三，内设机构、派出机构不同于派出机关，一般不是行政主体。内设机构是指根据组织法或行政需要设立的内部机构，除法律法规授权的之外，不是行政主体。派出机构一般是行政部门派出的分支机构，如派出所等，对于法律授权的事项来说是行政主体，超出授权范围则不具备承担责任的主体资格。派出机关一般是一级政府的分支机构，如区公所等，一般无须特别授权就可以成为行政主体。

第二十五条　【国务院部门的管辖】国务院部门管辖下列行政复议案件：

（一）对本部门作出的行政行为不服的；

（二）对本部门依法设立的派出机构依照法律、行政法规、部门规章规定，以派出机构的名义作出的行政行为不服的；

（三）对本部门管理的法律、行政法规、部门规章授权的组织作出的行政行为不服的。

【条文主旨】

本条是关于国务院部门管辖案件的规定。

【条文解读】

本条规定了国务院部门作为行政复议机关所管辖的三类行政复议案件。

第一，对本部门作出的行政行为不服的。本项参考了修订前的行政复议法第十四条的规定："对国务院部门或者省、自治区、直辖市人民政府的具体行政行为不服的，向作出该具体行政行为的国务院部门或者省、自治区、直辖市人民政府申请行政复议……"被申请人是国务院部门的，适用原级复议原则，即由国务院部门自我管辖。

第二，对本部门依法设立的派出机构依照法律、行政法规、部门规章规定，以派出机构的名义作出的行政行为不服的。本项参考了修订前的行政复议法第十五条第一款第二项的规定："对政府工作部门依法设立的派出机构依照法律、法规或者规章规定，以自己的名义作出的具体行政行为不服的，向设立该派出机构的部门或者该部门的本级地方人民政府申请行政复议。"本部门依法设立的派出机构依照法律、行政法规、部门规章规定，以自己的名义作出的行政行为，实际上应当视为国务院部门依法设立的派出机构的行政行为，而派出机构由国务院部门管理，故而此类行政行为应由国务院部门管辖。需要注意的是，派出机构作出行政行为依据的只能是法律、行政法规、部门规章，不能是地方性法规和地方政府规章。

第三，对本部门管理的法律、行政法规、部门规章授权的组织作出的行政行为不服的。既然这些法律、行政法规、部门规章授权的组织由国务院部门管理，那么这些被授权组织作出的行政行为理应由担任管理者的国务院部门管辖。需要注意的是，能作为授权依据的只能是法律、行政法规、部门规章，不能是地方性法规和地方政府规章。

【适用指南】

本条在实务的适用要点在于，特殊情形下行政复议机关的确定。第一，对国务院部门管理的国家局的行政行为不服提起的行政复议申请，应当由该国家局受理。第二，对两个以上国务院部门共同作出的行政行为不服的，可以向其中任何一个国务院部门提出行政复议申请，由作出行政行为的国务院部门共同作出行政复议决定。

第二十六条　【行政复议终局】对省、自治区、直辖市人民政府依照本法第二十四条第二款的规定、国务院部门依照本法第二十五条第一项的规定作出的行政复议决定不服的，可以向人民法院提起行政诉讼；也可以向国务院申请裁决，国务院依照本法的规定作出最终裁决。

【条文主旨】

本条是关于行政复议终局裁决的规定。

【条文解读】

本条参考了修订前的行政复议法第十四条的规定："对国务院部门或者省、自治区、直辖市人民政府的具体行政行为不服的，向作出该具体行政行为的国务院部门或者省、自治区、直辖市人民政府申请行政复议。对行政复议决定不服的，可以向人民法院提起行政诉讼；也可以向国务院申请裁决，国务院依照本法的规定作出最终裁决。"根据本条的规定，对省、自治区、直辖市人民政府依照本法第二十四条第二款的规定、国务院部门依照本法第二十五条第一项的规定作出的行政复议决定不服的，申请人有选择救济渠道的权利。一是向法院提起行政诉讼，二是向国务院申请裁决。如果申请人选择行政诉讼作为救济途径，则诉讼对象是行政复议决定而非"原行政行为"；同时，提起行政诉讼后不得再向国务院申请裁决。如果申请人选择向国务院申请裁决，国务院作出的裁决是终局裁决，不能对此提起行政诉讼。

【适用指南】

本条在实务的适用要点在于，对省、自治区、直辖市人民政府与国务院部门作出的行政行为不服的，应当向省、自治区、直辖市人民政府与国务院部门自身申请复议。对省、自治区、直辖市人民政府与国务院部门作出的行政复议决定不服，申请人对救济渠道拥有选择权：一是向人民法院提起行政诉讼；二是向国务院申请裁决。需要注意的是，如果申请人选择提起行政诉讼，被诉的行政行为应是行政复议决定，而非原行政行为；如果申请人选择向国务院申请裁决，国务院作出的裁决具有终局性，申请人不服该裁决的，不能通过行政诉讼寻求救济。

第二十七条 【垂直管辖】对海关、金融、外汇管理等实行垂直领导的行政机关、税务和国家安全机关的行政行为不服的，向上一级主管部门申请行政复议。

【条文主旨】

本条是关于行政复议垂直管辖的规定。

【条文解读】

我国绝大多数行政机关在领导体制上实行“条块结合”的双重领导体制。特别是各级政府的工作部门，既要接受本级政府的领导，又要接受上一级主管部门的业务指导，而海关、金融、外汇管理、税务和国家安全机关的共同点在于专业性较强，[1] 实行条条管辖即只能向上一级主管部门申请行政复议更有利于解决行政争议。

本条参考了修订前的行政复议法第十二条第二款的规定：“对海关、金融、国税、外汇管理等实行垂直领导的行政机关和国家安全机关的具体行政行为不服的，向上一级主管部门申请行政复议。”主要修改之处在于：第一，将“国税”修改为“税务”并单列；第二，将“具体行政行为”修改为“行政行为”。

本条规定了三类垂直管辖的行政复议案件：第一，对海关、金融、外汇管理等实行垂直领导的行政机关的行政行为不服的；第二，对税务机关的行政行为不服的；第三，对国家安全机关的行政行为不服的。针对这三类案件申请行政复议，申请人不能像一般政府工作部门作为被申请人的行政复议案件那样向本级人民政府申请复议，而是必须向上一级主管部门申请行政复议。如《税务行政复议规则》第十六条第一款规定，对各级税务局的具体行政行为不服的，向其上一级税务局申请行政复议。

---

① 参见刘权：《主渠道视野下行政复议与诉讼关系的重构》，载《中国政法大学学报》2021 年第 6 期。

【适用指南】

对海关、金融、外汇管理等实行垂直领导的行政机关、税务和国家安全机关的行政行为不服的，申请人只能向上一级主管部门申请行政复议，而不能向这些部门所属的地方人民政府申请行政复议。

【关联规范】

《税务行政复议规则》第十六条。

第二十八条　【司法行政部门行政行为的管辖】对履行行政复议机构职责的地方人民政府司法行政部门的行政行为不服的，可以向本级人民政府申请行政复议，也可以向上一级司法行政部门申请行政复议。

【条文主旨】

本条是关于地方人民政府司法行政部门复议管辖的特别规定。

【条文解读】

本条属于新增条款。理解本条应当重点把握以下要点：

第一，对履行行政复议机构职责的地方人民政府司法行政部门的行政行为不服的，公民、法人或其他组织拥有选择权，既可以选择向本级人民政府申请行政复议，也可以选择向上一级司法行政部门申请行政复议。这与其他作出行政行为的工作部门在管辖规则方面存在显著差异：对于一般的工作部门作出的行政行为不服的，本法第二十四条明确，由县级以上地方各级人民政府统一行使行政复议职责，本次修订取消了地方各级人民政府工作部门的行政复议职责。而对于履行行政复议机构职责的地方人民政府司法行政部门，实际上沿用了修法之前的双重管辖规则，修订前的行政复议法第十二条第一款规定："对县级以上地方各级人民政府工作部门的具体行政行为不服的，由申请人选择，可以向该部门的本级人民政府申请行政复议，也可以向上一级主管部门申请行政复议……"其用意在于，一则有助于减轻地方人民政府的复议工作量，二则也是为了避免"自己当自己案件法官”之困境，[①] 因为本级人民政府担任行政复议机关的实质仍是由司法行政部门具体负责审理行政复议案件。

第二，履行行政复议机构职责的地方人民政府司法行政部门的范围。并非所有的司法行政部门作出的行政行为，均可既由本级人民政府也可由上一级司法行政部门管辖。其限定条件有二：一是履行行政复议机构职责，以排除不履行行政复议机构职责的司法行政部门，如乡镇司法所；二是隶属地方人民政府，排除了国务院的司法行政部门。

【适用指南】

履行行政复议机构职责的地方人民政府司法行政部门与一般的工作部门适用不同的管辖规则。前者适用双重管辖规则，即既可以向本级人民政府申请行政复议，也可以向上一级司法行政部门申请行政复议；后者则一般适用单一的条块管辖规则，即向本级人民政府申请行政复议。此外，并非所有的司法行政部门均适用双重管辖规则。其一，排除非地方的司法行政部门，即国务院的司法行政部门；其二，排除非履行行政复议机构职责的司法行政部门。

第二十九条　【行政复议与行政诉讼的选择】公民、法人或者其他组织申请行政复议，行政复议机关已经依法受理的，在行政复议期间不得向人民法院提起行政诉讼。

公民、法人或者其他组织向人民法院提起行政诉讼，人民法院已经依法受理的，不得申请行政复议。

【条文主旨】

本条是关于申请行政复议与提起行政诉讼之间关系的规定。

【条文解读】

本条是在修订前的行政复议法第十六条基础上修改而来的，该条规

---

① 参见曹鎏、李月：《我国行政复议体制改革的发展演进、目标构成及修法回应》，载《行政管理改革》2022 年第 4 期。

定："公民、法人或者其他组织申请行政复议，行政复议机关已经依法受理的，或者法律、法规规定应当先向行政复议机关申请行政复议、对行政复议决定不服再向人民法院提起行政诉讼的，在法定行政复议期限内不得向人民法院提起行政诉讼。公民、法人或者其他组织向人民法院提起行政诉讼，人民法院已经依法受理的，不得申请行政复议。"主要修改之处在于，第一，删除了"或者法律、法规规定应当先向行政复议机关申请行政复议、对行政复议决定不服再向人民法院提起行政诉讼的"表述；第二，将"法定行政复议期限"修改为"行政复议期间"。

理解本条款应当重点把握以下要点：第一，行政复议期间不得提起行政诉讼。其适用条件有三：一是申请人向复议机关提起了复议申请；二是复议机关已经依法受理；三是在行政复议期间。因此，如果申请人提出的复议申请复议机关未受理，或者复议机关超过法定行政复议期限不作答复的，申请人可以向人民法院提起行政诉讼。

第二，不能先诉讼再复议。其适用条件有二：一是公民、法人或者其他组织向人民法院提起了行政诉讼；二是法院已经依法受理。如果法院未受理，公民、法人或者其他组织仍然可以申请行政复议。

【适用指南】

本条在实务的适用要点在于发生行政争议时不能既申请行政复议又提起行政诉讼。如果公民、法人或者其他组织已经申请行政复议且复议机关已经依法受理，公民、法人或者其他组织在行政复议期间不得提起行政诉讼；如果公民、法人或者其他组织已经提起行政诉讼且法院已经依法受理，公民、法人或者其他组织不得申请行政复议。对于情形一，除了个别复议终局案件，公民、法人或者其他组织不服行政复议决定的，依然可以提起行政诉讼；对于情形二，公民、法人或者其他组织不服行政裁判的，不能反过来再申请行政复议。

案例评析

上级行政机关对下级行政机关的监督管理行为不可复议

——张某某等诉H省人民政府驳回行政复议申请案①

【案情简介】

为了落实H省城中村改造计划，张某某等四人所在的X市Q区某村村民委员会（以下简称某村村委会）于2009年4月15日制定了《某村旧村改造村民拆迁补偿安置细则》（以下简称《补偿安置细则》），明确了拆迁过渡费、一次性搬家费、青苗补偿费、房屋拆迁费等补偿标准和拆迁奖励办法。2010年3月26日，H省政府作出《关于X市2010年第二批次建设用地的批复》（以下简称《建设用地批复》）。同年4月3日，X市人民政府制作并公布了《征收土地公告》，明确规定本批次征地范围包括案涉土地，区片价格标准为16.45万元/亩，征地费用总额为8855万余元，村民安置途径分别为货币安置和回迁安置。同月13日，X市国土资源局印发了《征地补偿安置方案公告》（以下简称《补偿安置方案》），公告记载"征地补偿费、安置补偿费、地上附着物补偿由X市国土资源局Q分局拨付到某村村民委员会"。张某某等四人认为X市人民政府未及时兑现征地补偿费，向H省政府提起行政复议，请求H省政府督促X市人民政府及时兑现。2016年10月21日，H省政府作出驳回行政复议申请决定。张某某等四人不服H省政府作出的驳回行政复议申请决定，提起诉讼，请求撤销该决定，并对其复议申请予以受理。

【专家评析】

张某某等四人要求H省政府督促X市人民政府及时兑现征地补偿费，属于公民要求上级行政机关启动对下级行政机关的内部监督管理机制。上级行政机关对下级行政机关的监督管理有一定的"内部性"，是行政机关内部的层级关系，不属于行政复议范围。当然，这并不意味着公民、法人或者其他组织就此难以寻求司法救济。如果公民、法人或者其他组织认为下级行政机关的行政行为或不履行法定职责的行为侵犯其合法权益，完全

① 最高人民法院（2018）最高法行申494号行政裁定书，载中国裁判文书网，https：//wenshu.court.gov.cn/website/wenshu/181107ANFZ0BXSK4/index.html？docId = Xa7eLfpmr661V/yXknQsLKuMM0QfwUZXAhmc2e+VU1/N9ioTYry6Cp/dgBYosE2gBbsPyIg2+tPPM/17vU+UrXgBjlxnuVd0omITPRdmaoGsgmVFT7OHfwaKZ0rojlAP，最后访问时间：2023年10月13日。

可以直接针对下级行政机关申请复议或提起诉讼，相比之下，这种救济途径反而更为便捷和直接。

举报人的行政复议申请人资格

——李某某诉H省T县人民政府行政复议案①

【案情简介】

2015年12月3日，李某某通过EMS向T县国土局邮寄《要求T县国土局依法履行法定职责申请书》，请求该局依法查处李某兵、雷某雁骗取安置地的行为，要求没收该宅基地及地上建筑物和其他设施，并处以罚款。2016年3月24日，T县国土局作出《关于李某某申请我局依法履行法定职责事项的答复》(以下简称答复)，主要内容：李某兵、雷某雁符合安置条件，其安置地用地手续审批程序到位，资料齐全，符合法律规定，李某某申请查处的事项，没有事实及法律依据。并告知李某某，如对答复意见不服，可自收到答复之日起30日内请求T县政府或C市国土资源局复查，逾期不申请，本答复意见为信访事项终结性意见。2016年4月25日，李某某申请行政复议，请求撤销答复。2016年5月3日，T县政府作出《不予受理行政复议申请决定》(以下简称复议决定)，主要内容：根据《信访条例》李某某对信访答复不服的，应依法申请复查复核，故其申请不符合行政复议法第六条和行政复议法实施条例第二十八条规定的受理条件。根据行政复议法第六条、第十七条规定，决定对李某某的复议申请不予受理。2016年5月30日，李某某提起本案行政诉讼。请求：(1)撤销复议决定；(2)责令T县政府受理李某某的复议申请。

【专家评析】

根据现行行政复议法第十四条第一款的规定，依照本法申请行政复议的公民、法人或者其他组织是申请人。行政复议法实施条例第二十八条第二项规定，申请人与被申请复议的行政行为有利害关系，是行政复议机关受理申请人行政复议申请的法定条件之一。第四十八条第二项规定，复议机关受理行政复议申请后，发现申请不符合行政复议法及行政复议实施条例规定的受理条件的，应当决定驳回申请人的行政复议申请。依据司法实

---

① 最高人民法院（2018）最高法行申3952号行政裁定书，载中国裁判文书网，https：//wenshu. court. gov. cn/website/wenshu/181107ANFZ0BXSK4/index. html? docId=NDOtIA+hdMgMe16XAres4PxpS0tyrg+g/2vUEDFdYniiirZ4TzAL6p/dgBYosE2gBbsPyIg2+tPPM/17vU+UrXg-BjlxnuVd0omITPRdmaoGJfPVUK3wX3frhsjOblpYb，最后访问时间：2023年10月13日。

践，消费者、服务的接受者、受害人、竞争权人等利益主体，为了自身合法权益，对相关经营单位、竞争对手的违法行为进行举报，要求具有法定查处行政职权的行政机关予以查处，对行政机关就其举报事项作出的处理或者不处理行为，有权申请行政复议。反过来说，如果举报人仅仅是以公民身份，行使法律赋予的检举控告权利，举报经营单位的违法行为，并非为了自身利益举报的，与行政机关就其举报事项作出的处理或者不处理行为没有利害关系，一般不具有行政复议申请人资格。

本案中，李某某向T县国土局书面举报李某兵、雷某雁非法占地建房行为，并请求T县国土局查处，并非基于是李某兵、雷某雁违法行为的受害人，也不是所举报事项的消费者、服务的接受者、竞争权人等其他利害关系人。李某某举报李某兵、雷某雁违法占地建房行为，主要是认为T县相关职能部门对自己的违法占地、建设行为予以查处，未对李某兵、雷某雁存在的同类违法行为予以查处，不公平。其直接目的在于追究李某兵、雷某雁违法行为的法律责任，而非为了维护自身合法权益。因此，李某某与T县国土局查处或者不予查处举报事项的行为没有利害关系。李某某对T县国土局作出的答复申请行政复议，不具有申请行政复议的主体资格。

省级政府征地批复可复议且复议决定系不可诉的终局裁决

——谭某某诉H省政府土地行政复议案①

【案情简介】

谭某某系H省L市D街道办事处某村村民，在本村有合法承包土地并经营多年。谭某某通过申请政府信息公开得知被告作出《省人民政府关于L市2015年度第25批次（增减挂钩）城市建设用地的批复》（以下简称批复）征收原告所在村土地。谭某某认为上述批复侵犯了其合法权益，向H省人民政府申请行政复议。H省人民政府于2016年11月25日作出复议决定，以谭某某在所涉批次内没有宅基地、承包地，与政府批复行为无利害关系为由驳回其复议申请。谭某某认为该复议决定与事实不符，请求法院撤销《驳回行政复议申请决定书》，责令H省人民政府依法受理谭某某

① 最高人民法院（2018）最高法行再8号行政裁定书，载中国裁判文书网，https：//wenshu. court. gov. cn/website/wenshu/181107ANFZ0BXSK4/index. html？ docId = TEBb1cfvywzBcX3PjJesdxWLU3dn99UrGjl5IOe47HVlEpQUs0f955/dgBYosE2gBbsPyIg2+tPPM/17vU+UrXgBjlxnu-Vd0omITPRdmaoHdHwPDEPNbZYO+rJZMamlz，最后访问时间：2023年10月13日。

提出的行政复议申请。W 市中级人民法院一审认为：涉案批复是省政府作出的征地决定。根据行政复议法第三十条第二款的规定，H 省人民政府作出的征收土地决定以及针对该征收土地决定作出的行政复议决定均为最终裁定，不属于人民法院受案范围，裁定驳回原告谭某某的起诉。H 省高级人民法院二审予以维持。最高人民法院再审撤销了一、二审裁定，并指令 H 省 W 市中级人民法院审理本案。

【专家评析】

省级政府所作的征地批复在现实中和法律上通常等同于行政复议法第二十三条所规定的“侵犯其已经依法取得的自然资源的所有权或者使用权的决定”。征地批复作为“省、自治区、直辖市人民政府的行政行为”，实践中，相关内容往往已按照土地管理法所规定的征地公告程序公之于众，产生了外化效果。根据本法第二十四条第二款关于省、自治区、直辖市人民政府同时管辖对本机关作出的行政行为不服的行政复议案件的规定，对省级政府所作征地批复不服的，应向省级政府申请复议。本法第二十六条同时规定：对省、自治区、直辖市人民政府依照本法第二十四条第二款的规定、国务院部门依照本法第二十五条第一项的规定作出的行政复议决定不服的，可以向人民法院提起行政诉讼；也可以向国务院申请裁决，国务院依照本法的规定作出最终裁决。因此，经过省级政府同级复议后形成的复议决定，既可以向国务院申请裁决，也可以向人民法院提起行政诉讼。W 市中级人民法院以“H 省人民政府作出的征收土地决定以及针对该征收土地决定作出的行政复议决定均为最终裁定，不属于人民法院受案范围”为由裁定驳回原告谭某某的起诉，不符合本法规定。

税务机关实行垂直管辖

——某医药公司诉 S 市税务局第二稽查局、S 市税务局行政复议案①

【案情简介】

被告 S 市税务局第二稽查局于 2018 年 3 月 28 日至 2019 年 6 月 28 日

---

① 辽宁省沈阳市中级人民法院（2021）辽 01 行终 477 号行政判决书，载中国裁判文书网，https：//wenshu. court. gov. cn/website/wenshu/181107ANFZ0BXSK4/index. html? docId = 7JPLMOaNZ + K9cDyo3dd3 + AQBkyX8P3H0zmEcCWDKvAQZ/Sg3MgKg1p/dgBYosE2gBbsPyIg2 + tPPM/17vU+UrXgBjlxnuVd0omITPRdmaoHXZictRxGkOMpp6k3B8QHI，最后访问时间：2023 年 10 月 13 日。

对原告某医药公司 2016 年 1 月 1 日至 2017 年 12 月 31 日的纳税及发票使用情况进行了检查。经检查，发现原告某医药公司存在以下违法事实：原告某医药公司在取得涉及退回药品发票已经全部认证抵扣，发生退货业务未申报进项税额转出，其进项税额从销项税额中抵扣，造成少缴增值税税款合计 5467530.56 元，造成少缴城市维护建设税合计 382727.14 元；造成少缴教育费附加合计 164025.92 元，造成少缴地方教育附加合计 109350.61 元。2019 年 7 月 25 日，被告 S 市税务局第二稽查局对原告某医药公司作出《税务处理决定书》，根据相关规定，决定对原告某医药公司追缴 2016 年 12 月增值税税款 1194961.96 元、城市维护建设税 83647.34 元、教育费附加 35848.86 元、地方教育附加 23899.24 元；追缴 2017 年 7 月应增值税税款 2542484.41 元、城市维护建设税 177973.91 元、教育费附加 76274.53 元、地方教育附加 50849.69 元；追缴 2017 年 8 月增值税税款 1730084.19 元、城市维护建设税 121105.89 元、教育费附加 51902.53 元、地方教育附加 34601.68 元。综上所述，追缴增值税税款合计 5467530.56 元，城市维护建设税合计 382727.14 元，教育费附加合计 164025.92 元，地方教育附加合计 109350.61 元。以上应补增值税及附加合计 6123634.23 元。上述应补缴的增值税、城市维护建设税、教育费附加从滞纳之日起至实际缴纳之日止按日加收滞纳税款万分之五的滞纳金。该《税务处理决定书》于 2019 年 7 月 31 日送达原告。原告不服，于同年 9 月 19 日向被告 S 市税务局提起行政复议，该局于同日受理，于次日向被告 S 市税务局第二稽查局下达了《行政复议答复通知书》。同年 11 月 14 日，被告 S 市税务局以该案情况复杂为由作出《行政复议延期审理通知书》。同年 12 月 12 日，S 市税务局作出《税务行政复议决定书》，决定维持 S 市税务局第二稽查局于 2019 年 7 月 25 日作出《税务处理决定书》的具体行政行为。原告仍不服，诉至法院。一审法院判决驳回原告某医药有限公司的诉讼请求，二审维持原判。

【专家评析】

本案的争议焦点之一是 S 市税务局是否具有对原告作出行政复议决定的法定职权。税收征收管理法第五条第一款规定，国务院税务主管部门主管全国税收征收管理工作。各地国家税务局和地方税务局应当按照国务院规定的税收征收管理范围分别进行征收管理。[①] 第十四条规定，本法所称税务机关是指各级税务局、税务分局、税务所和按照国务院规定设立的并向社会公告的税务机构。税收征收管理法实施细则第九条第一款规定，税收征管法第十四条所称按照国务院规定设立的并向社会公告的税务机构，是指省以下税务局的稽查局。稽查局专司偷税、逃避追缴欠税、骗税、抗税案件的查处。修订后的行政复议法第二十七条规定，对海关、金融、外汇管理等实行垂直领导的行政机关、税务和国家安全机关的行政行为不服的，向上一级主管部门申请行政复议。税务行政复议规则第十六条第一款规定，对各级税务局的具体行政行为不服的，向其上一级税务局申请行政复议。依据前述规范可知，S 市税务局第二稽查局具有作出案涉税务行政处罚的法定职权，市税务局具有对作出案涉行政复议决定的法定职权。

---

① 2018 年《国务院机构改革方案》规定："改革国税地税征管体制。将省级和省级以下国税地税机构合并，具体承担所辖区域内各项税收、非税收入征管等职责。国税地税机构合并后，实行以国家税务总局为主与省（区、市）人民政府双重领导管理体制。"

第三章　行政复议受理

第三十条　【行政复议的受理条件】行政复议机关收到行政复议申请后，应当在五日内进行审查。对符合下列规定的，行政复议机关应当予以受理：

（一）有明确的申请人和符合本法规定的被申请人；

（二）申请人与被申请行政复议的行政行为有利害关系；

（三）有具体的行政复议请求和理由；

（四）在法定申请期限内提出；

（五）属于本法规定的行政复议范围；

（六）属于本机关的管辖范围；

（七）行政复议机关未受理过该申请人就同一行政行为提出的行政复议申请，并且人民法院未受理过该申请人就同一行政行为提起的行政诉讼。

对不符合前款规定的行政复议申请，行政复议机关应当在审查期限内决定不予受理并说明理由；不属于本机关管辖的，还应当在不予受理决定中告知申请人有管辖权的行政复议机关。

行政复议申请的审查期限届满，行政复议机关未作出不予受理决定的，审查期限届满之日起视为受理。

【条文主旨】

本条是关于行政复议受理条件及审查处理的规定。

【条文解读】

本条可视为在修订前的行政复议法第十七条和行政复议法实施条例第二十八条的基础上修改而来。修订前的行政复议法第十七条规定："行政复议机关收到行政复议申请后，应当在五日内进行审查，对不符合本法规定的行政复议申请，决定不予受理，并书面告知申请人；对符合本法规定，但是不属于本机关受理的行政复议申请，应当告知申请人向有关行政复议机关提出。除前款规定外，行政复议申请自行政复议机关负责法制工作的机构收到之日起即为受理。"行政复议法实施条例第二十八条规定："行政复议申请符合下列规定的，应当予以受理：（一）有明确的申请人和符合规定的被申请人；（二）申请人与具体行政行为有利害关系；（三）有具体的行政复议请求和理由；（四）在法定申请期限内提出；（五）属于行政复议法规定的行政复议范围；（六）属于收到行政复议申请的行政复议机构的职责范围；（七）其他行政复议机关尚未受理同一行政复议申请，人民法院尚未受理同一主体就同一事实提起的行政诉讼。"本次修改基本上吸取了行政复议法实施条例的有关内容，对受理条件和前置审查作了文字修改，并未产生实质规则变化，同时新增了有关行政复议机关延期未作出不予受理决定情形的处理方式的规定。

一、行政复议受理条件

处理繁多的行政复议案件需要较高额的行政成本，应当在行政复议机关实际处理能力之内设定相应的受理限度，以期实质性化解纠纷，故而必须对行政复议申请设置一定的受理条件，并对相关申请进行审查。在本条第一款中，明确规定了应当受理的七种条件，分别是申请人与被申请人适格、具有利害关系、具备具体请求与事实理由、未超时限、符合受案范围、管辖适当、禁止重复复议和诉讼。

理解本条重点在于掌握本条所规定的各类受理条件的具体内涵。

（一）有明确的申请人和符合本法规定的被申请人

本项要求申请人和被申请人资格适当。"明确的申请人"应当符合行政复议法对复议申请人、代表人的有关规定。作为申请人的公民死亡，其申请人资格的继承一般根据继承法律规定由近亲属继承，申请人为法人或者其他组织在复议过程中因各种原因消亡、终止的，承受其权利的法人或者组织一般可以继承其申请人资格。"符合本法规定的被申请人"意味着要遵循以下三条规则：一是被申请人应当是机构而非个人，二是被申请人应当是依法设立的、具有行政主体的机构，三是原则上对外作出行政行为的机构是被申请人。被申请人的确定要遵循本法第十九条的规定。

（二）申请人与被申请行政复议的行政行为有利害关系

本项意在强调行政行为与申请人之间存在的客观利害关系，排除单纯因社会公益提起的行政复议。在本项的适用中，“利害关系”的判定是难点和重点。行政决定直接指向的对象当然是具有利害关系的适当申请人，但部分“相关人”，如投诉、举报、检举、控告人以及相邻权人、环境权人的申请人资格，往往需要提供相应的证明来确认利害关系。

（三）有具体的行政复议请求和理由

本项要求行政复议申请人具备初步的事实理由，并提出明确的行政复议请求，如要求撤销违法行政行为、要求确认行政行为违法等。

（四）在法定申请期限内提出

本项是关于申请时限的要求。根据本法第二十条第一款规定，申请人应当自知道或应当知道该行政行为之日起六十日内提出行政复议申请，但法律另有规定的除外，此外还要遵守本法第二十一条“最长时限”的规定。

（五）属于行政复议法规定的行政复议范围

本项要求申请人所提出的行政复议申请必须符合本法第十一条所正面列举的事项范围，并不被第十二条禁止性规定所排除。

（六）属于本机关的管辖范围

本项要求管辖适当。申请人应当遵守本法第二十四条至第二十八条的规定，向对应的行政机关提起。如果申请人向不适宜的行政机关提起行政复议申请的，根据本条第二款的规定，行政复议机关应当在不予受理决定中告知其向正确的机关提起。

（七）禁止重复复议和诉讼

这是本条第一款第七项的要求，即“行政复议机关未受理过该申请人就同一行政行为提出的行政复议申请，并且人民法院未受理过该申请人就同一行政行为提起的行政诉讼”。本项条件意在排除重复复议、诉讼。

二、不予受理的处理方式

根据本条第一款规定，行政复议机关收到行政复议申请后，应当在五日内进行审查。这意味着受理的期限为五日，对于符合本款规定的上述受理条件的行政复议申请，应当在五日内予以受理。在本条的第二款和第三款中，进一步规定了对不予受理的复议申请的处理方式以及行政复议机关延期未作出不予受理决定情形的处理方式。根据第二款的规定，行政复议机关对于不符合前款规定的行政复议申请，应当不予受理且必须说明理由。这里强调了行政复议机关的“说明理由”义务。同时，还特别强调，对于因“不属于本机关管辖”而不予受理的行政复议申请，还应当告知其向正确的机关提出申请。

根据第三款的规定，行政复议申请的审查期限届满，行政复议机关未作出不予受理决定的，审查期限届满之日起视为受理。这意味着，对于行政复议机关无故超时处理行政复议申请的情形，应当直接认定为自动受理，受理之日为审查期限届满之日。这是本次修法新增内容，旨在着力治理在实践中出现的个别行政复议机关故意拖延、为复议增添“门槛”的行为，充分实现保护行政相对人权益之目的。

【适用指南】

本条在实务适用中，比较容易产生争议的是第一款第二项关于利害关系的判定。作为行政决定直接作用的对象，行政相对人与行政行为之间的“利害关系”毋庸置疑，唯“行政相关人”与行政行为之间的“利害关系”存疑。例如，投诉举报人对行政机关不予查处被投诉举报人的行为，是否可以以“行政机关不履行法定职责”为由提起行政复议？这一问题在实务和理论上都存在争议。对于“利害关系”的判定，学界存在两要件说（一种表述为存在合法权益、因果联系①，另一种表述为存在合法权益、受到行政行为不利影响）②、三要件说（公法上的权利、成熟的具体行政行为、因果关系）③、四要件说（存在起诉主体、存在合法权益、合法权益归于该主体、受到行政行为影响）④。近年来，保护规范理论被引入行政裁判实践，试图为“利害关系”判定提供一种较为客观的判断框架和思考步骤。⑤ 利用保护规范理论判断“利害关系”是否存在的核心在于判断当前是否存在某一实体法规范要求行政机关考虑、尊重和保护原告所诉请保护的、不同于普通公众的独特的权益。⑥ 如果存在，那么“利害关系”的存

① 参见李晨清：《行政诉讼原告资格的利害关系要件分析》，载《行政法学研究》2004年第1期。

② 参见谢明睿：《论行政诉讼原告资格中的利害关系》，载《公法研究》2021年第1期。

③ 参见张旭勇：《“法律上利害关系”的新表述——利害关系人原告资格生成模式探析》，载《华东政法学院学报》2001年第6期。

④ 参见沈岿：《行政诉讼原告资格：司法裁量的空间与限度》，载《中外法学》2004年第2期。

⑤ 参见何源：《保护规范理论的适用困境及其纾解》，载《法商研究》2022年第3期。

⑥ 参见赵宏：《中国式保护规范理论的内核与扩展——以最高人民法院裁判为观察视角》，载《当代法学》2021年第5期。

在也便顺理成章。尽管学说众多，但从本质上可以归纳为以下步骤：一是判定是否存在值得公法保护的“合法权益”，这一步骤可以借用保护规范理论这一理论工具完成；二是判定该“合法权益”是否受到了行政行为的实质影响（是否存在因果联系），完成以上两步判断即可判定是否存在“利害关系”。

【关联规范】

《中华人民共和国行政复议法》第十一条、第十二条、第十九条、第二十条、第二十四条、第二十五条、第二十六条、第二十七条、第二十八条、第二十九条。

第三十一条 【对行政复议申请材料的补正】行政复议申请材料不齐全或者表述不清楚，无法判断行政复议申请是否符合本法第三十条第一款规定的，行政复议机关应当自收到申请之日起五日内书面通知申请人补正。补正通知应当一次性载明需要补正的事项。

申请人应当自收到补正通知之日起十日内提交补正材料。有正当理由不能按期补正的，行政复议机关可以延长合理的补正期限。无正当理由逾期不补正的，视为申请人放弃行政复议申请，并记录在案。

行政复议机关收到补正材料后，依照本法第三十条的规定处理。

【条文主旨】

本条是关于行政复议申请材料补正的规定。

【条文解读】

在实践中，由于一些申请人的法律知识有所欠缺，对行政复议的要求、程序了解程度不够，有时初次上交的材料不能初步符合受理的条件。若此时直接驳回申请人的复议申请，则过于武断，因此本条设置了“材料补正”的相关规则。

本条可视为在行政复议法实施条例第三章第二十九条的基础上修改而来，该条文规定："行政复议申请材料不齐全或者表述不清楚的，行政复议机构可以自收到该行政复议申请之日起 5 日内书面通知申请人补正。补正通知应当载明需要补正的事项和合理的补正期限。无正当理由逾期不补正的，视为申请人放弃行政复议申请。补正申请材料所用时间不计入行政复议审理期限。"

与行政复议法实施条例第二十九条相比，此次修订的亮点体现在以下方面：一是更加细致地规定了补正的条件，即"行政复议申请材料不齐全或者表述不清楚"以至于"无法判断行政复议申请是否符合本法第三十条第一款规定的"情形下，才需要补正；二是明确规定"补正通知应当一次性载明需要补正的事项"，以免申请人多次因材料不齐全、不清楚而重复收集、提交；三是明确规定了补正的时限为"十日"，提高了行政复议的效率。理解本条应当重点把握以下要点：

第一，从补正行为的适用条件上看，行政复议机关的受理部门被赋予了一定的审查权限，可以对材料是否符合本法第三十条第一款作出判断。但需要注意的是，此时的审查应当仅限于"形式审查"而不宜作出"实质审查"，否则便有架空后续程序的可能，也无法保障行政复议申请人的程序性权利。

第二，从对补正的时间和例外情况的要求来看，行政复议机关和申请人都应当严格恪守时间要求，推动行政复议程序高效运转，更好保障"化解行政争议的主渠道作用"的作用实现。同时，"有正当理由不能按期补正"的情形，往往是指因不可抗力无法提供相关证据的情形，如因自然灾害等人力无法控制的因素导致提交材料延迟的情况。

第三，从补正的形式上看，行政复议机关应当以书面的形式通知申请人，内容中应当包含需要补正的事项和补正后再次上交的时间。注意，行政复议机关应当基于便民原则，一次性告知申请人需要补正的事项，以免申请人"多次返工"。

第四，从补正后的处理结果上看，首先应当分为收到补正材料和逾期未收到补正材料两种。在逾期未收到补正材料的情形下，视同申请人放弃行政复议申请并记录在案。收到材料后，行政复议机关将按照本法第三十条之规定判断是否受理。

【适用指南】

在行政复议申请阶段，应当上交申请人的身份证明资料、行政复议申请书等材料，其中应当记载好足以证明符合本法第三十条第一款的事实与理由。申请人应当按照申请理由的不同，准备或补正相应材料。例如，认为被申请人侵犯合法权益的，应当提交处罚决定书等材料；认为被申请人没有履行职责的，应当上交被申请人不予受理的决定书等材料。同时，如果因不可抗力耽误了补正的时间，还应当及时提供相应证据以申请延期。此外，还需要关注期间与期日的计算方法，以免错过最迟的提交期限。

【关联规范】

《中华人民共和国行政复议法》第三十条。

第三十二条　【当场行政处罚的复议申请】 对当场作出或者依据电子技术监控设备记录的违法事实作出的行政处罚决定不服申请行政复议的，可以通过作出行政处罚决定的行政机关提交行政复议申请。

行政机关收到行政复议申请后，应当及时处理；认为需要维持行政处罚决定的，应当自收到行政复议申请之日起五日内转送行政复议机关。

【条文主旨】

本条是关于对当场作出行政处罚或者根据电子技术监控设备记录的违法事实所作出的处罚申请行政复议的规定。

【条文解读】

本条是本次修订新增条款，也是亮点条款，集中体现了高效便民、行政效益等行政法基本原则。理解本条应当重点把握以下要点：

第一，仅在“对当场作出或者依据电子技术监控设备记录的违法事实作出的行政处罚决定不服申请行政复议的”情形，才可以适用这一条款。这两种情形的共通点是“处罚量大面广”。行政处罚相对人直接向作出处罚决定的行政机关提交行政处罚申请，可以有效地降低维权成本。特别需要注意的是，在行政相对人提交行政复议材料后，该行政机关并没有因此而取得此件复议案件的办理权，仅仅只是为了相对人提起复议之便利而使其享有了接受复议申请材料的权利。

第二，行政机关认为需要维持行政处罚决定的，应当自收到行政复议申请之日起五日内转送行政复议机关。易言之，若行政机关认为需变更行政处罚决定的，则可以在自己享有的裁量空间之内进行变更，以期自行地实质性化解行政纠纷。如果行政相对人对修改后的行政处罚决定表示满意，则可撤销复议申请，如果对修改后的处罚决定仍不满意，仍可以要求该行政机关转送行政复议申请。同时，该条文表述采用的是“可以通过作出行政处罚决定的行政机关提交行政复议申请”。换言之，行政相对人同样可以不经过作出行政处罚决定的行政机关，直接向有权受理的行政复议机关提交行政复议材料。

【关联规范】

《中华人民共和国行政处罚法》第四十一条、第五十二条。

第三十三条　【驳回复议申请】行政复议机关受理行政复议申请后，发现该行政复议申请不符合本法第三十条第一款规定的，应当决定驳回申请并说明理由。

【条文主旨】

本条是关于行政复议机关驳回申请的规定。

【条文解读】

由于行政复议机关受理部门在初步审查时属于形式审核而非实质审核，不可避免地会使得部分本不符合受理条件的申请进入到后续的实质审核中，因此当在后续审理过程中发现该申请实质上不符合受理条件的，应当予以驳回处理。

本条可视为在行政复议法实施条例第四十八条第一款的基础上修改而来，该条规定：“有下列情形之一的，行政复议机关应当决定驳回行政复议申请：（一）申请人认为行政机关不履行法定职责申请行政复议，行政复议机关受理后发现该行政机关没有相应法定职责或者在受理前已经履行法定职责的；（二）受理行政复议申请后，发现该行政复议申请不符合行政复议法和本条例规定的受理条件的。”与行政复议法实施条例不同的是，本次修订将“受理后对不符合受理条件的申请予以驳回”的情形从“行政复议决定”章节移动至“行政复议受理”章节，本次的移动主要是一种对“行政复议受理”的全部情形进行合并同类项的技术处理，并未产生规则上的实质变更。

【关联规范】

《中华人民共和国行政复议法》第三十条。

第三十四条　【行政复议后提起行政诉讼的期限】法律、行政法规规定应当先向行政复议机关申请行政复议、对行政复议决定不服再向人民法院提起行政诉讼的，行政复议机关决定不予受理、驳回申请或者受理后超过行政复议期限不作答复的，公民、法人或者其他组织可以自收到决定书之日起或者行政复议期限届满之日起十五日内，依法向人民法院提起行政诉讼。

【条文主旨】

本条是关于行政复议后提起行政诉讼的期限规定。

【条文解读】

本条是在修订前的行政复议法第十九条的基础上修改而来，即在原第十九条的基础上增加了行政复议机关“驳回申请”的情形。本条还修改了部分细节，包括将“法律、法规规定”修改为“法律、行政法规规定”，将“自收到不予受理决定书”修改为“自收到决定书”，将“期满”修改为“期限届满”。理解本条应当重点把握以下要点：

第一，驳回申请的情形。包括两种：一是受理申请后发现行政复议申请不符合本法第三十条第一款规定的条件；二是受理申请后发现被申请人没有相应法律职责，或者在受理前已经履行相应法定职责的情形。这两种情形也分别被本法第三十三条与第六十九条明确规定。

第二，“受理后超过行政复议期限”因审理程序不同而不同。据本法

第六十二条规定，简易程序审理的行政复议期限为受理之日起三十日；普通程序审理的行政复议期限为六十日；情况复杂，不能在规定期限内作出行政复议决定的，经行政复议机构负责人批准，并书面告知当事人，可最多延长不超过三十日。

第三，复议后可以提起诉讼的不仅是指行政复议的申请人，一般也包括与案件有利害关系的第三人。一是本条中具有提起诉讼资格的主体被表述为“公民、法人或者其他组织”，而非本法中启动行政复议程序的“申请人”。二是根据行政诉讼法第四十五条规定，“公民、法人或者其他组织不服复议决定的，可以在收到复议决定书之日起十五日内向人民法院提起诉讼。复议机关逾期不作决定的，申请人可以在复议期满之日起十五日内向人民法院提起诉讼。法律另有规定的除外”。即凡是收到复议决定书的当事人，均可以对行政复议决定提起行政诉讼，而在行政复议机关未作出行政复议决定的情况下，只有申请人能够对行政机关的不作为提起行政诉讼。

【适用指南】

第一，确定哪些案件能够在复议后提起行政诉讼。一般来说，凡是经过行政复议的案件，公民、法人或者其他组织原则上均可以对其提起行政诉讼。不过，本法第十条的但书条款规定了例外，即行政复议决定为最终裁决的情形。该情形中，根据本法第二十六条的规定，案件实际上经过了两次行政复议审理，国务院作出的最终裁决实质上是对已复议过一次的案件的再审理，而且也给予了当事人选择提请国务院裁决或提起行政诉讼的机会。所以从总体上看，凡是只经过一次行政复议的案件，一般均可以对之提起行政诉讼。

第二，确定行政复议期限届满之日。“收到决定书之日”是一个较为确切的时间点，而“行政复议期限届满之日”还需更详细的分析。一是行政机关在收到行政复议案件申请后，未作出受理决定，则应根据本法第三十条，视收到申请后的第五天为受理日期，行政复议期限自第六天开始计算；二是具体的行政复议期限应根据本法第六十二条进行判断。举例来说，若行政复议申请人自提交申请后一直未收到行政复议机关的任何通知，则可以在行政复议机关收到申请后的第六十五天起，计算十五日的提起诉讼期限。

【关联规范】

《中华人民共和国行政复议法》第十条、第二十三条、第三十条、第三十三条、第六十二条、第六十九条；《中华人民共和国行政诉讼法》第四十五条。

第三十五条　【上级机关责令受理或直接受理行政复议】 公民、法人或者其他组织依法提出行政复议申请，行政复议机关无正当理由不予受理、驳回申请或者受理后超过行政复议期限不作答复的，申请人有权向上级行政机关反映，上级行政机关应当责令其纠正；必要时，上级行政复议机关可以直接受理。

【条文主旨】

本条是关于上级机关通过责令受理与直接受理的方式纠正行政复议机关不作为的规定。

【条文解读】

一、行政复议受理中的不作为

行政复议受理中的不作为，是指负有作为义务的行政复议机关对行政复议申请不予理睬，或拒绝受理明显符合受理条件的行政复议申请。[①] 换言之，也即本条规定的三种情形：无正当理由不予受理、驳回申请和受理后超过行政复议期限不作答复。本条在修订前的行政复议法第二十条的基础上，增加了“驳回申请或者受理后超过行政复议期限不作答复”两种情形，增加“申请人有权向上级行政机关反映”的表述，并将“责令其受理”修改为“责令其纠正”。修改后，本条的适用范围更加清晰，与行政不作为理论也更加契合。

二、“无正当理由”的理解

理解本条款应当重点把握“不予受理、驳回申请与受理后超期不作答

① 王青斌：《行政复议不作为的法律治理》，载《现代法学》2020 年第 3 期。

复”前的修饰语“无正当理由”。据本法第三十条以及行政复议法实施条例第二十七条、第二十八条的规定，行政复议机关必须受理符合本法与行政复议法实施条例要求的行政复议申请，否则即需要向申请人说明理由。要向申请人说明的理由应为“正当理由”，包括不符合本法第三十条第一款规定的七种情形。具体而言，正当理由包括：（1）不具有明确的申请人和符合本法规定的被申请人；（2）被申请行政复议的行政行为与申请人无利害关系；（3）无具体的行政复议请求和理由；（4）未在法定申请期内提出；（5）不属于本法规定的行政复议范围；（6）不属于本机关的管辖范围；（7）所针对的行政行为已被行政复议机关受理过或已被法院受理过。需要说明的是，虽然本法第三十条的规定在文义上仅是针对是否应当受理的问题，但“驳回申请”在相当大的程度上仍然是对受理范围这一问题的判断，也即对本法第三十三条、第六十九条相关规定的适用问题。行政复议机关超过行政复议期限不作答复的情形则属于程序违法，一般情况下对上级机关的纠正不具有可以抗辩的正当理由。需要注意的是，具体的行政复议期限仍要根据本法第六十二条的内容进行判断，部分情况复杂的复议案件存在延长期限的可能。当然，若存在自然灾害等不可抗力事件使得行政复议工作无法正常展开，超过复议期限也具有了正当理由。事实上，这属于一种行政复议中止的情形，由本法第三十九条规定。

三、纠正行政复议机关不作为的方式

本条列举了责令纠正和直接受理两种方式。其中，责令纠正包括以下几种具体情形：一是行政复议机关无正当理由不予受理，上级机关责令其受理；二是行政复议机关无正当理由驳回申请，上级机关责令其恢复审理；三是行政复议机关受理后超过行政复议期限不作答复，上级机关责令其答复。直接受理则是行政复议机关的上级机关直接将行政复议案件的管辖权转移给自己，并最终作出决定。

【适用指南】

本条在适用时要遵循一定的步骤。根据行政复议法实施条例第三十一条的规定，上级行政机关认为行政复议机关不予受理行政复议申请的理由不成立的，可以先行督促其受理；经督促仍不受理的，应当责令其限期受理，必要时也可以直接受理；认为行政复议申请不符合法定受理条件的，应当告知申请人。而对于驳回申请的情形，根据行政复议法实施条例第四十八条第二款规定，上级行政机关认为行政复议机关驳回行政复议申请的理由不成立的，应当责令其恢复审理。当然，上级机关认为必要时，也同样可以直接受理。

【关联规范】

《中华人民共和国行政复议法实施条例》第二十七条、第二十八条、第三十一条、第四十八条。

案例评析

行政复议案件的受理条件

——曾某某等诉N市人民政府不受理行政复议案①

【案情简介】

2017年8月11日，曾某某等三人以“申请人为被征收人”为由，向N市H区国土分局申请政府信息公开，要求公开“申请人房屋所在地区域的土地被征收后，该地块进行出让、划拨的信息及土地出让合同、划拨决定书”。但相关申请未能成功投递，曾某某等三人认为邮件被退回属于N市H区国土分局行政不作为的表现，遂向N市人民政府申请行政复议，请求N市人民政府确认H区国土分局不履行政府信息公开法定职责行为违法，并责令其履行信息公开职责。2017年11月27日，N市人民政府作出行政复议决定，驳回了曾某某等三人的行政复议请求。因不服该行政复议决定，曾某某等向法院起诉。

法院经审理认为，《中华人民共和国政府信息公开条例》第一条明确，该条例系为了保障公民、法人和其他组织依法获取政府信息，提高政府工作的透明度，促进依法行政，充分发挥政府信息对人民群众生产、生活和经济社会活动的服务作用而制定，即该条例的调整范围是政府信息公开行政管理和服务领域。而曾某某等三人要求获取的涉案地块进行挂牌出让、划拨的信息及土地出让合同、划拨决定书，系涉案地块权利人的土地权属来源文件，属于《土地登记资料公开查询办法》第二条明列的土地原始登记资料，应当按照《土地登记资料公开查询办法》有关规定依法进行查

① 南昌铁路运输中级法院（2018）赣71行初137号行政判决书，载中国裁判文书网，https://wenshu.court.gov.cn/website/wenshu/181107ANFZ0BXSK4/index.html?docId=Gvd-WoLTHX0Wv/EZC1WlMr312156Ka3TsMgyZ+L2qlIUNj1dvh/xAJ5/dgBYosE2gBbsPyIg2+tPPM/17vU+UrXgBjlxnuVd0omITPRdmaoHM84l9z4qf/8DnvuSB85lu，最后访问时间：2023年10月13日。

询，而不能通过政府信息公开行政程序以申请信息公开的方式获得。曾某某等三人不具有政府信息公开申请主体资格，与政府信息公开处理行为没有利害关系，不符合《中华人民共和国行政复议法实施条例》第二十八条第二项规定的受理条件。故判决驳回曾某某等三人的诉讼请求。

【专家评析】

对于行政复议申请是否受理的判断，需严格遵循修订后的行政复议法第十一条、第三十条的规定。就本案而言，行政复议机关在收到行政复议申请后经审查发现，其不符合修订后的行政复议法第三十条第一款第二项与第五项的规定。修订后的行政复议法第三十条规定了行政复议的受理条件，其中，第二项要求申请人与被申请行政复议的行政行为需有利害关系，第五项规定，被申请行政复议的行政行为应属于本法规定的行政复议范围。从表面上看，行政复议的申请人主张自己为“被征收人”，因而与申请公开的信息存在利害关系，满足第三十条第二项的规定，但仔细分析可知，本案行政相对人的诉求并不满足第三十条第五项的要求。

《国务院办公厅政府信息与政务公开办公室关于明确政府信息公开与业务查询事项界限的解释》明确规定“不动产登记资料查询，以及户籍信息查询、工商登记资料查询等，属于特定行政管理领域的业务查询事项，其法律依据、办理程序、法律后果等，与《政府信息公开条例》所调整的政府信息公开行为存在根本性差别。当事人依据《政府信息公开条例》申请这类业务查询的，告知其依据相应的法律法规规定办理”。简言之，申请人想要申请公开的信息，不属于政府信息公开条例的调整范围。被申请行政复议的行政行为也就不属于行政复议法第十一条第十四项规定的“认为行政机关在政府信息公开工作中侵犯其合法权益”的情形，进而，也就不满足行政复议法第三十条第五项的规定。最终，行政复议机关应当根据行政复议法第三十条第二款的规定，在审查期限内决定不予受理，并向申请人说明理由。

行政复议中“利害关系”的判定标准

——刘某某诉Z市人民政府驳回行政复议申请案①

【案情简介】

2015年11月24日，Z市发展和改革委员会向金某某公司作出《关于××生态农业旅游观光项目备案的通知》（以下简称《通知》）。刘某某于2016年1月通过信息公开的方式取得了上述《通知》，认为该《通知》侵害了自己作为土地承包经营权人的利益，该《通知》存在重大违法情形，遂向Z市政府提起行政复议，要求确认违法并予以撤销。Z市政府经审查认为，刘某某与《通知》不具有利害关系，遂于2016年3月21日作出驳回行政复议申请决定，并于次日送达。

刘某某不服，向一审法院提起行政诉讼。一审法院认为，《通知》系对建设项目的备案行为，是职权机关就申请人申请备案的项目是否符合项目备案条件依法进行审查后作出的行政行为，该行为产生实体影响的利害关系人是备案申请人金某某公司，对其他人的合法权益并不产生直接影响。故刘某某与《通知》并不具有利害关系，其提起的行政复议申请不符合《中华人民共和国行政复议法实施条例》第二十八条第二项规定的受理条件。因此，判决驳回刘某某的诉讼请求。刘某某不服一审判决，上诉至J省高级人民法院。J省高级人民法院以相同事实与理由，驳回上诉，维持一审判决。后刘某某向最高人民法院申请再审，最高人民法院引入“保护规范理论”，据此认定刘某某并非本案的利害关系人，不具备行政诉讼的原告主体资格，遂裁定驳回其再审申请。

【专家评析】

本案的争议焦点在于，作为复议申请人的刘某某是否具有“利害关系”。这直接决定其是否有权提起行政复议和提起行政诉讼。根据新修订的行政复议法第三十条第一款第二项的规定，行政复议的申请人与行政行为之间必须具备“利害关系”，方可提起复议申请。行政诉讼法第二十五条亦规定：“行政行为的相对人以及其他与行政行为有利害关系的公民、法人或者其他组织，有权提起诉讼……”可见，无论是行政复议法还是行

---

① 最高人民法院（2017）最高法行申169号行政裁定书，载中国裁判文书网，https://wenshu.court.gov.cn/website/wenshu/181107ANFZ0BXSK4/index.html? docId=RMsHL+R1VwsGmFoXtv54QRzKAv2qbfCiW/l03PW5yqICigZArLLq4p/dgBYosE2gBbsPyIg2+tPPM/17vU+UrXgBjlxnuVd0omITPRdmaoHM84l9z4qf/09n/7YNmmTL，最后访问时间：2023年10月13日。

政诉讼法，均将“利害关系”作为行政复议申请人或行政诉讼中原告资格的判定标准。应当认为，在行政法这一法律部门中，“利害关系”具有基本相同的外延，凡存在“利害关系”的，既可以申请行政复议，也有权提起行政诉讼，反之亦然。

问题的关键是如何判定“利害关系”？对此在本案中，法院引入了保护规范理论。该理论认为，“利害关系”是指公法上而不是私法上的利害关系。只有当事人的主观公权利（公法上的权利和利益）受到行政行为影响、存在受到损害的可能性时，才能承认当事人与行政行为具有法律上的利害关系，进而肯定其具有行政复议的申请人资格、具有行政诉讼的原告主体资格。本案中，Z 市发展和改革委员会作出《通知》，其所依据的《国务院关于投资体制改革的决定》等规范，旨在合理开发利用资源、保护生态环境、防止出现垄断等，目的是维护公共利益，是不以调节个人经济权益为导向的。[①] 故此，基于这些规范所作出的项目建设、审批行为，即使影响到刘某某的土地承包经营权，受影响的也是刘某某的私法上之利益，其公法上的权益并不受减损，刘某某应通过民事途径对其权益予以救济，而非通过行政复议、行政诉讼的途径进行救济。故而刘某某不具备行政复议的申请人资格，也不具有行政诉讼的原告资格。再审法院裁定驳回刘某某的再审申请，这一裁判合法恰当。

① 参见赵宏：《原告资格从“不利影响”到“主观公权利”的转向与影响》，载《交大法学》2019 年第 2 期。

第四章　行政复议审理

第一节　一般规定

第三十六条　【审理行政复议案件的基本要求】行政复议机关受理行政复议申请后，依照本法适用普通程序或者简易程序进行审理。行政复议机构应当指定行政复议人员负责办理行政复议案件。

行政复议人员对办理行政复议案件过程中知悉的国家秘密、商业秘密和个人隐私，应当予以保密。

【条文主旨】

本条是关于行政复议机关审理行政复议案件基本要求的规定。

【条文解读】

一、行政复议审理程序包括普通程序和简易程序

本条属于新增条款，参考了行政诉讼法第七章第二节、第三节，将行政复议审理程序分为普通程序和简易程序，明确行政复议机关审理行政复议案件包括这两种程序，具体则取决于行政复议案件的类型。把简易程序纳入行政复议案件审理程序范畴，作为行政复议审理程序的特别程序，相较于修订前的行政复议法构成重大创新，也是本次修法的亮点之一。由此，行政复议案件的审理程序有普通程序与简易程序之分，繁简分流，实现“简案快审、繁案精审”，提升办案效率和办案质量。① 简易程序是指行

① 参见周佑勇：《行政复议的主渠道作用及其制度选择》，载《法学》2021 年第 6 期。

政复议机关在审理事实清楚、权利义务关系明确、争议不大的行政案件时适用的一种简便易行的复议程序。简易程序与普通程序相对，在审理方式、审理期限等方面都作了简化。如本法第四十九条规定："适用普通程序审理的行政复议案件，行政复议机构应当当面或者通过互联网、电话等方式听取当事人的意见……"第五十四条第二款规定："适用简易程序审理的行政复议案件，可以书面审理。"简易程序具有办案手续简单、审理方式灵活、不受普通程序有关规定约束的特点，有利于及时审结案件，降低当事人的复议成本，保护当事人的合法权益。对于行政复议机关来说，通过简易程序解决一些事实清楚、权利义务关系明确、争议不大的案件，有利于高效配置资源，提高复议效率，节约行政成本。[①] 但是，行政复议程序仍以普通程序为主，简易程序只能作为补充，仅在特定范围内适用。

二、行政复议机构应当指定行政复议人员负责办理行政复议案件

本条第一款规定，行政复议机构应当指定行政复议人员负责办理行政复议案件。这就意味着，办理特定行政复议案件的行政复议人员均由行政复议机构决定，行政复议人员没有选择办理具体哪件行政复议案件的权利。此规定一则意在增强行政复议的履职保障，提升行政复议案件的办理质量；二则有助于避免行政复议人员之间互相推诿，导致个别行政复议案件无人办理；三则有助于行政复议机构统筹安排行政复议案件的审理，提高复议效率。

三、行政复议人员负有保密义务

本条第二款规定，行政复议人员对办理行政复议案件过程中知悉的国家秘密、商业秘密和个人隐私，应当予以保密。本款规定参考了行政诉讼法第三十二条第一款的规定："代理诉讼的律师，有权按照规定查阅、复制本案有关材料，有权向有关组织和公民调查，收集与本案有关的证据。对涉及国家秘密、商业秘密和个人隐私的材料，应当依照法律规定保密。"在办理行政复议案件过程中，行政复议人员不可避免会接触各类案卷材料，其中可能包含国家秘密、商业秘密和个人隐私。国家秘密事关国家安全，商业秘密事关经济利益，个人隐私事关个人信息安全，行政复议人员对此三类信息应当负有保密义务，不得随意泄露。本款规定有助于进一步增强行政复议的履职保障，提高行政复议的公信力。

---

① 参见曹鎏：《行政复议制度革新的价值立场与核心问题》，载《当代法学》2022 年第 2 期。

【适用指南】

第一，对于特定的行政复议案件适用普通程序还是简易程序，行政复议机关并非一律享有选择权。本章第四节共三条规定了适用简易程序的行政复议案件类型、简易程序的内容以及简易程序与普通程序的转化。尤其是根据本法第五十三条的规定，可以适用简易程序的行政复议案件种类相对固定且数量有限，多数行政复议案件依然适用普通程序进行审理。

第二，对于特定的行政复议案件而言，由哪些行政复议人员负责办理，决定权并不在行政复议人员手中，而系由行政复议机构统一安排，专案专办。

第三，对于在行政复议案件过程中知悉的国家秘密、商业秘密和个人隐私，行政复议人员应当一律承担保密义务，没有例外。

【关联规范】

《中华人民共和国行政诉讼法》第三十二条第一款。

第三十七条　【行政复议案件的审理依据】 行政复议机关依照法律、法规、规章审理行政复议案件。

行政复议机关审理民族自治地方的行政复议案件，同时依照该民族自治地方的自治条例和单行条例。

【条文主旨】

本条是关于行政复议案件审理依据的规定。

【条文解读】

本条属于本次修订新增条文。行政复议的审理依据是指复议机关审理行政复议案件，应当以什么层级、类别的法律规范作为判断法律问题的依据。[1] 行政复议案件的审理依据包括法律、法规和规章。与行政诉讼案件

---

① 参见莫于川、杨震：《行政复议法的主渠道定位》，载《中国政法大学学报》2021年第6期。

的审理依据相比，区别聚焦于以下两点：第一，行政复议案件的审理依据比行政诉讼案件要广，既包括法律、法规，又包括规章。第二，“法律、法规、规章”三者在适用上对于行政复议机关具有同等效力，这一点根本性区别于行政诉讼法。根据行政诉讼法第六十三条的规定，人民法院审理行政案件以“法律和法规”为依据，规章仅具有“参照”效力。这就意味着，法院在适用规章作为依据之前需对规章进行审查，即审查规章是否合法有效。只有当规章具有合法性和有效性时，法院才可适用规章。

理解本条应当重点把握各类审理依据的基本内涵。（1）法律。法律是指全国人大及其常委会通过的以国家主席令形式公布的规范性文件，如行政处罚法、行政许可法等。（2）法规。法规包括行政法规和地方性法规。行政法规是指国务院根据宪法和法律，就执行法律和国务院行政管理职权制定的，并由总理签署国务院令公布的规范性文件。地方性法规是各省、自治区、直辖市和设区的市人大及其常委会根据本行政区域的具体情况和实际需要，在不与宪法、法律、行政法规相抵触的前提下制定的规范性文件，同时也包括经济特区所在地的省、市的人民代表大会及其常务委员会根据全国人民代表大会的授权决定而制定的经济特区法规。（3）规章。规章包括部门规章和地方政府规章。部门规章是指国务院各部委、中国人民银行、审计署和具有行政管理职能的直属机构，根据法律和国务院的行政法规、决定、命令，在本部门权限范围内制定的规范性文件。地方政府规章是指省、自治区、直辖市和设区的市的人民政府，根据法律、行政法规、地方性法规的规定需要制定规章的事项和属于本行政区域的具体行政管理事项制定的规范性文件。（4）自治条例和单行条例。根据立法法第八十五条的规定，自治条例和单行条例是指自治区、自治州、自治县的人民代表大会依照当地民族的政治、经济和文化的特点制定的规范性文件。自治条例和单行条例可以依照当地民族的特点，对法律和行政法规作出变通规定。但不得违反法律或者行政法规的基本原则，不得对宪法和民族区域自治法的规定以及其他有关法律、法规专门就民族自治地方新作的规定作出变通规定。

与此同时，还需格外注意以下两点：第一，地方性法规和地方政府规章虽然同法律和行政法规一样构成行政复议案件的直接审理依据，但其适用范围只限于本行政区域内发生的行政复议案件，而不具有法律和行政法规的普遍适用效力。第二，民族自治地方的自治条例和单行条例与地方性法规处于同等位阶，当行政复议机关审理民族自治地方的行政复议案件时，应当同时依照该民族自治地方的自治条例和单行条例。这一点与行政诉讼别无二致。

【适用指南】

本条在实务的适用要点在于规章和规范性文件的地位区分。行政复议机关审理行政复议案件时，规章具有直接适用效力，即行政复议机关无须审查规章合法有效与否便可直接以规章作为审理依据。而行政复议机关审理行政复议案件时，规范性文件则不得直接作为审理依据。行政复议机关对规范性文件拥有审查权，只有规范性文件合法有效，行政复议机关才可能适用规范性文件审理行政复议案件。

【关联规范】

《中华人民共和国行政诉讼法》第六十三条。

第三十八条　【行政复议管辖权的转移】上级行政复议机关根据需要，可以审理下级行政复议机关管辖的行政复议案件。

下级行政复议机关对其管辖的行政复议案件，认为需要由上级行政复议机关审理的，可以报请上级行政复议机关决定。

【条文主旨】

本条是关于行政复议案件管辖权转移的规定。

【条文解读】

本条属于新增条款。行政复议案件管辖权的转移是指：本来应由下级行政复议机关管辖的行政复议案件，转由上级行政复议机关审理。之所以规定行政复议案件管辖权转移制度，主要是为了应对复杂多变的情况，赋予上级行政复议机关灵活处理的权力。本条参考了行政诉讼法第二十四条的规定："上级人民法院有权审理下级人民法院管辖的第一审行政案件。下级人民法院对其管辖的第一审行政案件，认为需要由上级人民法院审理或者指定管辖的，可以报请上级人民法院决定。"

理解本条的重点在于，行政复议案件管辖权转移的两种情形。一种情形是，上级行政复议机关可以直接决定审理下级行政复议机关管辖的行政复议案件。上级行政复议机关根据需要，可以审理下级行政复议机关管辖的行政复议案件。另一种情形是，下级行政复议机关可以报请上级行政复议机关审理本应由自己管辖的行政复议案件。下级行政复议机关对其管辖的行政复议案件，认为需要由上级行政复议机关审理的，可以报请上级行政复议机关决定。这里的"需要"，主要指以下三种情形：一是案件本身的需要，如案情重大、复杂，涉及面广、业务性强，下级行政复议机关审理有困难；二是客观原因，如下级行政复议机关的负责人与案件有牵连，存在回避等情形；三是自然灾害、不可抗力等。但是，对于下级行政复议机关的报请，上级行政复议机关并非必须同意，而是享有决定权。

【适用指南】

本条在实务的适用要点在于：行政复议案件管辖权的转移只能"下转上"，不能"上转下"。理论上，管辖权的转移有两种情况，一种是将管辖权上移，包括"上直接审下"和"下报请上"：上级行政复议机关可以审理下级行政复议机关管辖的行政复议案件；下级行政复议机关对其管辖的行政复议案件，认为需要由上级行政复议机关审理的，可以报请上级行政复议机关决定。另一种是将管辖权下放，即上级行政复议机关管辖的行政复议案件交给下级行政复议机关来审理。但行政复议案件管辖权的转移只限于第一种情况，不允许上级行政复议机关将本应由自己管辖的行政复议案件交给下级行政复议机关来审理。其目的是避免下级行政复议机关因为级别太低受到过度干预，从而影响行政复议案件的公正审理。

此外，行政复议案件管辖权的转移需要把握以下三个条件：第一，行政复议案件的管辖权没有争议；第二，上级行政复议机关与下级行政复议机关之间具有上下级隶属关系，可以是一级也可以是多级；第三，上级行政复议机关有决定权，既可以直接决定审理下级行政复议机关管辖的行政复议案件，也可以经下级行政复议机关报请而决定管辖。

【关联规范】

《中华人民共和国行政诉讼法》第二十四条。

第三十九条　【行政复议的中止】 行政复议期间有下列情形之一的，行政复议中止：

（一）作为申请人的公民死亡，其近亲属尚未确定是否参加行政复议；

（二）作为申请人的公民丧失参加行政复议的行为能力，尚未确定法定代理人参加行政复议；

（三）作为申请人的公民下落不明；

（四）作为申请人的法人或者其他组织终止，尚未确定权利义务承受人；

（五）申请人、被申请人因不可抗力或者其他正当理由，不能参加行政复议；

（六）依照本法规定进行调解、和解，申请人和被申请人同意中止；

（七）行政复议案件涉及的法律适用问题需要有权机关作出解释或者确认；

（八）行政复议案件审理需要以其他案件的审理结果为依据，而其他案件尚未审结；

（九）有本法第五十六条或者第五十七条规定的情形；

（十）需要中止行政复议的其他情形。

行政复议中止的原因消除后，应当及时恢复行政复议案件的审理。

行政复议机关中止、恢复行政复议案件的审理，应当书面告知当事人。

【条文主旨】

本条是关于行政复议中止的规定。

【条文解读】

行政复议中止是指行政复议过程中发生了符合法律、法规所规定的条件和情形后，行政复议机关暂停有关行政复议案件的审理，待有关影响行政复议案件正常审理的情形消除后，再继续审理行政复议案件。①

本条参考了行政复议法实施条例第四十一条的规定，该条规定："行政复议期间有下列情形之一，影响行政复议案件审理的，行政复议中止：（一）作为申请人的自然人死亡，其近亲属尚未确定是否参加行政复议的；（二）作为申请人的自然人丧失参加行政复议的能力，尚未确定法定代理人参加行政复议的；（三）作为申请人的法人或者其他组织终止，尚未确定权利义务承受人的；（四）作为申请人的自然人下落不明或者被宣告失踪的；（五）申请人、被申请人因不可抗力，不能参加行政复议的；（六）案件涉及法律适用问题，需要有权机关作出解释或者确认的；（七）案件审理需要以其他案件的审理结果为依据，而其他案件尚未审结的；（八）其他需要中止行政复议的情形。行政复议中止的原因消除后，应当及时恢复行政复议案件的审理。行政复议机构中止、恢复行政复议案件的审理，应当告知有关当事人。"主要修改之处在于：第一，删除了"影响行政复议案件审理"这一前提条件，即只要具备十类情形之一，一律中止复议。第二，修改了行政复议的中止情形。行政复议法第三十九条在行政复议法实施条例第四十一条的基础上新增了"（六）依照本法规定进行调解、和解，申请人和被申请人同意中止"与"（九）有本法第五十六条或者第五十七条规定的情形"两类中止情形。第三，修改了相关表述。将"自然人"修改为"公民"，将"能力"修改为"行为能力"，删除了"宣告失踪"，增加了"或者其他正当理由"，将"案件"修改为"行政复议案件"。第四，进一步明确了告知形式为"书面"告知。行政复议法实施条例第四十一条则对告知形式未作规定。第五，将告知范围由"有关当事人"修改为"当事人"，扩充了行政复议中止的告知范围。第六，将告知主体由"行政复议机构"修改为"行政复议机关"。

本条采取"列举+兜底"的模式，规定了中止行政复议的十类情形：(1) 作为申请人的公民死亡，其近亲属尚未确定是否参加行政复议；(2) 作为申请人的公民丧失参加行政复议的行为能力，尚未确定法定代理人参加行政复议；(3) 作为申请人的公民下落不明；(4) 作为申请人的法人或者其他组织终止，尚未确定权利义务承受人；(5) 申请人、被申请人因不可抗力或者其他正当理由，不能参加行政复议；(6) 依照本法规定进行调解、和解，申请人和被申请人同意中止；(7) 行政复议案件涉及的法

① 参见罗豪才、湛中乐主编：《行政法学》（第三版），北京大学出版社 2012 年版，第 510 页。

律适用问题需要有权机关作出解释或者确认；（8）行政复议案件审理需要以其他案件的审理结果为依据，而其他案件尚未审结；（9）有本法第五十六条或者第五十七条规定的情形；（10）需要中止行政复议的其他情形。

前四种情形可归结为主体原因，即行政复议申请人本人主体资格消灭或丧失参加行政复议的行为能力或下落不明的，其他有权申请行政复议的主体尚未决定是否参加行政复议。本法第十四条规定："依照本法申请行政复议的公民、法人或者其他组织是申请人。有权申请行政复议的公民死亡的，其近亲属可以申请行政复议。有权申请行政复议的法人或者其他组织终止的，其权利义务承受人可以申请行政复议。有权申请行政复议的公民为无民事行为能力人或者限制民事行为能力人的，其法定代理人可以代为申请行政复议。"依据该规定，行政复议原则上由申请人本人提出，当申请人本人不能申请时，其行政复议的权利仍然存在，可以由申请人的近亲属、法定代理人或者承受其权利的法人或其他组织代为提起。但是，这种权利可以放弃。因此，当申请行政复议的权利主体发生转移而受让人尚未决定是否行使行政复议权利之前，基于行政复议依申请而启动的被动性，行政复议机关应中止行政复议案件的审理，等待受让人作出明确的意思表示。

第五种情形属于不可抗力等正当理由。不可抗力是指不能预见、不能避免且不能克服的客观情况，如战争、地震、火灾等自然灾害或其他意外事件。但是，并非只要发生不可抗力或者其他正当理由就得中止复议，只有不可抗力或者其他正当理由导致申请人和被申请人不能参加行政复议活动的，行政复议才能中止。不可抗力或者其他正当理由的对象既包括申请人，如无法行使听证权，也包括被申请人，如无法提交证据。

第六种情形属于调解、和解取代行政复议决定。本法第五条第一款规定："行政复议机关办理行政复议案件，可以进行调解。"第七十四条规定："当事人在行政复议决定作出前可以自愿达成和解……"调解、和解结案有利于实质性解决行政争议，如果双方当事人自愿调解或者和解，行政复议机关无须进行单方审理程序。当然，此种情形下行政复议的中止须以双方当事人同意为前提，以贯彻调解、和解的自愿原则。

第七、八种情形属于审理依据问题，或涉及法律适用，或涉及事实认定。案件涉及法律适用问题，既包括对有关法律规定的具体含义的理解，也包括对所适用法律规范的效力的确认，如是否有效、是否与上位法抵触等。根据立法法第四十八条第一款的规定，法律解释权属于全国人民代表大会常务委员会。对于行政复议案件涉及法律适用问题，需要有权机关作出解释或者确认的，在有权机关处理期间，行政复议机关无法对行政复议案件作出处理，因而应当中止行政复议活动。此外，实践中的法律关系比较复杂，某一行政行为可能同时涉及民事、行政、刑事责任，从而发生不同案件之间的互相关联，有时行政复议案件审理需要以其他案件的审理结果为依据。因此，在其他案件审结之前，行政复议案件所依据的事实具有不确定性，只能中止复议等待生效法律文书的作出。第八种情形参考了行政诉讼法第六十一条第二款："在行政诉讼中，人民法院认为行政案件的审理需以民事诉讼的裁判为依据的，可以裁定中止行政诉讼。"

第九种情形属于规范性文件与行政行为依据的审查。根据本法第五十六条、第五十七条的规定，申请人在申请行政复议时一并提出对有关规范性文件的审查或者行政复议机关在对被申请人作出的行政行为进行审查时认为其依据不合法，行政复议机关或者自行处理或者转送有权处理的机关处理。由于对有关规范性文件或行政行为依据合法性的审查直接关乎行政复议决定的内容，有必要在处理期间暂停对相关行政复议案件的审查。此种情形参考了修订前的行政复议法第二十六条和第二十七条。修订前的行政复议法第二十六条规定："申请人在申请行政复议时，一并提出对本法第七条所列有关规定的审查申请的，行政复议机关对该规定有权处理的，应当在三十日内依法处理；无权处理的，应当在七日内按照法定程序转送有权处理的行政机关依法处理，有权处理的行政机关应当在六十日内依法处理。处理期间，中止对具体行政行为的审查。"第二十七条规定："行政复议机关在对被申请人作出的具体行政行为进行审查时，认为其依据不合法，本机关有权处理的，应当在三十日内依法处理；无权处理的，应当在七日内按照法定程序转送有权处理的国家机关依法处理。处理期间，中止对具体行政行为的审查。"

第十种情形属于兜底情形即"需要中止行政复议的其他情形"。社会生活复杂多变，法律规定永远跟不上社会生活的变化，实践中影响行政复议案件正常审理的因素还有很多，不可能一一穷尽列举。因此，本条运用了设立兜底条款的立法技术，以便将其他行政复议中止的情形也囊括在内。

行政复议中止只是行政复议审理活动的暂时停止而非彻底终结，[①] 一旦行政复议中止的原因消除，行政复议机关负有及时恢复行政复议案件审理并及时作出行政复议决定的法律义务，不得无故拖延，否则有损行政复

---

① 参见张琦：《行政复议中止的纠纷化解路径——以"实质性解决行政争议"为视角》，载《财经法学》2021 年第 6 期。

议的效率，不利于行政争议的及时化解。此外，从保障当事人参与权和知情权、规范行政复议中止活动的角度，不管是行政复议案件中止审理还是恢复审理，都应当告知当事人。而为了进一步监督行政复议机构履行告知义务，本条明确要求行政复议机关以“书面”形式告知。

【适用指南】

第一，行政复议期间存在本条规定的情形之一的，行政复议必须中止。如果存在以上情形，行政复议机关未中止行政复议案件的审理，构成程序违法，依法应当承担法律责任。

第二，行政复议中止只是暂时性的活动而非终局性的，行政复议中止的原因消除后，应当及时恢复行政复议案件的审理。具体而言，有下列情形之一的，行政复议恢复：（1）作为申请人的公民死亡，其近亲属确定参加行政复议的；（2）作为申请人的公民丧失参加行政复议的能力，确定了法定代理人参加行政复议的；（3）作为申请人的公民下落不明又找回的；（4）作为申请人的法人或者其他组织终止，确定了权利义务承受人的；（5）申请人、被申请人不能参加行政复议的不可抗力或者其他正当理由消失的；（6）调解、和解失败的；（7）行政复议案件涉及法律适用问题，有权机关已经作出解释或者确认的；（8）行政复议案件审理需要以其他案件的审理结果为依据，其他案件已经审结的；（9）规范性文件或行政行为的依据审查完毕的。

第三，行政复议机关中止、恢复行政复议案件的审理，应当书面告知当事人。如果行政复议机关中止、恢复行政复议案件的审理，未告知当事人或未书面告知当事人的，都构成程序违法。

【关联规范】

《中华人民共和国行政诉讼法》第六十一条；《中华人民共和国民事诉讼法》第一百五十三条；《中华人民共和国立法法》第四十五条。

第四十条　【行政复议中止的监督】行政复议期间，行政复议机关无正当理由中止行政复议的，上级行政机关应当责令其恢复审理。

【条文主旨】

本条是关于行政复议无理由中止的监督的规定。

【条文解读】

本条属于新增条款。行政复议法实施条例亦没有关于行政复议无理由中止如何监督的规定。实践中，由于行政复议机关拥有中止裁量权，随意中止复议程序的情形时有发生，这就破坏了行政复议的及时原则。根据本法第三十九条的规定，行政复议中止的原因在于行政复议案件因主体、依据等不明确不得不暂停。但是，如果行政复议机关没有正当理由即中止行政复议，既构成了行政复议权的滥用，也损害了申请人的救济权与其他合法权益。因此，必须设计相应的监督机制，给申请人提供一种行政救济手段。此外，设计相应的监督机制也是落实行政复议制度有错必纠原则的必然要求，以提高行政复议制度的公信力。

对于具体的监督机制设计，上级行政机关对下级行政机关拥有控制权和监督权，对于下级行政机关的任何违法或不适当的决定和命令，上级行政机关都可以撤销或变更。① 根据上下级行政机关之间的领导监督关系，行政复议机关无正当理由中止行政复议的，行政复议机关的上级行政机关有权亦有义务责令行政复议机关恢复行政复议案件的审理。

【适用指南】

第一，行政复议无正当理由中止的监督方式。行政复议期间，行政复议机关无正当理由中止行政复议的，上级行政机关负有责令行政复议机关恢复审理的法律义务，否则即构成懒政惰政。但是，上级行政机关无权直接审理行政复议案件，真正的审理权仍在行政复议机关手中。

第二，当事人对行政复议中止决定不服的，无权提起行政诉讼。原因主要在于，行政复议的中止属于程序性的行政行为，未对当事人的实体权利义务产生实际影响。“行政复议中止作为一种程序行为，一般不直接对公民、法人或者其他组织的权利义务产生实际影响，不宜径直对其设置司法救济方式，其与行政复议决定一并接受司法审查更符合诉讼经济原

① 应松年主编：《当代中国行政法》（第7卷），人民出版社2018年版，第3010页。

则。"①在我国行政诉讼审判实务当中，法院常援引《最高人民法院关于适用〈中华人民共和国行政诉讼法〉的解释》第一条第二款第十项"对公民、法人或者其他组织权利义务不产生实际影响的行为"不属于人民法院的受案范围，作为复议中止不可诉的裁判理由。比如，在"××诉宁夏回族自治区银川市人民政府行政复议案"中，最高人民法院指出，行政复议中止是行政复议的程序性规定，属于过程行为。因复议尚未终结，中止复议的阶段性程序行为并未对当事人的实体权利义务产生实际影响，因此不具有可诉性。本案××的诉请不符合行政诉讼法第十二条的规定，不属于人民法院行政诉讼受案范围。二审法院以不属于行政诉讼受案范围为由驳回××的起诉适用法律正确，并无不当。②

第四十一条　【行政复议的终止情形】行政复议期间有下列情形之一的，行政复议机关决定终止行政复议：

（一）申请人撤回行政复议申请，行政复议机构准予撤回；

（二）作为申请人的公民死亡，没有近亲属或者其近亲属放弃行政复议权利；

（三）作为申请人的法人或者其他组织终止，没有权利义务承受人或者其权利义务承受人放弃行政复议权利；

（四）申请人对行政拘留或者限制人身自由的行政强制措施不服申请行政复议后，因同一违法行为涉嫌犯罪，被采取刑事强制措施；

（五）依照本法第三十九条第一款第一项、第二项、第四项的规定中止行政复议满六十日，行政复议中止的原因仍未消除。

---

① 参见张琦：《行政复议中止的纠纷化解路径——以"实质性解决行政争议"为视角》，载《财经法学》2021年第6期。

② 最高人民法院（2017）最高法行申687号行政裁定书，载中国裁判文书网，https：//wenshu. court. gov. cn/website/wenshu/181107ANFZ0BXSK4/index. html？ docId = 8gSbm + bn46MbEEQkStco3C78Seol3k8Du9SWmAgCVnX/zSxDiZsZfp/dgBYosE2gBbsPyIg2 + tPPM/17vU + UrXgBjlxnuVd0vb77MR4zDn55f8zBBncMKYeSjxviPldo，最后访问时间：2023年10月21日。

【条文主旨】

本条是关于行政复议终止情形的规定。

【条文解读】

行政复议终止是指：行政复议过程中出现法定情形致使行政复议程序不能进行下去时，行政复议机关不再继续审理有关行政复议案件，从而终结行政复议的活动。①

本条可视为在修订前的行政复议法第二十五条和行政复议法实施条例第四十二条的基础上修改而来。修订前的行政复议法第二十五条仅规定了“申请人要求撤回行政复议申请”这一类复议终止情形。行政复议法实施条例第四十二条规定了八类复议终止情形：（1）申请人要求撤回行政复议申请，行政复议机构准予撤回的；（2）作为申请人的自然人死亡，没有近亲属或者其近亲属放弃行政复议权利的；（3）作为申请人的法人或者其他组织终止，其权利义务的承受人放弃行政复议权利的；（4）申请人与被申请人依照本条例第四十条的规定，经行政复议机构准许达成和解的；（5）申请人对行政拘留或者限制人身自由的行政强制措施不服申请行政复议后，因申请人同一违法行为涉嫌犯罪，该行政拘留或者限制人身自由的行政强制措施变更为刑事拘留的；（6）作为申请人的自然人死亡，其近亲属未确定是否参加行政复议，行政复议中止满六十日的；（7）作为申请人的自然人丧失参加行政复议的能力，未确定法定代理人参加行政复议，行政复议中止满六十日的；（8）作为申请人的法人或者其他组织终止，未确定权利义务承受人，行政复议中止满六十日的。相较于行政复议法实施条例第四十二条，本条的主要修改之处在于：第一，增加了“作为申请人的法人或者其他组织终止，没有权利义务承受人”这类终止情形。第二，将“该行政拘留或者限制人身自由的行政强制措施变更为刑事拘留的”修改为“被采取刑事强制措施”。第三，删除了“申请人与被申请人依照本条例第四十条的规定，经行政复议机构准许达成和解的”这类终止情形。第四，将“行政复议终止”统一修改为“行政复议机关决定终止行政复议”。

理解本条的重点在于掌握行政复议的终止情形。本条采取明确列举的方法，规定了行政复议终止的七种情形，进一步可以概括为以下三种：

---

① 姜明安主编：《行政法与行政诉讼法》（第六版），北京大学出版社、高等教育出版社 2015 年版，第 396 页。

第一，申请人撤回行政复议申请，行政复议机构准予撤回。这也是修订前的行政复议法第二十五条规定的行政复议终止情形，同时本条在此基础上进行了细化补充，尤其是以“行政复议机构准予撤回”替代了“申请人说明理由”。其法理在于，行政复议依申请启动，申请人撤回行政复议申请表明申请人放弃了行政复议申请权利，行政复议自然也因申请人的放弃而终止。但是，行政复议机构仍有审查权，有权决定是否准予申请人撤回复议的申请。

第二，申请人本人的行政复议申请资格消灭，没有行政复议申请资格承受人或者其行政复议申请资格的承受人明确表示或可以依法推定放弃行政复议申请的。根据本法第十四条的规定，申请人的行政复议申请资格可以发生转移，由他人继承、代理或承受行使。如果行政复议申请资格的移转承受人放弃行政复议申请权利，行政复议活动自然也应当终止。其中，行政复议申请资格的移转承受人放弃行政复议申请权利的方式有两种：一是通过明示的方式：（1）作为申请人的公民死亡，没有近亲属或者其近亲属放弃行政复议权利的；（2）作为申请人的法人或者其他组织终止，没有权利义务承受人或者其权利义务的承受人放弃行政复议权利的。二是推定行政复议申请资格承受人放弃行政复议权利：（1）作为申请人的公民死亡，其近亲属未确定是否参加行政复议，行政复议中止满六十日的；（2）作为申请人的公民丧失参加行政复议的能力，未确定法定代理人参加行政复议，行政复议中止满六十日的；（3）作为申请人的法人或者其他组织终止，未确定权利义务承受人，行政复议中止满六十日的。在这三种情形下，虽然行政复议申请资格的承受人没有明确表示放弃行政复议权利，但是其长期不明确表示是否参加行政复议，表明其并不重视行政复议权利的行使，而且可能造成行政秩序的不稳定。为了维护行政秩序的稳定与行政复议制度的严肃性和权威性，本条比照行政复议申请期限的规定，明确行政复议中止满六十日的，行政复议终止。

第三，申请人对行政拘留或者限制人身自由的行政强制措施不服申请行政复议后，因同一违法行为涉嫌犯罪，被采取刑事强制措施。主要理由在于：一是行政拘留或者限制人身自由的行政强制措施已经被刑事强制措施所吸收，如果刑事强制措施出现错误，可以通过刑事赔偿程序得到补救，不至于因行政复议终止而造成当事人无法救济；二是变更后的刑事强制措施不是行政行为而是刑事司法行为，如果还是由行政机关受理，既不利于行政机关答辩，也影响刑事侦查活动的顺利进行。

【适用指南】

第一，准确把握行政复议终止的情形。关于第一类适用情形，即“申请人撤回行政复议申请，行政复议机构准予撤回”，实践中主要有两种情况：一是申请人主动申请撤回行政复议申请。即申请人在行政机关未改变行政行为的情况下，主动向行政复议机关申请撤回自己的申请；二是申请人被动撤回行政复议申请。即申请人在行政机关改变原行政行为的情况下，向行政复议机关申请撤回自己的申请。关于第四类适用情形，即“申请人对行政拘留或者限制人身自由的行政强制措施不服申请行政复议后，因同一违法行为涉嫌犯罪，被采取刑事强制措施”。其一，如果采取刑事强制措施之前已有其他行政执法部门对申请人作出了行政拘留或者限制人身自由的行政强制措施之外的其他行政处理，申请人不服申请行政复议的，不属于本条规定的情况。因为这些行政处理不属于行政拘留或者限制人身自由的行政强制措施，无法被变更后的刑事强制措施所吸收，有关行政复议活动并不因此受到影响，行政复议机关应当继续审理有关行政复议案件。其二，行政复议机关终止行政复议必须是基于行政拘留或者限制人身自由的行政强制措施能够被变更后的刑事强制措施吸收而且已经被吸收为前提。如果有关行政拘留或者限制人身自由的行政强制措施不能为刑事强制措施吸收或者已经无法吸收的，行政复议不能终止，而是应当继续审理，以防止申请人丧失救济渠道。其三，有权实施行政拘留或者限制人身自由的行政强制措施的行政机关不能滥用本条规定，因为当事人申请行政复议就是将行政拘留或者限制人身自由的行政强制措施变更为刑事强制措施。这种行为属于打击报复申请人的违法行为，必须依法严肃追究法律责任，督促行政机关严格依法办事。

第二，行政复议是依当事人申请而启动的一种行政救济和层级监督活动，自然也应以申请人的放弃而终结。因此，行政复议终止的，行政复议机关无须对行政行为是否合法和适当进行实质性审理，也无须作出行政复议决定，而是需要制发行政复议终止通知书，告知当事人其行政复议活动已经终结。①《公安机关办理行政复议案件程序规定》第六十三条第二款规定：“行政复议终止的，公安行政复议机关应当制作《行政复议终止通知书》，送达申请人、被申请人或者第三人。”行政复议终止通知书与行政复议机关最终作出的行政复议决定相同，都是对行政复议申请作出最终实体

① 参见朱海天、刘雪梅：《论行政复议终止》，载《法学杂志》2006 年第 4 期。

性处理的一种法定形式。

第三，有权决定终止行政复议的是“行政复议机关”而非“行政复议机构”。由于对行政复议申请作出最终的实体性处理是行政复议机关的法定职责，它对外代表的是行政复议权的归属，而行政复议机构仅仅是具体办理行政复议事项的内部机构，因此不应由行政复议机构制发行政复议终止告知书，而是应由行政复议机关向当事人制发行政复议终止通知书。

第四，终止复议审查行为属于行政诉讼受案范围。本法第十条规定：“公民、法人或者其他组织对行政复议决定不服的，可以依照《中华人民共和国行政诉讼法》的规定向人民法院提起行政诉讼，但是法律规定行政复议决定为最终裁决的除外。”终止复议审查行为虽然是程序性行为，但该程序性行为具有终局性，该行为意味着行政复议机关对行政复议申请人提出的复议请求终止审查并不再作出实体复议决定，其对行政复议申请人的相关实体权益能否得以救济有实际影响，行政复议申请人对该终止审查行为不服，有权向法院提起行政诉讼。

【关联规范】

《公安机关办理行政复议案件程序规定》第六十三条第二款。

第四十二条　【行政复议停止执行的情形】行政复议期间行政行为不停止执行；但是有下列情形之一的，应当停止执行：

（一）被申请人认为需要停止执行；

（二）行政复议机关认为需要停止执行；

（三）申请人、第三人申请停止执行，行政复议机关认为其要求合理，决定停止执行；

（四）法律、法规、规章规定停止执行的其他情形。

【条文主旨】

本条是关于行政复议期间行政行为应当停止执行情形的规定。

【条文解读】

本条是在修订前的行政复议法第二十一条的基础上修改而来，该条规定："行政复议期间具体行政行为不停止执行；但是，有下列情形之一的，可以停止执行：（一）被申请人认为需要停止执行的；（二）行政复议机关认为需要停止执行的；（三）申请人申请停止执行，行政复议机关认为其要求合理，决定停止执行的；（四）法律规定停止执行的。"本次主要修改之处在于：第一，以"行政行为"取代"具体行政行为"；第二，将"可以"修改为"应当"；第三，增加了"第三人"申请停止执行的权利；第四，将"法律"规定停止执行扩充为"法律、法规、规章"规定停止执行的其他情形。

本条确立了行政复议期间行政行为"不停止执行"原则，即"停止执行"是例外。主要原因有二：第一，行政行为是行政机关代表国家为了维护公共利益所为的行为，具有效力先定的特权，一经作出即推定为有效，相对人必须服从或履行，不能随意否定；第二，出于维护行政管理活动的连续性、保障行政管理活动效率的需要，行政行为一经作出就要得到执行。①

理解本条的重点在于掌握行政复议停止执行的四类情形：(1) 被申请人认为需要停止执行的。公民、法人或其他组织申请行政复议后，被申请人发现作出的行政行为可能违法或不当，如果不停止执行该行政行为，可能给申请人造成不可弥补的损失。因此，被申请人认为需要停止执行的，可以停止执行。(2) 行政复议机关认为需要停止执行的。行政复议机关对申请人负有监督职责，同时对行政复议申请人负有保护职责。因此，行政复议机关对被申请人的行政行为是否需要停止执行应当予以审查，如需停止执行，则应决定停止执行该行政行为，以避免遭受不可弥补的损失。(3) 申请人、第三人申请停止执行，行政复议机关认为其要求合理，决定停止执行的。这种申请必须经行政复议机关审查后，才能决定是否停止执行。这是对被申请人和行政复议机关都没有提出停止执行的补充，较前两种情形更为慎重。(4) 法律、法规、规章规定停止执行的其他情形。实践中千变万化，为了保持一定的灵活性与适应性，本条设计了兜底条款，即出现其他法律、法规、规章规定的其他行政行为停止执行情形的，行政复议机关应当停止执行。

---

① 张树义主编：《行政法学》（第二版），北京大学出版社 2012 年版，第 353 页。

【适用指南】

本条在实务的适用要点在于，准确理解行政复议期间行政行为停止执行的四种情形。

第一，被申请人认为需要停止执行。一般来说，出现被申请人认为其行政行为需要停止执行的，主要有以下几种情形：（1）发现行政行为的依据违法，如所依据的法律规范与其上位法律规范相抵触或已经失效；（2）行政管理相对人的违法事实出现新情况，或者需要鉴定后才能确定性质的；（3）发现行政行为超越职权或者本行政机关工作人员滥用职权的。

第二，行政复议机关认为需要停止执行。一般来说，出现行政复议机关认为需要停止执行的，主要有以下几种情形：（1）涉及罚款、扣押财产数额巨大的行政复议申请；（2）重大或涉外的行政复议申请。比如，群体对拆迁决定不服的行政复议申请或涉及外国人人身权、财产权的行政复议申请；（3）涉及重大建筑物、构筑物强制拆除的行政复议申请或对鲜活食品扣押、封存不服的行政复议申请。

第三，申请人、第三人申请停止执行，行政复议机关认为其要求合理，决定停止执行的。如果是申请人、第三人申请停止执行，必须经行政复议机关审查决定是否停止执行，这一点区别于前两种情形：被申请人与行政复议机关认为需要停止执行的，即可停止执行；申请人、第三人想要停止执行必须经申请，且须经行政复议机关审查。申请人、第三人申请停止执行的，一般来说，行政复议机关决定停止执行的主要包括以下几种情形：（1）行政行为的执行可能给申请人、第三人造成难以弥补的损失；（2）行政行为停止执行不违背国家和公共利益。

第四，法律、法规、规章规定停止执行的其他情形。不仅法律有权规定停止执行的情形，法规和规章也具备规定停止执行的权力。

此外，出现以上四种情形之一的，行政行为必须停止执行，没有回旋的余地和商量的空间。而在这四种情形之外，行政复议期间行政行为均不能停止执行。

第二节　行政复议证据

第四十三条　【行政复议的证据种类】 行政复议证据包括：

（一）书证；

（二）物证；

（三）视听资料；

（四）电子数据；

（五）证人证言；

（六）当事人的陈述；

（七）鉴定意见；

（八）勘验笔录、现场笔录。

以上证据经行政复议机构审查属实，才能作为认定行政复议案件事实的根据。

【条文主旨】

本条是关于行政复议证据种类的规定。

【条文解读】

本条属于新增条款。本条与行政诉讼法第三十三条的规定基本相同，该条规定："证据包括：（一）书证；（二）物证；（三）视听资料；（四）电子数据；（五）证人证言；（六）当事人的陈述；（七）鉴定意见；（八）勘验笔录、现场笔录。以上证据经法庭审查属实，才能作为认定案件事实的根据。"由此，也实现了复议与诉讼的衔接。

一、证据的含义与特征

证据是行政复议机关认定案件事实的根据，也是行政复议机关正确审理案件的基础。证据问题已经成为有效化解行政纠纷的一个核心问题。[①]

① 参见黄学贤：《行政诉讼中法院依职权调查取证制度之完善》，载《苏州大学学报（哲学社会科学版）》2012 年第 1 期。

行政复议机关审理案件应当坚持“证据裁判”原则，复议的过程就是运用证据查明案件事实的过程，没有证据就没有复议的公正。证据有以下三个基本特征：（1）客观性，指证据是否能够客观反映案件事实真相的属性。证据的客观性是证据的本质要求，任何推测、假设、想象的情况，都不能作为认定案件事实的依据。（2）关联性，指证据必须与待证事实有内在联系。证据应当直接或间接地证明案件事实形成的条件、发生的原因和相应的后果。（3）合法性，指证据主体、证据形式、证据取得方法、运用证据的程序等是否符合法律的规定。

二、证据的种类

根据本条的规定，行政复议证据的种类有八项：

（一）书证

书证是指以文字、符号所记录或表达的思想内容，证明案件事实的文书，如营业执照、罚款单据、档案、图标等。

（二）物证

物证是指用外形、特征、质量等说明案件事实的部分或全部物品。物证是独立于人们主观意志以外的客观事物，具有较强的客观性、特定性和不可替代性。书证和物证的区别在于，书证以其内容来证明案件事实，物证则以其物质属性和外观特征证明案件事实。有时候同一个物体既可以做物证也可以做书证。

（三）视听资料

视听资料是指用录音、录像等科学技术手段记录下来的有关案件事实和材料，如用录音机录制的当事人的谈话、用摄像机拍摄的当事人形象及其活动等。向行政复议机关提供的视听资料应是原始载体，提供原始载体有困难的，可以提供复印件；视听资料应注明制作方法、制作时间、制作人和证明对象等；声音资料应当附有该声音内容的文字记录。行政复议机关对视听资料应当辨别真伪，并结合其他证据审查确定能否作为认定事实的根据。

（四）电子数据

电子数据是指以数字化形式存储、处理、传输的数据。电子数据具有以下特点：（1）复合性。随着网络技术尤其是多媒体技术的出现，电子数据不再限于单一方式，而是综合了文字、图形、图像、动画、音频、视频等各种多媒体信息，几乎涵盖了所有传统证据的类型。（2）高科技性。电子数据是现代电子信息化产业高速发展的产物，其载体是计算机和互联网等高科技设备。随着计算机和互联网技术的不断发展，电子数据对科学技术的依赖越来越强并不断更新变化。(3)脆弱性。一是电子数据本身有易受损性。操作人员的误操作或者供电系统、通信网络故障等环境和技术方面的原因都会造成数据的不完整。甚至在收集电子数据的过程中也会对原始数据造成严重的修改或删除，且难以恢复。二是电子数据存储在特殊介质上，存储的数据内容易被删除、修正、复制，且不易留下痕迹，更不易被发现，即使被发现，鉴定也较为困难。(4)隐蔽性。与传统的纸质信息相比，电子数据赖以存在的信息符号不易被直接识别，它以一系列电磁、光电信号形式存在于光盘、磁盘等介质上，必须借助于适当的工具才能阅读。而且作为证据的电子数据往往与正常的电子数据混杂在一起，要从海量的电子数据中甄别出与案件有关联的电子数据难度较大。

(五)证人证言

证人证言是指证人以口头或书面方式向行政复议机关所作的对案件事实的陈述。证人是指直接或间接了解案件情况的单位和个人，不能正确表达的人不能作证。行政复议机关认定证人证言，可以通过对证人的智力状况、品德、知识、经验和专业技能等的综合分析作出判断。

(六)当事人的陈述

当事人的陈述是指当事人就自己所经历的案件事实，向行政复议机关所作的叙述、承认和陈词。当事人是行政法律关系的参与者，其陈述往往限于对自己有利的部分，对案件事实可能有所隐瞒、删减甚至歪曲，因而具有主观性、片面性和情绪性的特点。行政复议机关对当事人的陈述不能偏听偏信，必须结合案件的其他证据，审查确定能否作为认定事实的证据。

(七)鉴定意见

鉴定意见是指鉴定机构或行政复议机关指定具有专门知识或技能的人，对行政案件中出现的专门性问题，通过分析、检验、鉴别等方式作出的书面意见。由于行政案件涉及许多专业技术领域，所以鉴定意见是行政复议中运用非常广泛的一种证据。常见的有医疗事故鉴定、产品质量鉴定、药品质量鉴定等。鉴定意见不同于鉴定结论，前者表达的只是鉴定人个人的意见，后者则往往被看作证明某个事实具有权威性的证据，是一个不容置疑的证据。行政复议人员应当结合案件的全部证据加以综合审查判断，而不是被动地将“结论”作为定案依据。

(八)勘验笔录、现场笔录

勘验笔录是指行政复议机关对能够证明案件事实的现场或不能、不便拿到行政复议机关的物证，就地进行分析、检验、勘查后作出的记录。现场笔录是指行政机关对行政违法行为当场处理而制作的文字记载材料。行政执法经常需要制作现场笔录，旨在即时取得证据并防止行政相对人事后翻供。比如，根据行政强制法第十八条的规定，行政机关实施行政强制措施应当制作现场笔录，现场笔录由当事人和行政执法人员签名或者盖章，当事人拒绝的，在笔录中予以注明；当事人不到场的，邀请见证人到场，由见证人和行政执法人员在现场笔录上签名或者盖章。与勘验笔录相比，现场笔录着重于对执法过程和处理结果的记录，勘验笔录则是对案件现场或物品静态的全面综合的勘查、检验记录，往往具有滞后性。现场笔录具有以下特征：一是由法定的制作主体制作。制作主体必须是行政执法人员，任何其他单位和个人都不能越俎代庖。二是制作的时间是在行政案件的发生过程中。三是制作的地点是在行政案件的发生现场。四是制作应当符合程序。现场笔录应当载明时间、地点和事件等内容，并由执法人员和当事人签名。五是现场笔录的内容是行政执法人员对自己耳闻目睹、检验、检查等案件事实的记载。

三、证据需经审查属实

经法定程序审查属实的证据，才能作为定案依据。法定程序一般包括证据的提供、调取和保全、质证、审核认定等程序。证据应当当场出示并由当事人互相质证。当事人应当围绕证据的关联性、合法性和真实性，针对证据有无证明效力以及证明效力大小，进行质证。行政复议机关应当按照法定程序，全面、客观地审查核实证据。行政复议机关对经过质证的证据和无须质证的证据进行逐一审查以及对全部证据进行综合审查，其以遵循法官职业道德，运用逻辑推理和生活经验，进行分析判断，确定证据与案件事实之间的证明关系，排除不具有关系性的证据，准确认定案件事实。经行政复议机构审查属实的证据才能作为认定案件事实的根据；未经审查属实的，不能作为认定案件事实的根据。

【适用指南】

本条在实务的适用要点在于，把握行政复议证据的证据资格，即在行政复议中，哪些材料可以作为证据使用。① 以上八类证据并非可以直接作为认定案件事实的证据，而是必须经行政复议机构审查，只有具备真实性、合法性和关联性特征的证据才能最终作为认定案件事实的证据。

---

① 参见冯俊伟：《行政复议证据立法的地方经验——以 23 个省、市的立法为分析样本》，载《山东社会科学》2014 年第 8 期。

【关联规范】

《中华人民共和国行政诉讼法》第三十三条；《中华人民共和国行政强制法》第十八条。

第四十四条　【被申请人、申请人的举证责任】被申请人对其作出的行政行为的合法性、适当性负有举证责任。

有下列情形之一的，申请人应当提供证据：

（一）认为被申请人不履行法定职责的，提供曾经要求被申请人履行法定职责的证据，但是被申请人应当依职权主动履行法定职责或者申请人因正当理由不能提供的除外；

（二）提出行政赔偿请求的，提供受行政行为侵害而造成损害的证据，但是因被申请人原因导致申请人无法举证的，由被申请人承担举证责任；

（三）法律、法规规定需要申请人提供证据的其他情形。

【条文主旨】

本条是关于行政复议举证责任的规定。

【条文解读】

一、举证责任分配原则

举证责任是指当事人根据法律规定对特定事实提供相关证据加以证明的责任，若不能提供证据，将承担不利后果。本条属于新增条款，明确被申请人对其作出的行政行为负举证责任是行政复议举证责任分配的基本原则，这一点与行政诉讼过程中被告承担举证责任相一致。行政诉讼法第三十四条规定："被告对作出的行政行为负有举证责任，应当提供作出该行政行为的证据和所依据的规范性文件。被告不提供或者无正当理由逾期提供证据，视为没有相应证据。但是，被诉行政行为涉及第三人合法权益，第三人提供证据的除外。"本条之所以确立被申请人对行政行为负举证责任原则，主要是基于以下考虑：

第一，贯彻公平原则。被申请人在行政管理活动中处于支配者的地位，其实施行政行为一般无须征得公民、法人或其他组织的同意；申请人在行政管理活动中处于被支配者的地位，相对而言是弱者。在举证责任分配的制度设计上，要求被申请人比申请人承担更大的举证责任，有利于侧重保护申请人一方的利益，贯彻法律地位平等原则，保证行政复议机关作出公正裁判。

第二，当事人举证能力的差异性。在行政程序中，行政机关可以依职权调查收集证据。比如，行政处罚法第五十四条第一款规定："除本法第五十一条规定的可以当场作出的行政处罚外，行政机关发现公民、法人或者其他组织有依法应当给予行政处罚的行为的，必须全面、客观、公正地调查，收集有关证据；必要时，依照法律、法规的规定，可以进行检查。"行政机关代表国家实施行政行为，具有国家强制力的保障以及国家财政的支持，在收集掌握证据方面有优势。而申请人在行政法律关系中始终处于弱势地位，取证手段有限，取证较为困难。由被申请人承担举证责任既符合行政执法的一般规律，也有利于平衡申请人和被申请人在举证能力上的差异。

第三，有利于促使行政机关依法行政，防止滥用职权。行政复议中让被申请人承担更多的举证责任，也是对行政机关的执法行为提出了更高要求，促使行政机关在作出行政行为时充分收集证据、了解案件事实，从而减少违法行政。

二、被申请人承担举证责任的内容

本条第一款规定，被申请人对其作出的行政行为的合法性、适当性负有举证责任。就主体而言，行政复议过程中负有举证责任的是被申请人而非申请人。被申请人承担举证责任意味着，如果被申请人不提供或者没有正当理由逾期提供证据的，应当承担败诉的结果。就内容而言，被申请人的举证对象指向其作出的行政行为，既要证明行政行为的合法性也要证明行政行为的适当性，尤其是不能忽视适当性。这也是由复议机关的审查范围所决定的，复议机关既有权审查行政行为是否合法，也有权审查行政行为是否适当。①

三、申请人在特定情形下应当提供证据

本条第二款规定，申请人在特定情形下应当提供证据。这是因为在有些情况下，如果申请人不提供证据，就难以查清事实，作出正确的复议决

---

① 参见李策：《行政复议重作决定的理论基础、适用要件与效力》，载《华东政法大学学报》2022 年第 4 期。

定。本条采取“列举+兜底”的模式，规定了申请人承担举证责任的三类情形：

第一类情形是“申请人认为被申请人不履行法定职责的”，申请人应当提供曾经要求被申请人履行法定职责的证据。根据本法第十一条第十一项的规定，申请行政机关履行保护人身权利、财产权利、受教育权利等合法权益的法定职责，行政机关拒绝履行、未依法履行或者不予答复，属于行政复议范围。依申请的行政行为是指行政机关只有在行政相对人提出申请的条件下才能作出行政行为，没有相对人的申请，行政机关不能主动作出行政行为。对于依申请的行政行为，如果由行政机关对行政相对人的申请举证，会十分困难，尤其是在行政相对人压根没有提出申请的情况下，行政机关更是无从举证。因此，此种情形下由申请人承担举证责任更为合理。但申请人在这种情形下的举证责任不是绝对的，如果具备以下两种理由之一的，即便“申请人认为被申请人不履行法定职责”，申请人仍无须提供证据：一是“被申请人应当依职权主动履行法定职责”。依职权的行政行为是指行政机关根据法定职权应当主动实施的行政行为，其主要特征是积极主动性，行政机关应当及时主动为之，而无须行政相对人申请。行政机关因法定职责应当履责而没有履责的，举证责任应由行政机关承担。比如，在公共场所，警察发现不法分子殴打他人的行为而不加制止，受害人申请复议时无须向行政复议机关提供在行政程序中提出过申请保护的证据。二是“申请人因正当理由不能提供”。比如，申请人因被申请人受理申请的登记制度不完备等正当事由不能提供相关证据并作出合理说明的。例如，某公民向市场监管部门申请办理个体工商户执照时，该机关拒绝出具任何手续也不说明理由，就是不发给该公民个体工商户执照。该公民没有任何证据证明其曾经提出申请的事实。为了保护该公民的救济权利，应当由该市场监管部门承担举证责任，后者无法提供证据的，推定该公民曾经提出申请的事实存在。此类情形参考了行政诉讼法第三十八条第一款的规定：“在起诉被告不履行法定职责的案件中，原告应当提供其向被告提出申请的证据。但有下列情形之一的除外：（一）被告应当依职权主动履行法定职责的；（二）原告因正当理由不能提供证据的。”

第二类情形是“申请行政复议时一并提出行政赔偿请求的”，申请人应当提供受行政行为侵害而造成损害的证据。行政赔偿是指，行政机关违法实施行政行为，侵犯相对人合法权益造成损害，而依法必须承担的赔偿责任。[①] 国家赔偿法第三条规定："行政机关及其工作人员在行使行政职权时有下列侵犯人身权情形之一的，受害人有取得赔偿的权利：（一）违法拘留或者违法采取限制公民人身自由的行政强制措施的；（二）非法拘禁或者以其他方法非法剥夺公民人身自由的；（三）以殴打、虐待等行为或者唆使、放纵他人以殴打、虐待等行为造成公民身体伤害或者死亡的；（四）违法使用武器、警械造成公民身体伤害或者死亡的；（五）造成公民身体伤害或者死亡的其他违法行为。"第四条规定："行政机关及其工作人员在行使行政职权时有下列侵犯财产权情形之一的，受害人有取得赔偿的权利：（一）违法实施罚款、吊销许可证和执照、责令停产停业、没收财物等行政处罚的；（二）违法对财产采取查封、扣押、冻结等行政强制措施的；（三）违法征收、征用财产的；（四）造成财产损害的其他违法行为。"申请人认为被申请人行使职权的行为侵犯了其合法权益并造成了损害，应对损害事实提供相应的证据。损害事实是指，实际上已经发生或一定会发生的损害后果，如违法使用武器、警械造成公民身体伤害或死亡。赔偿人身伤害的，申请人应当提供证明伤情的医院诊断证明书、处方或病历复印件、医疗费单据等。但申请人在这种情形下的举证责任也不是绝对的，如果因被申请人原因导致申请人无法举证的，则转由被申请人承担举证责任。此类情形参考了行政诉讼法第三十八条第二款的规定："在行政赔偿、补偿的案件中，原告应当对行政行为造成的损害提供证据。因被告的原因导致原告无法举证的，由被告承担举证责任。"

第三类情形是"法律、法规规定需要申请人提供证据的其他情形"。社会实践千变万化，为了增强本条的适应性与灵活性，本条在前两类列举情形之外还增加了兜底规定即"法律、法规规定需要申请人提供证据的其他情形"。此外，需要注意的是，本条不仅赋予了法律规定需要申请人提供证据的情形，也授权法规即行政法规与地方性法规增设申请人提供证据的情形。

【适用指南】

第一，被申请人对行政行为的合法性、适当性负有举证责任。这就要求，被申请人应当主动提供证据，并在举证期限内提供证据。举证期限是指负有举证责任的当事人，应当在法律规定的期限内行政复议机关提供证明其主张的相应证据，逾期不提供证据的，行政复议机关不予采

---

① 胡建森：《行政法学》（第四版），法律出版社 2015 年版，第 686 页。

纳。本法第四十八条规定："被申请人应当自收到行政复议申请书副本或者行政复议申请笔录复印件之日起十日内，提出书面答复，并提交作出行政行为的证据、依据和其他有关材料。"该条规定的"十日"，即对举证期限的规定。如果被申请人不提供证据或无正当理由逾期提供证据，致使行政复议机关无法查证属实的，被申请人将承担不利后果。根据本法第六十四条的规定，行政行为证据不足的，行政复议机关决定撤销或者部分撤销该行政行为，并可以责令被申请人在一定期限内重新作出行政行为。

第二，申请人提供证据的情形主要有行政不作为案件和行政赔偿案件，但是，这两种情形下申请人均并非一定承担举证责任不可。首先，对于行政不作为案件，如果被申请人负有无须申请人申请而应主动作为的法定职责，那么申请人是否曾提出履责申请就不是其申请行政复议的前提条件。此外，如果申请人有正当理由不能提供证据，如被申请人缺乏完备的登记制度，或其工作人员缺乏责任心，对申请人在行政程序中提出的申请随意处置，也不能一概要求申请人对其提供申请的事实负举证责任，否则会使申请人处于极为不利的境地。因此，如果申请人提出正当的理由（包括提出适当的证据）说明其曾经提出过申请，而被申请人受理申请的制度确实不完备，且致使无法确定申请人是否确实提出了申请，即可免除其对提出申请的事实的举证责任。其本质是以要求申请人承担释明义务替代其本应承担的举证责任，从而减轻其举证责任的分担。其次，对于行政赔偿案件，如果因被申请人原因导致申请人无法举证，申请人免予承担举证责任，从而构建了更为公正合理的举证责任分配制度。例如，被申请人强制拆除违法建筑物，申请人认为被申请人既违反法定程序又不具有实施强制拆除的主体资格，因而提起行政赔偿诉讼。但因该建筑物已经被被申请人拆除而不复存在，申请人无法对行政行为造成的损害提供证据。此种情形下，应由被申请人提供执法时填写的强制拆除违法建筑物物品清单等证据。

【关联规范】

《中华人民共和国行政诉讼法》第三十四条、第三十八条；《中华人民共和国行政处罚法》第五十四条；《中华人民共和国国家赔偿法》第三条、第四条；《中华人民共和国行政复议法》第四十八条、第六十四条。

第四十五条　【行政复议机关调查取证】行政复议机关有权向有关单位和个人调查取证，查阅、复制、调取有关文件和资料，向有关人员进行询问。

调查取证时，行政复议人员不得少于两人，并应当出示行政复议工作证件。

被调查取证的单位和个人应当积极配合行政复议人员的工作，不得拒绝或者阻挠。

【条文主旨】

本条是关于行政复议机关调查取证与程序要求的规定。

【条文解读】

本条第一款可视为从行政复议法实施条例第三十四条第一款的基础上修改而来，该款规定："行政复议人员向有关组织和人员调查取证时，可以查阅、复制、调取有关文件和资料，向有关人员进行询问。"主要修改之处在于：第一，明确赋予了行政复议机关向有关单位和个人调查取证的权利。第二，将调查取证的主体由"行政复议人员"修改为"行政复议机关"。第三，将调查取证的对象由"有关组织和人员"修改为"有关单位和个人"。修订前的行政复议法第三条亦规定，行政复议机关履行"向有关组织和人员调查取证，查阅文件和资料"的职责。本条第二款、第三款基本吸收了行政复议法实施条例第三十四条第二款和第三款的规定，即"调查取证时，行政复议人员不得少于2人，并应当向当事人或者有关人员出示证件。被调查单位和人员应当配合行政复议人员的工作，不得拒绝或者阻挠。需要现场勘验的，现场勘验所用时间不计入行政复议审理期限"。主要修改之处在于：第一，将出示证件的对象"当事人或者有关人员"删除。第二，将"证件"修改为"行政复议工作证件"。第三，修改了被调查对象配合义务的表述，将"被调查单位和人员应当配合行政复议人员的工作"修改为"被调查取证的单位和个人应当积极配合行政复议人员的工作"。

一、行政复议机关的调查取证权

行政复议案件的审理必须"以事实为依据，以法律为准绳"，重证据、重事实、重依据、重当事人的参与，如此方能实现公正审理，赢得当事人的信任。行政复议机关调查收集证据有两种方式：一是要求当事人提供或补充证据；二是行政复议机关向有关组织和人员调查取证。与此同时，有些行政复议案件可能要经法院审查，行政复议机关对行政案件的审理必须与法院对证据的审查制度相衔接，赋予行政复议机关调查取证权。此外，赋予行政复议机关调查取证权也是准确认定事实、落实行政复议的准确原则的必然要求。①

本条第一款规定，行政复议机关有权向有关单位和个人调查取证，查阅、复制、调取有关文件和资料，向有关人员进行询问。就调查取证的主体而言，享有调查取证权的主体是行政复议机关，但由行政复议人员具体实施调查取证工作。就调查取证的方式而言，包括“查阅、复制、调取有关文件和资料”和“向有关人员进行询问”。就调查取证的对象而言，行政复议机关有权对所有有关文件和资料进行调查核实。

二、调查取证的程序要求

本条第二款明确了调查取证的程序要求。调查取证时，行政复议人员不得少于两人，并应当出示行政复议工作证件。第一，调查取证的行政复议人员不得少于两人，即至少两人。如果仅一人负责调查取证，构成程序违法。第二，行政复议人员调查取证时应当出示行政复议工作证件，以证明自己的身份，也便于寻求被调查取证对象的支持。本款规定亦参考了治安管理处罚法第八十七条第一款的规定：“公安机关对与违反治安管理行为有关的场所、物品、人身可以进行检查。检查时，人民警察不得少于二人，并应当出示工作证件和县级以上人民政府公安机关开具的检查证明文件。对确有必要立即进行检查的，人民警察经出示工作证件，可以当场检查，但检查公民住所应当出示县级以上人民政府公安机关开具的检查证明文件。”

三、被调查取证的单位和个人的配合义务

根据本条第三款的规定，被调查取证的单位和个人应当积极配合行政复议人员的工作，不得拒绝或者阻挠。第一，被调查取证的单位和个人负有配合义务，应当积极配合行政复议人员的调查取证工作，为行政复议人员调查取证提供必要的支持。第二，被调查取证的单位和个人不得拒绝或者阻挠行政复议人员的调查取证工作，为行政复议人员开展调查取证设置障碍。

【适用指南】

第一，调查取证的主体。行政复议机关有权向有关单位和个人调查取

① 参见杨建顺：《行政规制与权利保障》，中国人民大学出版社2007年版，第560页。

证，并由行政复议人员具体负责实施。调查取证时，行政复议人员不得少于两人，并应当向当事人或有关人员出示行政复议工作证件。行政复议人员应当是符合本法规定的取得行政复议人员资格的人员，而不是普通的行政复议机关工作人员。其调查取证权利是法定的，在调查取证过程中也有示证的义务。否则，被调查的单位和个人可以以调查取证程序不合法为由，予以拒绝。

第二，调查取证的方式或方法。行政复议机关有权查阅、复制、调取有关文件和资料，向有关人员进行询问。查阅、复制、调取、询问是行政复议人员在调查取证过程中拥有的法定权力，被调查取证的单位和个人负有积极配合调查取证的义务，允许行政复议人员查阅、复制、调取有关证据，接受询问的被调查人员应当配合并如实陈述，不得阻挠或拒绝行政复议人员依法行使调查取证权，否则构成妨碍执行公务的违法行为，需要依法承担法律责任。对于证据可能灭失或有灭失危险的，行政复议人员可以现行调取，并采取登记保存的方法保存证据。调查取证需要制作笔录，并交当事人核对签字或盖章确认。① 同时，调查取证应当依法进行，不能采取胁迫或欺骗的手段取证。

【关联规范】

《中华人民共和国治安管理处罚法》第八十七条。

第四十六条　【被申请人不得自行取证与补充证据】 行政复议期间，被申请人不得自行向申请人和其他有关单位或者个人收集证据；自行收集的证据不作为认定行政行为合法性、适当性的依据。

行政复议期间，申请人或者第三人提出被申请行政复议的行政行为作出时没有提出的理由或者证据的，经行政复议机构同意，被申请人可以补充证据。

① 参见刘景欣、郭忠红：《法制工作机械：行政复议的执行者——试析行政复议机构的特征和职能》，载《科技与法律》2020 年第 3 期。

【条文主旨】

本条是关于限制被申请人在行政复议过程中自行取证、补充证据的规定。

【条文解读】

本条第一款是在修订前的行政复议法第二十四条的基础上修改而来，修订前的行政复议法第二十四条规定："在行政复议过程中，被申请人不得自行向申请人和其他有关组织或者个人收集证据。"主要修改之处在于：第一，将"在行政复议过程中"修改为"行政复议期间"。第二，将"组织"修改为"单位"。第三，增加"自行收集的证据不作为认定行政行为合法性、适当性的依据"。第二款参考了行政诉讼法第三十六条第二款的规定："原告或者第三人提出了其在行政处理程序中没有提出的理由或者证据的，经人民法院准许，被告可以补充证据。"

一、禁止被申请人在行政复议期间收集证据

行政复议期间，被申请人不得自行向申请人和其他有关单位或者个人收集证据；自行收集的证据不作为认定行政行为合法性、适当性的依据。为了监督行政机关依法行政，行政机关作出某种行政行为之前必须掌握基本事实，并具有充分的证据。不允许行政机关"先行为、后取证"，即在主要事实不清、证据缺失的情况下先作出行政行为，然后再去调查取证。这种"先行为、后取证"的做法不仅有悖于依法行政原则，而且损害了相对人的合法权益。此外，允许行政机关"先行为、后取证"也容易导致被申请人在事后调查取证时滥用职权，向申请人和其他组织或个人施加压力，妨碍申请人依法行使行政复议权，影响行政复议机关了解真实情况和正确作出行政复议决定等不良后果。因此，本条绝对禁止被申请人在行政复议过程中自行取证，即行政复议期间，被申请人不得自行向申请人和其他有关单位或者个人收集证据。即便是被申请人自行收集证据的，这些证据也不作为认定行政行为合法性、适当性的依据。《公安机关办理行政复议案件程序规定》第五十六条第一款也规定："在行政复议过程中，被申请人不得自行向申请人和其他组织或者个人收集证据。"

二、被申请人可以补充证据的情形

行政复议期间，申请人或者第三人提出了被申请行政复议的行政行为作出时没有提出的理由或者证据的，经行政复议机构同意，被申请人可以补充证据。被申请人补充证据是指，被申请人在法定举证期限提交证据以后进一步提供证据的行为。本条第一款规定："行政复议期间，被申请人不得自行向申请人和其他有关单位或者个人收集证据……"这就意味着，一般不允许被申请人补充新证据。但特殊情况下，被申请人可以补充证据：第一，申请人或第三人在行政复议期间提出了在被申请行政复议的行政行为作出时没有提出的理由或者证据。即补充证据非因被申请人的过错。第二，行政复议机构同意。目的在于排除被申请人补充证据的随意性。只有将认定权交给行政复议机构，才能体现公正性，也防止该项权利的滥用。《公安机关办理行政复议案件程序规定》第五十六条第二款第二项也规定，申请人或者第三人在行政复议过程中，提出了其在公安机关实施具体行政行为过程中没有提出的反驳理由或者证据的，经公安行政复议机关准许，被申请人可以补充相关证据。

【适用指南】

第一，行政复议过程中绝对禁止被申请人自行取证，被申请人没有任何裁量权限。此外，禁止被申请人取证的对象既包括申请人，也包括申请人以外的其他单位或个人。

第二，允许被申请人补充证据的情形。一是被申请人在行政程序中未要求申请人或者第三人提供证据，申请人或者第三人在行政复议过程中向行政复议机关提供了新的证据；二是申请人或者第三人在行政行为作出过程中漠视自己的陈述申辩权或因为客观原因没有提出对自己有利的事实、理由或证据，而是到了复议过程中才提出相应的反驳理由。在这两类情形下，如果不允许被申请人补充证据，被申请人就要承担不利的复议后果，这对于被申请人来说也是不公平的。此外，被申请人补充证据也需要一定的时限限制，行政复议机构既可以指定补充证据的时限，也可以不指定时限，但被申请人必须在辩论结束前提出补充证据。

【关联规范】

《中华人民共和国行政诉讼法》第三十六条；《公安机关办理行政复议案件程序规定》第五十六条。

第四十七条　【申请人、第三人的查阅、复制权】行政复议期间，申请人、第三人及其委托代理人可以按照规定查阅、复制被申请人提出的书面答复、作出行政行为的证据、依据和其他有关材料，除涉及国家秘密、商业秘密、个人隐私或者可能危及国家安全、公共安全、社会稳定的情形外，行政复议机构应当同意。

【条文主旨】

本条是关于申请人、第三人及其委托代理人查阅、复制被申请人答辩和证据材料权利的规定。

【条文解读】

申请人、第三人的查阅、复制权即申请人、第三人及其委托代理人在行政复议期间查阅和复制被申请人答辩和证据材料的权利。之所以要赋予申请人和第三人及其委托代理人查阅、复制权，主要是为了保障申请人和第三人的知情权和参与权，以促进行政复议案件顺利审结。

本条是在修订前的行政复议法第二十三条第二款的基础上修改而来，修订前的行政复议法第二十三条第二款规定："申请人、第三人可以查阅被申请人提出的书面答复、作出具体行政行为的证据、依据和其他有关材料，除涉及国家秘密、商业秘密或者个人隐私外，行政复议机关不得拒绝。"主要修改之处在于：第一，增加了"行政复议期间"；第二，增加了申请人和第三人的复制权；第三，增加了申请人、第三人的委托代理人的查阅、复制权；第四，增加了"按照规定"；第五，将"具体行政行为"修改为"行政行为"；第六，增加了"可能危及国家安全、公共安全、社会稳定的情形"作为例外情形；第七，将"行政复议机关不得拒绝"修改为"行政复议机构应当同意"。

理解本条的重点在于，把握申请人、第三人及其委托代理人的查阅、复制权：

第一，就权利主体而言，享有查阅、复制权的主体不限于申请人，第三人与申请人的地位相同，且申请人、第三人的委托代理人也享有查阅、复制权。

第二，就查阅、复制的对象而言，既包括被申请人的答辩材料，即被申请人提出的书面答复，也包括被申请人的证据材料，即被申请人作出行政行为的证据、依据和其他有关材料。

第三，申请人、第三人及其委托代理人不仅享有查阅权，而且享有复制权。实践中，行政复议机关对于“查阅”方式一直是从严解释，限于查看、阅读和摘抄，虽然形式上满足了公开的要求，但增加了申请人、第三人的时间成本，而且不利于申请人、第三人全面、准确把握案卷内容。[①] 增加复制权则有利于克服这些弊端。常用的查阅、复制形式包括拍照、复印、摘抄、扫描等。

第四，行政复议机构负有配合义务，申请人、第三人及其委托代理人申请查阅、复制被申请人提出的书面答复、作出行政行为的证据、依据和其他有关材料的，行政复议机构一般应当同意。《中华人民共和国海关行政复议办法》第五十三条即规定：“申请人、第三人可以查阅被申请人提出的书面答复、提交的作出具体行政行为的证据、依据和其他有关材料，除涉及国家秘密、商业秘密、海关工作秘密或者个人隐私外，海关行政复议机关不得拒绝，并且应当为申请人、第三人查阅有关材料提供必要条件。有条件的海关行政复议机关应当设立专门的行政复议接待室或者案卷查阅室，配备相应的监控设备。”

第五，行政复议机构的配合义务不是绝对的，如果涉及国家秘密、商业秘密、个人隐私或者可能危及国家安全、公共安全、社会稳定的情形，行政复议机关可以拒绝申请人、第三人及其委托代理人的查阅、复制申请。《公安机关办理行政复议案件程序规定》第五十九条第一款也规定：“申请人、第三人及其代理人参加行政复议的，可以查阅被申请人提出的书面答复、作出具体行政行为的证据、依据和其他有关材料，但涉及国家秘密、商业秘密或者个人隐私的除外。”

第六，查阅、复制是申请人、第三人及其委托代理人的权利，申请人、第三人可以自由放弃。但是，申请人、第三人及其委托代理人欲行使查阅、复制权的，需在行政复议决定作出前提出。《公安机关办理行政复议案件程序规定》第五十九条第二款也规定：“申请人、第三人及其代理人需要查阅被申请人的答复及作出的具体行政行为的证据、依据和其他材料的，应当在行政复议决定作出前向公安行政复议机构提出。”

---

① 参见章剑生：《论作为权利救济制度的行政复议》，载《法学》2021 年第 5 期。

【适用指南】

本条在实务的适用要点在于，行政复议机构拒绝申请人、第三人及其委托代理人查阅、复制被申请人答辩和证据材料的例外情形，即涉及国家秘密、商业秘密、个人隐私或者可能危及国家安全、公共安全、社会稳定的情形。国家秘密一般包括：(1) 国家事务重大决策中的秘密事项；(2) 国防建设和武装力量活动中的秘密事项；(3) 外交和外事活动中的秘密事项以及对外承担保密义务的秘密事项；(4) 国民经济和社会发展中的秘密事项；(5) 科学技术中的秘密事项；(6) 维护国家安全活动和追查刑事犯罪中的秘密事项；(7) 经国家保密行政管理部门确定的其他秘密事项。政党的秘密事项中符合前款规定的，属于国家秘密。国家秘密分为绝密、机密和秘密三个等级。所谓商业秘密，根据反不正当竞争法和有关法律规定的标准，是指能为秘密持有人带来一定商业利益的并为持有人采取相应的保密措施的工业、商业和管理等方面的知识和信息。商业秘密一般包括生产方法、工艺流程、配方成分、设计图纸、贸易联系、购销渠道、客户名单等，它们都具有一定的经济价值，持有人能借此降低生产成本、提高产品质量、增加产出数量，从而形成一定的竞争优势。个人隐私的范围法律未作明确界定，一般当事人不愿意被他人知悉的个人情况，包括涉及男女关系方面的私生活以及生理疾病、个人债务状况等当事人不愿让其他人知道，或者他人知道后会有损当事人声誉的事项，某些情况下也包括当事人纯粹为了个人安宁而不愿让外界知道的情况，如个人财产价值、家庭情况等。可能危及国家安全、公共安全、社会稳定的情形主要是指允许申请人、第三人查阅、复制有关材料可能会造成相关信息泄露，导致国家安全、公共安全、社会稳定遭受威胁。

【关联规范】

《公安机关办理行政复议案件程序规定》第五十九条；《中华人民共和国海关行政复议办法》第五十三条。

第三节 普通程序

第四十八条 【被申请人的答辩和举证义务】 行政复议机构应当自行政复议申请受理之日起七日内，将行政复议申请书副本或者行政复议申请笔录复印件发送被申请人。被申请人应当自收到行政复议申请书副本或者行政复议申请笔录复印件之日起十日内，提出书面答复，并提交作出行政行为的证据、依据和其他有关材料。

【条文主旨】

本条是关于被申请人答辩和举证义务的规定。

【条文解读】

本条是在修订前的行政复议法第二十三条第一款基础上作出的修改，该款规定："行政复议机关负责法制工作的机构应当自行政复议申请受理之日起七日内，将行政复议申请书副本或者行政复议申请笔录复印件发送被申请人。被申请人应当自收到申请书副本或者申请笔录复印件之日起十日内，提出书面答复，并提交当初作出具体行政行为的证据、依据和其他有关材料。"主要修改之处在于：第一，将"行政复议机关负责法制工作的机构"修改为"行政复议机构"；第二，将"具体行政行为"修改为"行政行为"；第三，删除了"当初"二字；第四，将"申请书副本或者申请笔录复印件"修改为"行政复议申请书副本或者行政复议申请笔录复印件"。

一、行政复议机构负有将申请材料发送被申请人的义务

行政复议机构应当自行政复议申请受理之日起七日内，将行政复议申请书副本或者行政复议申请笔录复印件发送被申请人。行政复议机关受理行政复议案件后，需承担推进行政复议案件审理的法律义务，要对被申请人的行政行为是否合法、适当进行全面审查。为此，行政复议机构应当将行政复议申请书副本或者行政复议申请笔录复印件发送被申请人，以方便被申请人进行答辩和举证。为了监督行政复议机构依法及时送达行政复议申请，本条将行政复议机构的送达期限限定为“行政复议申请受理之日起七日内”。

二、被申请人负有答辩和举证义务

被申请人应当自收到行政复议申请书副本或者行政复议申请笔录复印件之日起十日内，提出书面答复，并提交作出行政行为的证据、依据和其他有关材料。面对申请人提起的行政复议申请，被申请人必须承担答辩和举证义务，方能推进行政争议的实质性解决。被申请人一则需要就行政复议申请提出书面答复，二则需要提交作出行政行为的依据、证据和有关材料，以供行政复议机关进行全面审查。《中华人民共和国海关行政复议办法》第四十五条第二款也规定：“对海关总署作出的具体行政行为不服向海关总署申请行政复议的，由原承办具体行政行为有关事项的部门或者机构具体负责提出书面答复，并且提交当初作出具体行政行为的证据、依据和其他有关材料。”证据主要包括以下几种：（1）书证；（2）物证；（3）视听资料；（4）电子数据；（5）证人证言；（6）当事人的陈述；（7）鉴定意见；（8）勘验笔录、现场笔录。当然，这些证据并不会当然成为行政复议机关作出复议决定的根据，行政复议机关必须对这些证据进行审查，确认属实的才能作为行政复议的根据。与此同时，为了避免被申请人拖延答辩和举证，本条规定被申请人应自收到申请书副本或者申请笔录复印件之日起“十日内”答辩和举证。

【适用指南】

第一，法定两个期限的把握。一是关于行政复议机构的送达期限。起算点是“行政复议申请受理之日”，期限是“七日”。二是关于被申请人的举证期限。起算点是“被申请人应当自收到行政复议申请书副本或者行政复议申请笔录复印件之日”，期限是“十日”。

第二，被申请人承担举证义务的内容。被申请人既要就行政复议申请提出书面答复，更要提交当初作出行政行为的证据、依据和其他有关材料，以供行政复议机关审查。

第三，行政复议机构在整个行政复议过程中承担着重要的推进角色。一方面，行政复议机构有义务将申请人的申请材料转给被申请人；另一方面，行政复议机构也有义务将被申请人的答复材料转给申请人。例如，《中华人民共和国海关行政复议办法》第四十四条即规定：“海关行政复议机构应当在收到被申请人提交的《行政复议答复书》之日起 7 日内，将《行政复议答复书》副本发送申请人。”

【关联规范】

《中华人民共和国海关行政复议办法》第四十四条、第四十五条。

第四十九条　【普通程序的审查方式】 适用普通程序审理的行政复议案件，行政复议机构应当当面或者通过互联网、电话等方式听取当事人的意见，并将听取的意见记录在案。因当事人原因不能听取意见的，可以书面审理。

【条文主旨】

本条是关于适用普通程序审理行政复议案件方式的规定。

【条文解读】

本条是在修订前的行政复议法第二十二条的基础上修改而来，该条规定："行政复议原则上采取书面审查的办法，但是申请人提出要求或者行政复议机关负责法制工作的机构认为有必要时，可以向有关组织和人员调查情况，听取申请人、被申请人和第三人的意见。"主要修改之处在于：第一，将"书面审查为主"修改为"听取意见为主"，书面审查仅适用于因当事人原因不能听取意见的情形；第二，将"听取意见"原则限定为"普通程序"；第三，将听取意见的对象由"申请人、被申请人和第三人"修改为"当事人"；第四，进一步明确了听取意见的方式，包括"当面、互联网、电话等"；第五，增加了"听取的意见应当记录在案"的规定。

一、以听取意见为原则，以书面审理为例外

根据本条的规定，行政复议机构适用普通程序审理行政复议案件以听取意见为原则，以书面审理为例外。所谓书面审理，是指行政复议过程中，行政复议机关以双方提供的书面材料为依据，不进行面对面证据交换，也不开展言词辩论。①听取意见要求与当事人直接接触，但并不要求

① 沈斌晨：《论行政复议审理方式的变革》，载《湖湘法学评论》2022年第2期。

行政相对人与原行政行为作出机关当面举证质证和辩论。[①] 本条之所以规定适用普通程序审理行政复议案件要以“听取意见”原则替代“书面审查”原则，是行政参与原则的必然要求。行政参与原则是指受行政权力运行结果影响的利害关系人有权参与行政权力的运行过程，表达自己的意见，并对行政权力运行结果的形成发挥有效作用。[②] 行政参与原则意味着，行政机关负有听取当事人意见的义务，尤其在作出对当事人不利的决定时，必须听取当事人的意见，不能片面认定事实，剥夺当事人辩护的权利。要求“行政复议机构适用普通程序审理行政复议案件听取当事人的意见”，本质是保障当事人的参与权，防止复议权滥用，实现开门办案、阳光复议。此外，听取意见模式有助于克服书面审查模式下当事人交锋不足的弱点，强化事实认定和法律适用的准确性，在不改变复议性质、不增加复议成本的前提下，提高行政复议的解纷质量。[③]

与此同时，行政复议机构适用普通程序审理行政复议案件并未彻底放弃“书面审查”方式。对于因当事人原因不能听取意见的案件，行政复议机构具有灵活处理的权力，可以采取书面审查的办法。主要原因在于，书面审查相较于听取意见而言具有高效、及时的优势，有利于提高解决行政争议的效率，符合行政效率的要求。且因当事人不能听取意见的案件，采取书面审查的方法不至于激化矛盾。

二、听取意见的程序

适用普通程序审理的行政复议案件，行政复议机构应当当面或者通过互联网、电话等方式听取当事人的意见，并将听取的意见记录在案。

第一，听取意见的对象和方式。听取意见的对象指向当事人，涵括申请人、被申请人、第三人。就听取意见的方式而言，既可以“当面进行”，也可以“通过互联网、电话等方式”进行，方式灵活多样。后者适应数字时代的发展需要，既保障了申请人与第三人的参与权，又为申请人与第三人参与复议提供了必要的便利条件，“体现了监督行政之主导功能对效率的兼顾”[④]。

第二，听取的意见记录制度。之所以强制性要求听取的意见以适当方

---

① 参见沈斌晨：《论行政复议审理方式的变革》，载《湖湘法学评论》2022 年第 2 期。

② 周佑勇：《行政法原论》（第三版），北京大学出版社 2018 年版，第 67 页。

③ 参见张旭勇：《论行政复议的“三位一体”功能及其实现的制度优势——兼论〈行政复议法（征求意见稿）〉之完善》，载《苏州大学学报（哲学社会科学版）》2022 年第 3 期。

④ 梁君瑜：《行政复议的功能定位再辨——兼评〈行政复议法（修订）（征求意见稿）〉》，载《苏州大学学报（法学版）》2022 年第 2 期。

式记录在案，一则是为了强化对行政复议机关的监督，保障行政复议机关将听取意见制度落到实处；二则是为行政复议决定提供参考，避免听取意见"走过场""形式化"。这些程序规定弥补了修订前的行政复议法第二十二条的另一缺憾。

【适用指南】

第一，行政复议机构在适用普通程序审理行政复议案件时如何在听取意见与书面审查两种审理方式中抉择。根本性的区分标准在于是否能够听取当事人的意见。对于适用普通程序审理的案件，原则上必须听取当事人的意见，否则属于严重违反法定程序，相关行政复议决定可能被判决撤销乃至确认无效。对于确因当事人原因不能听取意见的行政复议案件，行政复议机构拥有裁量权，可以选择书面审查方法。

第二，听取意见的方式如何选择。首先，当面、互联网、电话等方式之间是平行关系，不存在优劣之分，行政复议机关有裁量权与选择权。其次，行政复议机构在具体选择何种听取意见的方式时应当充分结合案件实际并与当事人充分协商，如当事人的住所、意愿、技术水平等因素。

第三，听取的意见应当记录在案。对此，行政复议机构一则应当牢记记录义务，高度重视当事人的意见，避免听取意见形式化；二则应当积极探索记录方式，力求高效全面地将当事人的意见记录在案。

第五十条　【听证的情形和人员组成】审理重大、疑难、复杂的行政复议案件，行政复议机构应当组织听证。

行政复议机构认为有必要听证，或者申请人请求听证的，行政复议机构可以组织听证。

听证由一名行政复议人员任主持人，两名以上行政复议人员任听证员，一名记录员制作听证笔录。

【条文主旨】

本条是关于听证的情形和人员组成的规定。

【条文解读】

一、听证的意义

听证是指行政机关作出决定时要提前通知并听取利益受影响的当事人的意见。听证分为正式听证和非正式听证，正式听证类似于司法审判程序，又称准司法听证。行政复议听证类似于准司法听证，目的是为行政复议当事人提供一个质证、辩论的平台，为行政复议机关查清案件事实提供帮助。通过听证，申请人、被申请人和行政复议机关三方可以同时参与行政复议，给对立双方提供自由陈述意见、进行辩论反驳的机会，使双方消除隔阂，达成谅解，增强当事人对行政机关的信任，也有利于缓解当事人的对立情绪。与此同时，听证程序会使申请人感到行政复议机关不是站在行政机关的角度而是站在公正的立场审查被申请人的行政行为是否合法，从而使申请人更容易接受行政复议决定，降低不服行政复议决定提起诉讼的比例。在制度上确立听证程序既符合社会对行政复议制度改革和完善的要求，符合社会对行政复议正义性的期盼，也符合我国行政复议法公正、公开和有错必纠原则的要求。①

二、组织听证的情形

根据本条第一款的规定，审理重大、疑难、复杂的行政复议案件，行政复议机构应当组织听证。行政复议机构认为有必要听证，或者申请人请求听证的，行政复议机构可以组织听证。因此，行政复议机构组织听证包括以下三种情形：（1）案情重大、疑难、复杂；（2）行政复议机构认为有必要听证；（3）申请人请求听证。行政复议法实施条例第三十三条仅规定了一种听证情形，即“对重大、复杂的案件，申请人提出要求或者行政复议机构认为必要时，可以采取听证的方式审理”。相较于行政复议法实施条例，本条不仅扩充了行政复议听证审理的法定情形，而且将“重大、疑难、复杂的行政复议案件”列为行政复议机构必须组织听证的情形。由此，行政复议听证审理的启动有两种方式：一是申请人请求听证；二是行政复议机构主动听证。当然，涉及这三种情形的，行政复议机构并非必须组织听证。对于第一种情形即“审理重大、疑难、复杂的行政复议案件”，行政复议机构必须组织听证，没有裁量空间；对于第二种和第三种情形，行政复议机构享有裁量权，可以启动听证也可以不启动听证。对此，行政

① 参见沈福俊：《我国行政复议听证程序的实践与制度发展》，载《江淮论坛》2011年第2期。

复议机构应当综合考虑案件的复杂程度、当事人的参与性、行政复议办案时限等因素进行判断、决定。

三、行政复议听证审理的人员组成

听证由一名行政复议人员任主持人，两名以上行政复议人员任听证员，一名记录员制作听证笔录。即行政复议听证审理至少需要四名工作人员，其中主持人一名，听证员至少两名，记录员一名。这三类工作人员互相独立，不得兼任。听证主持人和听证员须由行政复议人员担任，记录员则由行政复议辅助人员担任即可。作为听证主持人的行政复议人员尤其要具备总结争议焦点、归纳双方观点和控制会场的能力。

【适用指南】

第一，听证情形的把握。实践中适用听证方式审理的案件主要包括：涉及人数众多或群体利益的案件；具有涉外因素的案件，如涉及外国人的案件；社会影响较大的案件，如当事人对立情绪激烈、可能影响社会稳定的案件；案件事实和法律关系复杂的案件；等等。

第二，听证既可由申请人提出申请启动，也可由行政复议机关主动启动。听证审理是申请人的权利，行政复议机构应当通过适当的方式告知申请人，让申请人有机会申请听证。

第三，听证笔录的效力。根据行政复议法第六十一条第二款的规定，经过听证的行政复议案件，行政复议机关应当根据听证笔录、审查认定的事实和证据，依照本法作出行政复议决定。这表明，行政复议机关制作的听证笔录作为双方当事人意见的记录，是帮助行政复议机关听取当事人意见、查清事实的一种重要证据材料，与其他证据形式不存在相互排斥性，应当作为行政复议机关作出行政复议决定的依据之一，但不能是唯一依据。这一点区别于案卷排他原则。主要原因在于，我国行政复议实行被申请人举证原则，被申请人应当提交书面的答复和证据、依据材料，证明行政行为的合法性和适当性。

【关联规范】

《中华人民共和国行政复议法》第六十一条第二款。

第五十一条　【听证的程序】行政复议机构组织听证的，应当于举行听证的五日前将听证的时间、地点和拟听证事项书面通知当事人。

申请人无正当理由拒不参加听证的，视为放弃听证权利。

被申请人的负责人应当参加听证。不能参加的，应当说明理由并委托相应的工作人员参加听证。

【条文主旨】

本条是关于行政复议机构组织听证程序的规定。

【条文解读】

一、行政复议机构组织听证的通知义务

行政复议机构组织听证的，应当于举行听证的五日前将听证的时间、地点和拟听证事项书面通知当事人。行政复议机构组织听证的目的在于为当事人提供一个面对面交流的平台，为了保证听证实效，让当事人充分参与听证，行政复议机构负有通知义务。“听证意味着聆听当事人的主张，保障当事人的权利当然包括保障其受通知权，这是初始措施之一，应当通知当事人程序上的各种权利以及听证所会涉及的问题，如时间地点等。”①就通知的内容而言，包括听证的时间、地点和拟听证事项三类；就通知的时间而言，本条要求行政复议机构于“举行听证的五日前”通知，目的在于为当事人预留充分的准备时间，强化听证效果；就通知的方式而言，本条要求“书面”通知；就通知的对象而言，本条将通知的对象规定为“当事人”，既包括申请人，也包括被申请人和第三人。

二、申请人无正当理由拒不参加听证的后果

申请人无正当理由拒不参加听证的，视为放弃听证权利。行政复议由申请人提起复议申请而启动，听证程序则是行政复议机关审理行政复议案件的关键程序。如果申请人没有正当理由拒不参加听证，可视为申请人放弃了听证权利，不允许申请人再度申请听证，或者以未参加听证为由主张程序违法。但是，放弃听证权利并不意味着申请人撤回了行政复议申请。

---

① 曹鎏：《五国行政复议制度的启示与借鉴》，载《行政法学研究》2017年第5期。

三、被申请人的负责人参加听证的义务

被申请人的负责人应当参加听证。不能参加的，应当说明理由并委托相应的工作人员参加听证。行政复议是“民告官”的制度，但在复议实践中被申请人往往只派出工作人员甚至委托律师参加听证，群众对此意见较大。为了解决这一实践问题，本条从法律制度上明确被申请人的负责人应当参加听证。确立被申请人的负责人参加听证制度具有重要意义：一是有利于解决行政争议。被申请人的负责人参加听证体现了对行政复议活动的尊重，也体现了双方地位的平等。在行政复议过程中，申请人与被申请人的负责人直接面对面陈述其主张和理由，缓和了申请人与被申请人的对立情绪，有利于行政纠纷的解决。另外，被申请人的负责人亲自参加听证，就本机关作出行政行为的合法性向申请人当面阐明，同时当面听取申请人一方的主张和理由，有利于促进双方换位思考，相互理解，打开心结，化解矛盾，解决争议，实现法律效果与社会效果的双赢。二是有利于增强行政机关负责人的法治意识，推进行政机关依法行政。行政机关负责人作为行政机关的领导者本就应具有较强的法治意识，参加听证的过程实际上也是一个法治教育的过程。通过亲自参加听证，被申请人的负责人可以进一步增加对相关法律知识的了解，认识到本机关在执法活动中存在的问题，从而有助于增强依法行政的意识，更好地做好本机关的依法行政工作。三是有利于增强人民群众对法治的信心，提高全社会的法治观念。行政机关负责人参加听证表明了行政机关积极参加行政复议的态度，也表明了行政机关对人民群众和法律的尊重，会产生良好的社会效果，营造良好的法治氛围，使人民群众增强对法律的信心，形成通过法律手段维护自身合法权益的习惯，有助于全社会法治意识的提高，也有助于法治社会的建设。

本条第三款参考了行政诉讼法第三条第三款的规定，即“被诉行政机关负责人应当出庭应诉。不能出庭的，应当委托行政机关相应的工作人员出庭”。《法治政府建设实施纲要（2021—2025年）》也要求认真执行行政机关负责人出庭应诉制度。根据本款规定，参加听证属于被申请人负责人的法定义务，不能参加的，不仅应当说明理由而且要委托相应的工作人员参加听证。其中，“被申请人的负责人”是指行政机关正职和副职领导人。

【适用指南】

第一，听证通知的时间和形式要求。就时间要求而言，行政复议机构必须在举行听证的五日前通知当事人，否则构成程序违法。就形式要求而

言，行政复议机构必须书面通知当事人，不能口头通知。

第二，申请人无正当理由拒不参加听证的，视为申请人放弃了听证权利。其一，主体仅限于申请人，被申请人、第三人、证人等无正当理由拒不参加听证的，不会视为放弃了听证权利。其二，申请人“无正当理由”且“拒不参加听证”的，才会视为放弃了听证权利，二者缺一不可。如果申请人拒不参加听证有正当理由，如遭遇地震等不可抗力，不能视为申请人放弃了听证权利。其三，“申请人无正当理由拒不参加听证”在形式上看并未明确放弃听证权利，但实质上导致了申请人未参加听证，因而“视为”放弃了听证权利。

第三，参加听证属于被申请人的负责人的法定义务，被申请人的负责人原则上均应参加。确实不能参加的，必须说明理由，而且要委托相应的工作人员参加听证。

【关联规范】

《中华人民共和国行政诉讼法》第三条。

第五十二条　【行政复议委员会】县级以上各级人民政府应当建立相关政府部门、专家、学者等参与的行政复议委员会，为办理行政复议案件提供咨询意见，并就行政复议工作中的重大事项和共性问题研究提出意见。行政复议委员会的组成和开展工作的具体办法，由国务院行政复议机构制定。

审理行政复议案件涉及下列情形之一的，行政复议机构应当提请行政复议委员会提出咨询意见：

（一）案情重大、疑难、复杂；

（二）专业性、技术性较强；

（三）本法第二十四条第二款规定的行政复议案件；

（四）行政复议机构认为有必要。

行政复议机构应当记录行政复议委员会的咨询意见。

【条文主旨】

本条是关于行政复议委员会组成、职责与适用情形的规定。

【条文解读】

一、行政复议委员会制度

行政复议委员会制度是增强行政复议制度的社会公信力、强化行政复议解决行政争议功能的制度设计，也是经过实践检验的重要成果。早在2008年9月，原国务院法制办公室[①]就下发了《关于在部分省、直辖市开展行政复议委员会试点工作的通知》（国发〔2008〕71号），正式启动相对集中行政复议权和建立行政复议委员会试点改革。[②] 通过在全国范围内开展行政复议委员会试点工作，充分发挥专家学者等社会力量的作用，不仅有利于完善行政复议案件审理机制，提高行政复议案件办理质量和效率，也有利于进一步消除人民群众对行政复议案件审理的疑虑，进一步提高行政复议制度的社会公信力。2021年8月，《法治政府建设实施纲要（2021—2025年）》提出，县级以上各级政府建立行政复议委员会，为重大、疑难、复杂的案件提供咨询意见。

二、行政复议委员会的组成及职责

县级以上各级人民政府应当建立相关政府部门、专家、学者等参与的行政复议委员会。就行政复议委员会的组建主体而言，建立行政复议委员会是县级以上地方各级人民政府的法定职责。此外，国务院部门也可以根据需要建立行政复议委员会，但不具有强制性。就行政复议委员会的组成而言，行政复议委员会应由相关政府部门、专家、学者等参与，三者缺一不可，其中政府人员处于主导地位。行政复议委员会产生于行政复议公信力不足的问题，[③] 要求相关政府部门、专家、学者等各方主体共同参与，目的在于“增强案件审理的中立性、专业性，破解部门利益保护和‘自己审自己的难题’”[④]，同时也是行政复议委员会公信力的保证。从浙江省及各市、县已经组建的行政复议委员会来看，政府职能部门法制机构的负责人往往以咨询委员的身份继续参与复议工作，在一定程度上弥补了管辖体

---

① 2018年3月，将国务院法制办公室的职责整合，重新组建中华人民共和国司法部，不再保留国务院法制办公室。

② 转引自母光栋：《修改〈行政复议法〉在法治轨道上推进行政复议体制与时俱进》，载《中国司法》2022年第2期。

③ 马怀德、李策：《行政复议委员会的检讨与改革》，载《法学评论》2021年第4期。

④ 曹鎏、李月：《我国行政复议体制改革的发展演进、目标构成及修法回应》，载《行政管理改革》2022年第4期。

制改革造成的专业性弱化之不足。①

本条第一款规定，行政复议委员会为办理行政复议案件提供咨询意见，并就行政复议工作中的重大事项和共性问题研究提出意见。因此，行政复议委员会主要承担以下两项职责：一则为办理行政复议案件提供咨询意见；二则就行政复议工作中的重大事项和共性问题进行研究、提出意见。但是，行政复议委员会没有直接审理行政复议案件的权限，主要起到咨询作用。

本条第一款还规定，国务院行政复议机构负责制定行政复议委员会的组成和开展工作的具体办法。制定行政复议委员会的组成和开展工作的具体办法有助于加强行政复议的履职保障，本条只是简单规定了行政复议委员会的组成原则与基本职责，至于具体的组成条件以及如何开展工作，本法没有涉及也很难详细展开。因此，需要另行制定行政复议委员会的组成和开展工作的具体办法。至于具体的制定主体，则由最高级别的行政复议机关——国务院的行政复议机构负责，以增强权威性。

三、提请行政复议委员会提出咨询意见的案件

审理行政复议案件涉及下列情形之一的，行政复议机构应当提请行政复议委员会提出咨询意见：一是案情重大、疑难、复杂。案情重大、疑难、复杂的行政复议案件往往需要专家学者的专业意见。《法治政府建设实施纲要（2021—2025年）》即规定：县级以上各级政府建立行政复议委员会，为重大、疑难、复杂的案件提供咨询意见。二是专业性、技术性较强。专业性、技术性较强的行政复议案件往往超出普通行政复议人员的能力范畴，需要行政复议委员会的专家学者提供专业的咨询意见。三是申请人对省、自治区、直辖市人民政府作出的行政行为不服。省、自治区、直辖市人民政府作出的行政行为往往比较重大，对相对人的合法权益影响也比较大，有必要提请行政复议委员会提出咨询意见。四是行政复议机构认为有必要。行政复议机构对于是否提请行政复议委员会提出咨询意见具有裁量权，可在认为必要时即提出申请。需要强调的是，存在以上四类情形的，行政复议机构必须提请行政复议委员会提出咨询意见，行政复议机构对于是否提请行政复议委员会提出咨询意见没有裁量权。

---

① 张旭勇：《论行政复议的“三位一体”功能及其实现的制度优势——兼论〈行政复议法（征求意见稿）〉之完善》，载《苏州大学学报（哲学社会科学版）》2022年第3期。

四、咨询意见记录制度

本条第三款规定，行政复议机构应当记录行政复议委员会的咨询意见。意即行政复议机构负有记录行政复议委员会的咨询意见的法律义务。目的在于保证行政复议委员会的咨询意见落到实处，而非简单走过场的"形式主义"。行政复议法第六十一条第三款规定："提请行政复议委员会提出咨询意见的行政复议案件，行政复议机关应当将咨询意见作为作出行政复议决定的重要参考依据。"

【适用指南】

第一，行政复议委员会必须由相关政府部门、专家、学者共同参与，三者缺一不可。

第二，行政复议委员会无权直接审理行政复议案件，其角色在于提供咨询。如果行政复议机构将行政复议案件交由行政复议委员会审理，则构成违法。

第三，掌握行政复议机构应当提请行政复议委员会提出咨询意见的情形。一是事实、证据不易认定的；二是存在较大争议和专业性难度较大的；三是涉及重大公共利益的；四是在本区域社会影响较大的；五是法律关系复杂的以及法律适用存在重大分歧的；六是申请人请求行政复议委员会提出咨询意见，行政复议机构认为有必要的。

第四，行政复议机构负有记录行政复议委员会的咨询意见的法律义务，行政复议委员会的咨询意见必须落到实处。

【关联规范】

《中华人民共和国行政复议法》第六十一条第三款。

第四节　简易程序

第五十三条　【简易程序的适用范围】行政复议机关审理下列行政复议案件，认为事实清楚、权利义务关系明确、争议不大的，可以适用简易程序：

（一）被申请行政复议的行政行为是当场作出；

（二）被申请行政复议的行政行为是警告或者通报批评；

（三）案件涉及款额三千元以下；

（四）属于政府信息公开案件。

除前款规定以外的行政复议案件，当事人各方同意适用简易程序的，可以适用简易程序。

【条文主旨】

本条是关于简易程序适用范围的规定。

【条文解读】

本条属于新增条款。本条参考了行政诉讼法第八十二条第一款、第二款的规定，该条规定："人民法院审理下列第一审行政案件，认为事实清楚、权利义务关系明确、争议不大的，可以适用简易程序：（一）被诉行政行为是依法当场作出的；（二）案件涉及款额二千元以下的；（三）属于政府信息公开案件的。除前款规定以外的第一审行政案件，当事人各方同意适用简易程序的，可以适用简易程序。"

一、简易程序的价值

简易程序是指行政复议机关在审理事实清楚、权利义务关系明确、争议不大的行政复议案件时适用的一种简便易行的审理程序。简易程序是与普通程序相对的程序，在申请手续、审理程序、审理期限等方面都做了简化。简易程序具有办案手续简便、审理方式灵活、不受普通程序有关规定约束的特点，有利于及时审理行政复议案件，降低当事人的复议成本，保护当事人的合法权益。对于行政复议机关来说，通过简易程序解决一些事实清楚、权利义务关系明确、争议不大的案件，有利于高效配置行政资源，提高行政复议的效率。对于一些事实清楚、权利义务关系明确、争议不大的行政复议案件，适用普通程序不仅增加了当事人的诉讼成本，而且浪费行政资源。本次修法增加了简易程序，并单列一节，无疑具有重要价值。

二、适用简易程序的行政复议案件

第一类案件是被申请行政复议的行政行为是当场作出的。当场作出的行政行为往往事实比较清楚，权利义务关系明确，不会有太大争议，可以适用简易程序。例如，行政处罚法第五十一条规定："违法事实确凿并有法定依据，对公民处以二百元以下、对法人或者其他组织处以三千元以下罚款或者警告的行政处罚的，可以当场作出行政处罚决定……"行政许可法第三十四条第二款规定："申请人提交的申请材料齐全、符合法定形式，行政机关能够当场作出决定的，应当当场作出书面的行政许可决定。"

第二类案件是被申请行政复议的行政行为是警告或者通报批评。根据行政处罚法第九条的规定，警告和通报批评均属行政处罚的法定种类。这两类行政处罚在实践中非常多见，且对行政相对人的合法权益影响较小，一般不会有什么争议，适合采用简易程序审理。

第三类案件是案件涉及款额三千元以下的。如争议的罚款数额、抚恤金、最低生活保障金、社会保险金数额在三千元以下的案件，涉及查封、扣押、冻结的财物或所争议的自然资源价值在三千元以下的案件等。这类案件往往对行政相对人的影响较小，可以适用简易程序。

第四类案件是政府信息公开案件。之所以将政府信息公开案件纳入简易程序审理，主要原因有三：第一，信息获取具有时效性，冗长的审理程序会减损获取政府信息的效益。第二，政府信息公开案件一般案情简单，法律关系明确，争议较小，适用简易程序可以大幅提升效率，节约行政资源。第三，自政府信息公开条例出台，就政府信息公开不服提起的行政复议案件增长较快，甚至有被滥用的可能。将政府信息公开案件纳入简易程序的适用范围，是行政机关应对大量信息公开案件涌入行政复议的一种举措。①

第五类案件是当事人各方同意适用简易程序的。如果当事人各方协商一致，行政复议机关可以决定适用简易程序。此外，需要注意的是，前四类案件需要同时满足"事实清楚、权利义务关系明确、争议不大"三个标准才可能适用简易程序，第五类案件则没有此限制。

---

① 参见董妍：《信息公开行政诉讼之权利保护必要性的司法认定》，载《中南大学学报（社会科学版）》2022 年第 5 期。

【适用指南】

本条在实务中的适用要点在于，多数行政复议案件适用普通程序审理，简易程序仅适用本条规定的五类行政复议案件。而即便是这五类行政复议案件，行政复议机关也并非一定要适用简易程序。首先，前四类案件必须同时满足“事实清楚”“权利义务关系明确”“争议不大”三个条件。其次，即便同时满足以上三个条件，行政复议机关仍有权在普通程序与简易程序之间选择，而非必须适用简易程序。譬如，如果行政复议机关认为适用简易程序无法按时审结的，仍可选择普通程序。

【关联规范】

《中华人民共和国行政诉讼法》第八十二条；《中华人民共和国行政处罚法》第九条、第五十一条；《中华人民共和国行政许可法》第三十四条。

第五十四条　【简易程序的要求】适用简易程序审理的行政复议案件，行政复议机构应当自受理行政复议申请之日起三日内，将行政复议申请书副本或者行政复议申请笔录复印件发送被申请人。被申请人应当自收到行政复议申请书副本或者行政复议申请笔录复印件之日起五日内，提出书面答复，并提交作出行政行为的证据、依据和其他有关材料。

适用简易程序审理的行政复议案件，可以书面审理。

【条文主旨】

本条是关于简易程序具体要求的规定。

【条文解读】

本条属于新增条款。理解本条款应当重点把握以下要点：

一、行政复议机构的送达义务

适用简易程序审理的行政复议案件，行政复议机构应当自受理行政复议申请之日起三日内，将行政复议申请书副本或者行政复议申请笔录复印件发送被申请人。即便是适用简易程序审理的行政复议案件，行政复议机构也须承担推进案件审理的义务，首先应将行政复议申请书等材料送达被申请人。具体而言，送达的期限为“自受理行政复议申请之日起三日内”，送达的对象是被申请人，送达的内容为“行政复议申请书副本或者行政复议申请笔录复印件”。与普通程序的区别仅在于送达期限，后者为“自行政复议申请受理之日起七日内”。本法第四十八条规定：“行政复议机构应当自行政复议申请受理之日起七日内，将行政复议申请书副本或者行政复议申请笔录复印件发送被申请人……”

二、被申请人的举证义务

被申请人应当自收到行政复议申请书副本或者行政复议申请笔录复印件之日起五日内，提出书面答复，并提交当初作出行政行为的证据、依据和其他有关材料。被申请人同样负有推进行政复议案件审理的义务，应当在法定期限内举证。具体而言，举证期限为“自收到行政复议申请书副本或者行政复议申请笔录复印件之日起五日内”，举证内容包括“提出书面答复”与“提交作出行政行为的证据、依据和其他有关材料”。与普通程序的区别仅在于举证期限，后者为“自收到行政复议申请书副本或者行政复议申请笔录复印件之日起十日内”。本法第四十八条规定：“……被申请人应当自收到行政复议申请书副本或者行政复议申请笔录复印件之日起十日内，提出书面答复，并提交作出行政行为的证据、依据和其他有关材料。”

三、简易程序案件可以书面审理

本条第二款规定，适用简易程序审理的案件，可以书面审理。这一点与适用普通程序审理的案件具有根本性区别，后者以“听取意见”为原则。本法第四十九条规定：“适用普通程序审理的行政复议案件，行政复议机构应当当面或者通过互联网、电话等方式听取当事人的意见，并将听取的意见记录在案。因当事人原因不能听取意见的，可以书面审理。”需要注意的是，即便是适用简易程序审理的行政复议案件，行政复议机构亦具有裁量权，既可以决定书面审理也可以选择当面或者通过互联网、电话等方式听取当事人的意见。

【适用指南】

第一，注意两个期限的把握。一是关于行政复议机构的送达期限。起算点是“行政复议受理申请之日”，期限是“三日”。二是关于被申请人的举证期限。起算点是“被申请人收到行政复议申请书副本或者行政复议申请笔录复印件之日”，期限是“五日”。两个期限较之于普通程序都明显缩短，体现了简易程序快捷、高效的优势。

第二，被申请人承担举证义务的内容。被申请人既要就行政复议申请提出书面答复，更要提交当初作出行政行为的证据、依据和其他有关材料，以供行政复议机关审查。这一点与普通程序别无二致。

第三，适用简易程序审理的案件，既可以书面审理，也可以听取当事人的意见，而非必须书面审理。

【关联规范】

《中华人民共和国行政复议法》第四十八条、第四十九条。

第五十五条　【简易程序转普通程序】 适用简易程序审理的行政复议案件，行政复议机构认为不宜适用简易程序的，经行政复议机构的负责人批准，可以转为普通程序审理。

【条文主旨】

本条是关于简易程序转普通程序的规定。

【条文解读】

本条属于新增条款。本条参考了行政诉讼法第八十四条的规定，即“人民法院在审理过程中，发现案件不宜适用简易程序的，裁定转为普通程序”。

理解本条的重点在于，简易程序可以转为普通程序。根据本法第五十三条的规定，简易程序主要适用于事实清楚、权利义务关系明确、争议不大的行政复议案件。简易程序适用不当应予以纠正是本条的立法宗旨。适用简易程序虽然有利于提高复议效率，降低复议成本，但其适用前提在于保障当事人基本的复议权利。对于不满足简易程序适用条件或不宜适用简易程序的案件，如果继续适用简易程序，势必侵害当事人基本的复议权利。行政复议机构在案件审理过程中，当事人可就简易程序的适用提出异议，经行政复议机构审查理由成立或行政复议机构确定对行政复议案件适用简易程序后，在审理过程中发现案件存在原来没有发现的不宜适用简易程序的情形，或者出现了不宜再适用简易程序情形的，应当及时予以纠正，转为普通程序审理，以保障当事人基本的程序权益。但是，简易程序转为普通程序仍有一个前提条件，即“经行政复议机构的负责人批准”。这也是行政复议区别于行政诉讼之处。

【适用指南】

本条在实务中的适用要点在于，“认为不宜适用简易程序”的主要情形。实践中可能出现情况变化导致案情复杂的情形，或者出现原来认为事实清楚、权利义务关系明确、争议不大的案件其实案情复杂的情形。对于这类因客观情况变化或主观认识变化而不宜再适用简易程序的案件，应当转为普通程序：一是当事人就适用简易程序提出异议，行政复议机构认为异议成立的；二是当事人改变或增加复议请求，导致案情复杂化的；三是案件虽较为简单，事实清楚、权利义务关系明确、争议不大，但代表一类案件，可能影响大量或类似案件审理的。

此外，行政复议机构认为案件不宜适用简易程序、打算转为普通程序的，须经行政复议机构负责人批准，不得未经行政复议机构负责人批准擅自转为普通程序。

【关联规范】

《中华人民共和国行政复议法》第五十三条；《中华人民共和国行政诉讼法》第八十四条。

第五节　行政复议附带审查

第五十六条　【行政复议机关对规范性文件的处理】申请人依照本法第十三条的规定提出对有关规范性文件的附带审查申请，行政复议机关有权处理的，应当在三十日内依法处理；无权处理的，应当在七日内转送有权处理的行政机关依法处理。

【条文主旨】

本条是关于行政复议机关对规范性文件审查申请的处理的规定。

【条文解读】

本条是在修订前的行政复议法第二十六条的基础上修改而来，该条规定：“申请人在申请行政复议时，一并提出对本法第七条所列有关规定的审查申请的，行政复议机关对该规定有权处理的，应当在三十日内依法处理；无权处理的，应当在七日内按照法定程序转送有权处理的行政机关依法处理，有权处理的行政机关应当在六十日内依法处理。处理期间，中止对具体行政行为的审查。”主要修改之处在于：第一，转送程序删除了“按照法定程序”的要求；第二，删除了“有权处理的行政机关应当在六十日内依法处理”；第三，删除了“处理期间，中止对具体行政行为的审查”，而是置于本法第三十六条，作为行政复议中止的情形之一；第四，将“规定”修改为“有关规范性文件”。

本法第十三条赋予了申请人在对行政行为申请行政复议时一并提起规范性文件附带审查的权利。行政复议机关在对本法第十三条规定的规范性文件进行审查后，认为不合法的，应区别以下两种情况进行处理：

第一，行政复议机关对该规范性文件有权处理的，应当在三十日内依法处理。“有权处理”指行政复议机关可以直接予以撤销、改变或者责令改正。《中华人民共和国海关行政复议办法》第六十三条第一款即规定：“申请人依照本办法第三十一条提出对有关规定的审查申请的，海关行政复议机关对该规定有权处理的，应当在 30 日内依照下列程序处理：（一）依法确认该规定是否与法律、行政法规、规章相抵触；（二）依法确认该规定能否作为被申请人作出具体行政行为的依据；（三）书面告知申请人对该规定的审查结果。”

第二，行政复议机关无权处理的，应当在七日内转送有权处理的行政机关依法处理。“无权处理”是指依法应当由上级行政机关或其他行政机关决定撤销、改变或责令改正的情况，主要适用对象是行政复议机关的上级行政机关制定的规范性文件，也包括行政复议机关没有领导权、指导权的其他行政机关制定的规范性文件。行政复议机关认为这些规范性文件不合法的，应当转送制定机关的直接上一级行政机关作出处理。行政复议机关不依法转送的，构成行政复议不作为。《中华人民共和国海关行政复议办法》第六十四条即规定：“海关行政复议机关对申请人申请审查的有关规定无权处理的，应当在 7 日内按照下列程序转送有权处理的上级海关或者其他行政机关依法处理：（一）转送有权处理的上级海关的，应当报告行政复议有关情况、执行该规定的有关情况、对该规定适用的意见；

（二）转送有权处理的其他行政机关的，在转送函中应当说明行政复议的有关情况、请求确认该规定是否合法。”

【适用指南】

本条在实务中的适用要点在于，对于申请人在申请行政复议时一并提出对有关规范性文件审查申请的行政复议案件，并非必然由行政复议机关对有关行政规范性文件进行处理，基本原则应当是“谁有权，谁处理”。如果行政复议机关有权处理，则由行政复议机关进行处理；如果行政复议机关无权处理，则转送有权处理的行政机关进行处理。《人力资源社会保障行政复议办法》第四十八条第一款即规定：“行政复议机关在审查申请人一并提出的作出具体行政行为所依据的规定的合法性时，应当根据具体情况，分别作出下列处理：（一）如果该规定是由本行政机关制定的，应当在30日内对该规定依法作出处理结论；（二）如果该规定是由其他人力资源社会保障行政部门制定的，应当在7日内按照法定程序转送制定该规定的人力资源社会保障行政部门，请其在60日内依法处理；（三）如果该规定是由人民政府制定的，应当在7日内按照法定程序转送有权处理的国家机关依法处理。”

此外，要注意把握处理期限的区分。如果行政复议机关自行处理，处理期限是三十日；如果需要转送有权处理的行政机关处理，处理期限是六十日。行政复议机关或有权处理机关未在法定期限内作出处理的，构成程序违法。

【关联规范】

《中华人民共和国行政复议法》第十三条；《中华人民共和国海关行政复议办法》第六十三条、第六十四条；《人力资源社会保障行政复议办法》第四十八条。

第五十七条　【行政复议机关对依据的处理】行政复议机关在对被申请人作出的行政行为进行审查时，认为其依据不合法，本机关有权处理的，应当在三十日内依法处理；无权处理的，应当在七日内转送有权处理的国家机关依法处理。

【条文主旨】

本条是关于行政复议机关对行政行为依据的处理的规定。

【条文解读】

本条是在修订前的行政复议法第二十七条的基础上修改而来，该条规定："行政复议机关在对被申请人作出的具体行政行为进行审查时，认为其依据不合法，本机关有权处理的，应当在三十日内依法处理；无权处理的，应当在七日内按照法定程序转送有权处理的国家机关依法处理。处理期间，中止对具体行政行为的审查。"主要修改之处在于：第一，将"具体行政行为"修改为"行政行为"；第二，转送程序删除了"按照法定程序"的要求；第三，删除了"处理期间，中止对具体行政行为的审查"，而是置于本法第三十六条，作为行政复议中止的情形之一。

理解本条的重点在于，行政复议机关如何处理不合法的依据。行政机关在作出行政处罚、行政许可等行政行为时必须有所依据，包括法律、法规、规章、规范性文件等。行政处罚法第三十八条第一款规定：行政处罚没有依据的，行政处罚无效。行政复议机关在对被申请人作出的行政行为进行审查时，认为其依据不合法的，应区别以下两种情况进行处理：

第一，行政复议机关对该依据有权处理的，应当在三十日内依法处理。"有权处理"指行政复议机关可以直接予以撤销、改变或者责令改正。

第二，行政复议机关无权处理的，应当在七日内转送有权处理的国家机关依法处理。"无权处理"是指依法应当由立法机关、上级行政机关、其他行政机关等国家机关决定撤销、改变或责令改正的情况，主要适用对象是由立法机关制定的法律、地方性法规，行政复议机关的上级行政机关制定的行政法规、规章、规范性文件，也包括行政复议机关没有领导权、指导权的其他行政机关制定的行政法规、规章、规范性文件。行政复议机关认为这些依据不合法的，应当转送有权处理的国家机关作出处理。"依据"不仅包括规范性文件，还有可能是法律、法规和规章，有权处理依据的国家机关亦相应体现为全国人大及其常委会、国务院及其组成部门、省级地方人大及其常委会、省级地方政府、设区的市人大及其常委会、设区的市政府等。行政复议机关不依法转送的，构成行政复议不作为。

【适用指南】

第一，处理期限的区分。如果行政复议机关自行处理，处理期限是三十日；如果需要转送有权处理的国家机关处理，应当在七日内转送，接受转送的国家机关应当自收到转送之日起六十日内，将处理意见回复转送的行政复议机关。这两个处理期限与规范性文件的处理期限别无二致。《中华人民共和国海关行政复议办法》第六十六条也规定："海关行政复议机关在对被申请人作出的具体行政行为进行审查时，认为需对该具体行政行为所依据的有关规定进行审查的，依照本办法第六十三条、第六十四条、第六十五条的规定办理。"

第二，行政复议机关无权处理的，转送的对象是"有权处理的国家机关"而非局限于行政机关。主要原因在于，依据包括宪法、法律、法规、规章乃至行政规范性文件，它们的制定主体既有可能是行政机关也有可能是立法机关。

【关联规范】

《中华人民共和国行政处罚法》第三十八条；《中华人民共和国海关行政复议办法》第六十六条。

第五十八条　【复议机关处理规范性文件或依据的程序】 行政复议机关依照本法第五十六条、第五十七条的规定有权处理有关规范性文件或者依据的，行政复议机构应当自行政复议中止之日起三日内，书面通知规范性文件或者依据的制定机关就相关条款的合法性提出书面答复。制定机关应当自收到书面通知之日起十日内提交书面答复及相关材料。

行政复议机构认为必要时，可以要求规范性文件或者依据的制定机关当面说明理由，制定机关应当配合。

【条文主旨】

本条是关于行政复议机关处理规范性文件或者依据的程序的规定。

【条文解读】

本条属于新增条款。理解本条款应当重点把握以下要点：

一、行政复议机构的通知义务

行政复议机关依照本法第五十六条、第五十七条的规定有权处理有关规范性文件或者依据的，行政复议机构应当自行政复议中止之日起三日内，书面通知规范性文件或者依据的制定机关就相关条款的合法性提出书面答复。根据本法第三十九条的规定，行政复议机关依照本法第五十六条、第五十七条的规定处理有关规范性文件或者依据的，行政复议中止，且应当书面告知当事人。与此同时，规范性文件或依据的制定机关负有答复义务，行政复议机构对应负有通知制定机关的义务。首先，就通知期限而言，行政复议机构应当"自行政复议中止之日起三日内"通知制定机关。其次，就通知方式而言，行政复议机构应当"书面通知"。

二、制定机关的答复义务

制定机关应当自收到书面通知之日起十日内提交书面答复及相关材料。为了推进行政复议案件的审理，促进行政争议的实质性解决，规范性文件或者依据的制定机关应当就相关规范性文件或者依据予以答复。第一，答复对象是"相关条款的合法性"。第二，答复内容是"书面答复及相关材料"。第三，答复方式应当是"书面答复"。第四，答复期限应当是"自收到书面通知之日起十日内"。

三、制定机关的说明理由和配合义务

行政复议机构认为必要时，可以要求规范性文件或者依据的制定机关当面说明理由，制定机关应当配合。说明理由制度已经成为现代行政程序的核心制度，有助于平衡和联结行政复议机关与行政复议申请人、被申请人之间的权利义务关系。① 首先，关于是否要求制定机关当面说明理由，行政复议机构有裁量权，可以根据规范性文件或者依据的审查需要自主决定。其次，对于行政复议机构当面说明理由的要求，制定机关负有配合义务，即不得拒绝说明理由或者以书面说明理由替代当面说明理由。

【适用指南】

第一，行政复议机构通知义务与制定机关答复义务的履行期限不同。

---

① 周佑勇：《行政复议的主渠道作用及其制度选择》，载《法学》2021 年第 6 期。

行政复议机构通知义务的履行期限是“自行政复议中止之日起三日内”，制定机关答复义务的履行期限是“自收到书面通知之日起十日内”，二者不可混淆。

第二，行政复议机构履行通知义务与制定机关履行答复义务的方式存在区别。行政复议机构必须“书面”通知制定机关，不允许口头通知。一方面，制定机关应当“书面”履行答复义务；另一方面，行政复议机构有权在必要时要求制定机关当面说明理由，制定机关负有配合义务。

【关联规范】

《中华人民共和国行政复议法》第三十九条。

第五十九条　【规范性文件或依据的处理方式】行政复议机关依照本法第五十六条、第五十七条的规定有权处理有关规范性文件或者依据，认为相关条款合法的，在行政复议决定书中一并告知；认为相关条款超越权限或者违反上位法的，决定停止该条款的执行，并责令制定机关予以纠正。

【条文主旨】

本条是关于行政复议机关对规范性文件或依据的处理方式的规定。

【条文解读】

本条属于新增条款。理解本条的重点在于，把握行政复议机关如何处理规范性文件或依据。一种情形是相关条款合法，行政复议机关应在行政复议决定书中一并告知处理结论。另一种情形是相关条款不合法，或体现为超越权限，或体现为违反上位法，行政复议机关应当决定停止该条款的执行并责令制定机关予以纠正。由此可见，行政复议机关对相关条款不合法的规范性文件的处理与法院不同。《行政诉讼法》第六十四条规定：“人民法院在审理行政案件中，经审查认为本法第五十三条规定的规范性文件不合法的，不作为认定行政行为合法的依据，并向制定机关提出处理建议。”对于不合法的规范性文件，法院作为司法机关，一则可消极地不将规范性文件作为认定行政行为合法的依据，二则可积极地向制定机关提出处理建议。主要原因在于，行政复议机关与规范性文件的制定机关常常存在上下级领导关系，行政复议相较于行政诉讼具有层级监督优势。① 行政复议机关既有权直接停止不合法条款的执行也有权向制定机关发出命令，如责令修改。

【适用指南】

本条在实务中的适用要点在于，行政复议机关如何处理相关条款不合法的规范性文件或依据。不合法体现为超越权限或者违反上位法，超越权限包括横向越权与纵向越权，违反上位法指违反规章、法规、法律。规范性文件或者依据相关条款不合法的，行政复议机关一则有权决定停止该条款的执行，二则有权责令制定机关予以纠正，但不能直接予以修改。需要注意的是，对于相关条款不合法的规范性文件或依据，行政复议机关无权停止整个规范性文件或依据的执行，而只能停止执行特定有问题的条款。

【关联规范】

《中华人民共和国行政诉讼法》第六十四条。

第六十条　【接受转送机关的回复义务】依照本法第五十六条、第五十七条的规定接受转送的行政机关、国家机关应当自收到转送之日起六十日内，将处理意见回复转送的行政复议机关。

【条文主旨】

本条是关于接受转送机关履行回复义务的规定。

【条文解读】

本条属于新增条款。根据本法第五十六条的规定，行政复议机关对行政规范性文件无权处理的，应当在七日内转送有权处理的行政机关依法处

---

① 梁君瑜：《行政复议的功能定位再辨——兼评〈行政复议法（修订）（征求意见稿）〉》，载《苏州大学学报（哲学社会科学版）》2021 年第 2 期。

理。根据第五十七条的规定，行政复议机关对行政行为的依据无权处理的，应当在七日内转送有权处理的国家机关依法处理。接受转送的行政机关、国家机关不仅对规范性文件或依据负有处理义务，还应将处理结论回复转送的行政复议机关，以帮助行政复议机关尽快审理行政复议案件，实现案结事了。此外，接受转送的行政机关、国家机关的回复义务必须在“自收到转送之日起六十日内”履行，否则构成程序违法。

【适用指南】

本条在实务中的适用要点在于，有权机关对规范性文件或依据的处理结论的回复义务。首先，有权机关即接受转送的行政机关、国家机关有义务将处理结论回复转送的行政复议机关。其次，接受转送的行政机关、国家机关必须自收到转送之日起六十日内，将处理意见回复转送的行政复议机关，不能无故超期。

【关联规范】

《中华人民共和国行政复议法》第五十六条、第五十七条。

案例评析

行政复议的中止与恢复

——朱某某等三人诉 M 市人民政府行政复议案①

【案情简介】

2016 年 8 月 9 日，原告朱某某等三人向被告 M 市人民政府提出复议申请，M 市人民政府受理后，于 8 月 16 日向 M 市 C 区管委会发出《行政复议答复通知书》，10 月 8 日 M 市人民政府作出《延期审理通知书》，并依法送达。同年 11 月 3 日，朱某某等三人向 M 市人民政府提交中止行政复议申请，内容为：“朱某某等三人行政复议申请，为了便于行政机关查清事实，现申请行政机关中止案件审理。”11 月 4 日，M 市人民政府作出

① 安徽省高级人民法院（2018）皖行终 631 号行政判决书，载中国裁判文书网，https：//wenshu. court. gov. cn/website/wenshu/181107ANFZ0BXSK4/index. html? docId = d + dwNdGDyb+ z3NEaNZBXcskGISM0p05fyB252NR2iyW72r9078zIN5/dgBYosE2gBbsPyIg2 + tPPM/17vU + UrXgBjlxnuVd0omITPRdmaoHTy1zduXgYCkk4c+kXcn8Y，最后访问时间：2023 年 10 月 13 日。

《中止复议通知书》，并依法送达有关当事人。2017 年 11 月 24 日，朱某某等三人向 M 市人民政府提交恢复行政复议审理申请书，内容为："本人朱某某等三人因不服 M 市 C 区管委会未履行房屋拆迁补偿职责，向贵机关申请行政复议，并于 2016 年 11 月 3 日申请中止复议，现因中止原因消除，特向贵机关申请恢复对本案的审理，请予批准。"同日，M 市人民政府作出《行政复议恢复审理通知书》。2017 年 11 月 24 日，M 市人民政府作出《行政复议决定书》，依法送达有关当事人。该行政复议决定结论为：责令被申请人 C 区管委会在三十日内对申请人的房屋拆迁补偿请求依法作出处理。原告主张，中止期间原告多次申请恢复审理，被告直到 2017 年 11 月 24 日才作出行政复议决定，被告的复议超过法律规定的期限，程序违法，请求法院依法确认被告行政行为违法。一审法院判决驳回原告的诉讼请求，二审维持。

【专家评析】

本案的争议焦点是行政复议程序是否合法。根据本法第六十二条第一款的规定，适用普通程序审理的行政复议案件，行政复议机关应当自受理申请之日起六十日内作出行政复议决定；但是法律规定的行政复议期限少于六十日的除外。情况复杂，不能在规定期限内作出行政复议决定的，经行政复议机构的负责人批准，可以适当延长，并书面告知当事人；但是延长期限最多不得超过三十日。本案 M 市人民政府依法受理行政复议申请后，在复议期限届满前作出延期审理通知书，将行政复议延期三十日，并依法送达延期审理通知书，符合法律规定。因此，本案 M 市人民政府审理行政复议的期限应为九十日。关于 M 市人民政府作出行政复议决定是否在法律规定的期限内。根据本法第三十九条的规定，行政复议期间有下列情形之一的，行政复议中止：……（十）需要中止行政复议的其他情形。行政复议中止的原因消除后，应当及时恢复行政复议案件的审理。行政复议机关中止、恢复行政复议案件的审理，应当书面告知当事人。因此，行政复议机关有权决定中止和恢复复议，并应当履行告知义务。本案中，朱某某等三人于 2016 年 11 月 3 日申请中止行政复议，M 市人民政府依据行政复议法第三十九条第一款第十项"需要中止行政复议的其他情形"，同意朱某某等三人申请，决定中止审理并于 11 月 4 日书面告知有关当事人，M 市人民政府依申请中止的决定行为未违反相关法律规定。朱某某等三人中的杨某某于 2017 年 1 月 3 日、4 日与被告工作人员手机通话，催促工作人员尽快复议，并征询是否需要申请恢复，同年 11 月 24 日提交恢复行政复议审理申请书，M 市人民政府依据朱某某等三人的正式申请决定恢复审理，并书面告知朱某某等三人和复议被申请人，并无不当。M 市人民政府决定中止和恢复审理行政复议，均履行了相关法律程序，符合相关法律规定。故本案行政复议期限应从行政机构决定恢复审理之日起，继续计算。被告于 11 月 24 日决定恢复审理当日，向原告送达了《行政复议决定书》，行政复议审理期限未超过九十日。

行政复议机关如何处理规范性文件

——赵某某诉 R 市人民政府不履行交通行政复议法定职责案①

【案情简介】

2009 年 8 月 28 日，因原告赵某某驾驶机动车超过 50 公里/小时，R 市公安局交通警察大队对其作出公安交通管理简易程序处罚决定书。原告对该处罚决定不服，于同年 10 月 11 日向被告 R 市人民政府申请行政复议，要求撤销行政处罚决定，并确认处罚所依据的限速 50 公里/小时标志违法。被告 R 市人民政府于次日签收行政复议申请材料，并于 2009 年 10 月 22 日向被申请人 R 市公安局交通警察大队送达行政复议答复通知书和行政复议申请书。2009 年 10 月 29 日，R 市公安局交通警察大队作出《关于赵某某行政复议案的答复》。因赵某某一并申请审查的 50 公里/小时限速标志规定于 W 市公路路政管理支队与 W 市公安局交通警察支队制作的《关于调整和完善新××省道（××线）公路交通限速标准的通知》，R 市人民政府以其无权处理为由于 2009 年 12 月 7 日以瑞政复转送字〔2009〕1 号规范性文件转送函向 W 市公路管理处转送处理。2009 年 12 月 8 日，R 市人民政府作出行政复议中止通知书（瑞政复中止字〔2009〕1 号），认定因赵某某一并提出要求对 50 公里/小时的限速标志的审查申请，已依法转递 W 市公路管理处审查，根据《中华人民共和国行政复议法》的规定中止行政复议案件的审理。行政复议中止通知书于 2009 年 12 月 8 日当日送达赵某某，此后被告 R 市人民政府对原告复议申请未作其他处理。原告认为被告至今未作出复议决定已构成行政不作为，遂于 2016 年 7 月 16 日提起本案诉讼。另查明，W 市公路管理处至今未就转送审查的规范性文件出具书面处理意见，但在处理期限届满后，曾向 R 市人民政府表示不同意出具书面意见，

---

① 浙江省高级人民法院（2016）浙行终 1437 号行政判决书，载中国裁判文书网，https：//wenshu. court. gov. cn/website/wenshu/181107ANFZ0BXSK4/index. html？docId=FsXyRGX1Bw1PUoOUAWuBv6jd3i4YkA9Czw/+3UgRNDX4pyCeMkdRKJ/dgBYosE2gBbsPyIg2+tPPM/17vU+UrXgBjlxnuVd0omITPRdmaoE9K5XU6mOQn3upwFoFAhUL，最后访问时间：2023 年 10 月 13 日。

并认可涉案规范性文件的合法性。一审法院判决责令被告R市人民政府于本判决生效之日起六十日内对赵某某的复议申请作出处理决定，二审维持。

【专家评析】

本案系因赵某某认为R市人民政府不履行交通行政复议法定职责提起的诉讼。根据本法第十三条的规定，公民、法人或者其他组织认为行政机关的行政行为所依据的下列规范性文件不合法，在对行政行为申请行政复议时，可以一并向行政复议机关提出对该规范性文件的附带审查申请。第五十六条规定，申请人依照本法第十三条的规定提出对有关规范性文件的附带审查申请，行政复议机关有权处理的，应当在三十日内依法处理；无权处理的，应当在七日内转送有权处理的行政机关依法处理。本案中，由于申请人赵某某一并申请审查限速50公里/小时的依据，系由W市公路路政管理支队与W市公安局交通警察支队共同制作的《关于调整和完善新××省道（××线）公路交通限速标准的通知》，依法属于本法第十三条第一款第二项“县级以上地方各级人民政府及其工作部门的规范性文件”事项。但根据本法第五十六条的规定，复议机关转送处理的事项应以自己“无权处理”为前提，但R市人民政府并未提供其之所以无权处理的证据或者依据，且其所转送的《关于调整和完善新××省道（××线）公路交通限速标准的通知》，实系R市公安局交通警察大队对被上诉人作出1002059829号公安交通管理简易程序处罚决定书的依据，对该处罚依据合法性的审查本就属于R市人民政府行政复议的法定职责。此外，尽管本法第五十六条规定了可以转送处理的程序，但同时明确了“无权处理的，应当在七日内转送有权处理的行政机关依法处理”的要求。故R市人民政府自赵某某2009年10月11日提出行政复议申请，直至同年12月7日才予转送，且直至判决仍未作出行政复议决定，显然不符合上述法律规定的行政复议程序。

第五章　行政复议决定

第六十一条　【行政复议决定的作出程序】 行政复议机关依照本法审理行政复议案件，由行政复议机构对行政行为进行审查，提出意见，经行政复议机关的负责人同意或者集体讨论通过后，以行政复议机关的名义作出行政复议决定。

经过听证的行政复议案件，行政复议机关应当根据听证笔录、审查认定的事实和证据，依照本法作出行政复议决定。

提请行政复议委员会提出咨询意见的行政复议案件，行政复议机关应当将咨询意见作为作出行政复议决定的重要参考依据。

【条文主旨】

本条是关于行政复议决定作出程序的规定。

【条文解读】

本条是在修订前的行政复议法第二十八条基础上修改而成，该条规定："行政复议机关负责法制工作的机构应当对被申请人作出的具体行政行为进行审查，提出意见，经行政复议机关的负责人同意或者集体讨论通过后，按照下列规定作出行政复议决定：……"主要修改之处在于：第一，将原条文中的"行政复议机关负责法制工作的机构"修改为"行政复议机构"，并增加"以行政复议机关的名义作出行政复议决定"的规定；第二，增设对听证案件中行政复议机关应当根据听证笔录、审查认定的事实和证据作出行政复议决定的规定，明确了听证笔录、审查认定的事实和证据的法律地位认定；第三，增设针对提请行政复议委员会提出咨询意见的行政复议案件，咨询意见作为行政复议决定的重要参考依据的规定。

一、行政复议决定作出程序的一般要求

对于行政复议决定作出应当遵循的一般程序，该条文明确规定，由行政复议机构对行政行为进行审查，提出意见，而后必须经行政复议机关的负责人同意或者集体讨论通过，最后才能作出行政复议决定，且是以行政复议机关的名义作出。第一，行政复议机构只是行政复议机关内部具体负责行政行为审查的机构，最后的审查结论依然需要经行政复议机关的负责人同意或者集体讨论通过方可，行政复议机构只具有提出意见的权力，不具有最终决定权。第二，行政复议决定最后是以行政复议机关的名义作出，而非作为内设机构的行政复议机构。

二、行政复议决定作出程序的特别要求

本条还专门针对经听证的行政复议案件和提请行政复议委员会提出咨询意见的行政复议案件作出了特别的程序要求。

（一）经过听证的行政复议案件

根据该条第二款的规定，对于经过听证的行政复议案件，行政复议机关应当根据听证笔录、审查认定的事实和证据，依照本法作出行政复议决定。这意味着行政复议机关不得仅仅以听证笔录、审查认定的事实和证据之外的事实和证据，作为作出行政复议决定的根据。

（二）提请行政复议委员会提出咨询意见的行政复议案件

根据该条第三款的规定，对于提请行政复议委员会提出咨询意见的行政复议案件，行政复议机关作出行政复议决定时，应当将咨询意见作为重要的参考依据。这是将行政复议委员会定位为咨询型而非议决型的具体体现，更加符合我国行政复议制度的性质。[①] 当然，条文使用的是“参考依据”，这意味着行政复议委员会作出的咨询意见对于案件的处理主要处于辅助地位，行政复议机关对此是否采纳具有一定的裁量空间。之所以作出如此规定，主要在于行政复议委员会的法律地位。根据本法第五十二条的规定，行政复议委员会本身属于提供咨询意见的专家性组织，目的在于辅助行政复议机关解决疑难、复杂、专业性、技术性较强等疑难案件的专业性问题，而非最后作出行政复议决定的行政复议机关。换句话说，行政复议委员会不是审理组织，其讨论案件所形成的意见，对行政复议决定当然没有直接的实体约束力，行政复议决定仍由行政复议机关依职权作出。[②]

---

① 参见马怀德、李策：《行政复议委员会的检讨与改革》，载《法学评论》2021 年第 4 期。

② 参见王万华：《行政复议制度属性与行政复议法完善》，载《法学杂志》2023 年第 4 期。

【适用指南】

第一，针对所有行政复议案件，应当由作为行政复议机关内设机构的行政复议机构对行政行为进行审查，提出意见，而后必须经行政复议机关的负责人同意或者集体讨论通过后，才能作出行政复议决定，同时，行政复议决定必须以行政复议机关的名义作出。

第二，对于经过听证的行政复议案件，听证笔录、审查认定的事实和证据是行政复议机关作出行政复议决定的“根据”，排除被申请人自行向申请人和其他有关单位或者个人收集的证据等。

第三，对于提请行政复议委员会提出咨询意见的行政复议案件，行政复议委员会作出的咨询意见是行政复议机关作出行政复议决定时的“重要参考依据”，虽然只是辅助行政复议机关处理案件，但行政复议机关也必须慎重对待。换句话说，虽然“重要参考依据”意味着行政复议机关对于是否采纳、如何采纳咨询意见，具有一定的裁量空间，但也需要慎之又慎，并非随意对待。

【关联规范】

《中华人民共和国行政复议法》第五十条、第四十六条、第五十二条。

第六十二条　【行政复议决定的作出期限】适用普通程序审理的行政复议案件，行政复议机关应当自受理申请之日起六十日内作出行政复议决定；但是法律规定的行政复议期限少于六十日的除外。情况复杂，不能在规定期限内作出行政复议决定的，经行政复议机构的负责人批准，可以适当延长，并书面告知当事人；但是延长期限最多不得超过三十日。

适用简易程序审理的行政复议案件，行政复议机关应当自受理申请之日起三十日内作出行政复议决定。

【条文主旨】

本条是关于行政复议机关作出行政复议决定的期限的规定。

【条文解读】

本条是在修订前的行政复议法第三十一条第一款的基础上修改而成，该款规定："行政复议机关应当自受理申请之日起六十日内作出行政复议决定；但是法律规定的行政复议期限少于六十日的除外。情况复杂，不能在规定期限内作出行政复议决定的，经行政复议机关的负责人批准，可以适当延长，并告知申请人和被申请人；但是延长期限最多不超过三十日。"主要修改之处在于：第一，在本法第四章将行政复议程序区分为普通程序和简易程序的基础上，将行政复议决定作出的期限区分为适用普通程序审理的行政复议案件的作出期限和适用简易程序审理的行政复议案件的作出期限；第二，对于情况复杂，不能在规定期限内作出行政复议决定，需要延长期限的，批准主体由"行政复议机关的负责人"修改为"行政复议机构的负责人"；第三，明确延长期限时必须以"书面"形式告知当事人，而不局限于"申请人和被申请人"。

一、适用普通程序审理的行政复议决定期限

（一）一般期限

对于适用普通程序审理的行政复议案件，行政复议机关应当自受理申请之日起六十日内作出行政复议决定。这是一般性的期限规定。同时，该条还规定，"法律规定的行政复议期限少于六十日的除外"，也就是说，如果法律有其他规定的，遵循其他规定，行政复议期限并非绝对是六十日。当然，需要注意的是，这里的例外规定限于"法律"，行政法规、规章等均不在内，其目的在于防止下位法对行政复议法规定的行政复议期限的架空。

（二）延长期限

如果案件情况复杂，行政复议机关不能在规定期限内作出行政复议决定的，可以适当延长。对此，该条作出了程序性的限定，即"经行政复议机构的负责人批准"，"并书面告知当事人"，且延长期限最多不得超过三十日。这里需要注意两点：第一，在实体上，延长期限的条件是案件"情况复杂"，且"不能在规定期限内作出行政复议决定"，二者缺一不可，如果只是"情况复杂"，但能够在规定期限内作出行政复议决定的，则不适用该条；第二，在程序上，"经行政复议机构的负责人批准"，"并书面告知当事人"。"经行政复议机构的负责人批准"的规定改变了修订前的行政复议法第三十一条第一款规定的"经行政复议机关的负责人批准"，下放了期限延长批准的权限，使期限延长变得较为便捷。

二、适用简易程序审理的行政复议决定期限

对于适用简易程序审理的行政复议案件，行政复议机关应当自受理申请之日起三十日内作出行政复议决定，并不存在延长的例外规定。这是因为，根据本法第五十三条的规定，适用简易程序审理的行政复议案件都是事实清楚、权利义务关系明确、争议不大的案件，并非“情况复杂”的范围，不需要延长期限。

【适用指南】

该条文在实务中适用的重点在于不同期限的适用，以及期限的计算。针对适用普通程序审理的行政复议案件，一般的行政复议期限为六十日，起算点为受理申请之日起，同时，“法律规定的行政复议期限少于六十日的除外”。这里需要注意两点：第一，六十日是一般期限规定，如果法律另有规定，则属于特别法规定，需要遵循“特别法优于一般法”规则，也就是优先适用该特别法规定，而非该法规定的六十日；第二，这里的特别法的范围仅限于“法律”，不可做广义解释。同时，对于行政复议期限的延长，需要满足“情况复杂”“不能在规定期限内作出行政复议决定的”“经行政复议机构的负责人批准”三个条件，缺一不可，其中，“情况复杂”“不能在规定期限内作出行政复议决定的”并非绝对、明确，需要行政复议机关结合个案加以具体判断。而期限是否延长，也属于“可以”的范畴，属于行政复议机关的裁量范围，并非拘束行政，且具体延长多长时间，除“最多不得超过三十日”之外，由行政复议机关具体裁量。至于适用简易程序审理的行政复议案件，因为适用的案件属于“事实清楚、权利义务关系明确、争议不大”的情况，其复议期限为“自受理申请之日起三十日内”，对此，不存在除外情形和延长情形，行政复议机关无裁量空间。

【关联规范】

《中华人民共和国行政复议法》第三十九条、第四十条、第四十一条、第五十三条；《中华人民共和国行政诉讼法》第八十一条。

第六十三条　【变更决定】 行政行为有下列情形之一的，行政复议机关决定变更该行政行为：

（一）事实清楚，证据确凿，适用依据正确，程序合法，但是内容不适当；

（二）事实清楚，证据确凿，程序合法，但是未正确适用依据；

（三）事实不清、证据不足，经行政复议机关查清事实和证据。

行政复议机关不得作出对申请人更为不利的变更决定，但是第三人提出相反请求的除外。

【条文主旨】

本条是关于行政复议机关决定变更行政行为的规定。

【条文解读】

本条是在修订前的行政复议法第二十八条基础上修改而成，该条第一款第三项规定："具体行政行为有下列情形之一的，决定撤销、变更或者确认该具体行政行为违法；决定撤销或者确认该具体行政行为违法的，可以责令被申请人在一定期限内重新作出具体行政行为：1. 主要事实不清、证据不足的；2. 适用依据错误的；3. 违反法定程序的；4. 超越或者滥用职权的；5. 具体行政行为明显不当的。"主要修改之处是将行政复议机关变更行政行为的情形与撤销、确认行政行为违法的情形进行了区分和细化处理，并增加规定了"行政复议机关不得作出对申请人更为不利的变更决定，但是第三人提出相反请求的除外"。

一、变更决定的含义

行政复议机关决定变更行政行为，是指行政复议机关直接对原行政行为进行调整，从而直接参与对相对人的行政管理活动的行为。行政行为变更决定具有实现实质性化解行政争议的重要功能。[①] 之所以确立复议变更

---

① 参见王万华：《行政复议法的修改与完善——以"实质性解决行政争议"为视角》，载《法学研究》2019 年第 5 期。

决定，其法理在于，从权力属性方面来讲，行政性是行政复议的本质属性；从权限方面来讲，具体的复议机关对被复议的行政行为拥有完全的判断权；从实践需求来讲，行政复议中复议机关需要变更权，以发挥复议的监督功能，实质性化解行政争议。[①]

二、行政复议机关变更行政行为的具体情形

根据本条规定，行政复议机关变更行政行为的情形分为三类：（1）事实清楚，证据确凿，适用依据正确，程序合法，但是内容不适当；（2）事实清楚，证据确凿，程序合法，但是未正确适用依据；（3）事实不清、证据不足，经行政复议机关查清事实和证据。第一种情形针对的是原行政行为内容不适当，即行政行为的合理性问题；第二种情形针对的是法律依据适用不正确的问题；第三种情形针对的是事实不清、证据不足，但经行政复议机关查清事实和证据的。这与行政诉讼法第七十七条规定的变更判决的适用对象不同。根据行政诉讼法第七十七条的规定，行政诉讼中的变更判决主要针对的是“行政处罚明显不当，或者其他行政行为涉及对款额的确定、认定确有错误的”。行政复议法第六十三条规定的适用明显要更为宽泛，原因在于行政复议属于上下级行政机关的内部监督，相比于行政诉讼的外部监督而言，审查范围更为宽广和深入。且相较于法院，行政复议机关对于行政争议的事实判断具有更大的专业性，由行政复议机关直接变更行政行为可以最大效率地化解行政争议。

三、行政复议机关变更行政行为的限制

根据本条规定，行政复议机关变更行政行为存在限制，即行政复议机关不得作出对申请人更为不利的变更决定，亦即相对于原行政行为而言，不得作出更为不利的变更决定。这与行政诉讼法第七十七条第二款的规定是相统一的。之所以作出该规定，目的在于保护公民、法人或者其他组织的复议权，消除公民、法人或者其他组织在提起行政复议时面临可能被加重或减损权益的种种顾虑，从而能有利于保护相对人的合法权益，也有利于复议制度的发展。[②] 对于何谓“更为不利”，可以借鉴行政诉讼法第七十七条第二款的规定，将其理解为“加重申请人的义务或者减损申请人的权益”。当然，该规定也并非绝对，根据本条规定，当原行政行为涉及第三人时，且第三人提出相反请求时，行政复议机关作出行政复议决定不受该规定的限制。这与行政诉讼法第七十七条第二款的规定也是相统一的。其

---

① 参见崔梦豪：《行政复议变更决定的异化与回归》，载《法学》2021年第4期。

② 参见杨小君：《我国行政复议制度研究》，法律出版社2002年版，第293页。

背后的法理在于此时已然涉及了第三人的合法权益，不可作简单化的处理，同时，这也是在有错必纠原则的指导下满足实质化解行政争议的需求。①

【适用指南】

第一，当出现本条三种情形之一时，即可适用变更决定，直接对原行政行为进行变更，改变其内容。这里需要注意的是，该三种情形均是针对原行政行为内容、法律依据、事实和证据问题，不包括程序问题。

第二，具体、准确适用该三种情形，必须将其置于整部法律文本之中加以理解。特别是要注意与本法第六十四条、第六十五条、第六十六条、第六十七条之间的关系，明确相互之间的区别，避免产生交叉适用问题。

第三，为了发挥行政复议对相对人权利的救济功能，行政复议机关不得作出对申请人更为不利的变更决定。至于何为“更为不利”，需要与原行政行为进行比较，具体可以借鉴行政诉讼法第七十七条第二款的规定，将其具体化为“不得加重申请人的义务或者减损申请人的权益”。当然，如果原行政行为影响第三人权益，为顾及第三人权益，且第三人提出相反请求的，行政复议机关不受该条款的限制，即可以对相对人作出更为不利的决定。

【关联规范】

《中华人民共和国行政复议法》第七十二条、第七十八条；《中华人民共和国行政诉讼法》第七十七条。

第六十四条　【撤销决定】 行政行为有下列情形之一的，行政复议机关决定撤销或者部分撤销该行政行为，并可以责令被申请人在一定期限内重新作出行政行为：

（一）主要事实不清、证据不足；

（二）违反法定程序；

（三）适用的依据不合法；

---

① 参见崔梦豪：《行政复议变更决定的异化与回归》，载《法学》2021年第4期。

（四）超越职权或者滥用职权。

行政复议机关责令被申请人重新作出行政行为的，被申请人不得以同一事实和理由作出与被申请行政复议的行政行为相同或者基本相同的行政行为，但是行政复议机关以违反法定程序为由决定撤销或者部分撤销的除外。

【条文主旨】

本条是关于行政复议机关作出撤销或部分撤销行政行为决定的规定。

【条文解读】

一、撤销决定的含义

行政复议法中的撤销指的是在具备可撤销的情形下，由行政复议机关做出撤销决定，使原行政行为失去法律效力。本条文是在修订前的行政复议法第二十八条基础上修改而成，进一步对行政复议机关撤销或部分撤销行政行为的情形加以了具体、细化，避免撤销或部分撤销情形与复议变更、确认违法情形的混杂，有利于复议机关更准确地作出撤销或部分撤销的行政复议决定。

二、行政复议机关作出撤销决定的具体情形

对于行政复议机关决定撤销或者部分撤销原行政行为的具体情形，本条明确列举了四类，即“主要事实不清、证据不足”“违反法定程序”“适用的依据不合法”和“超越职权或者滥用职权”，这是借鉴行政诉讼法第七十条作出的规定。行政诉讼法第七十条规定的撤销判决适用的情形包括“（一）主要证据不足的；（二）适用法律、法规错误的；（三）违反法定程序的；（四）超越职权的；（五）滥用职权的；（六）明显不当的”。行政复议法第六十四条明显将其中的“适用法律、法规错误的”和“明显不当的”的情形，纳入本法第六十三条变更行政行为决定的适用情形之中加以处理，目的在于最大效率地化解行政争议。

对于“主要事实不清、证据不足”的理解，要注意“主要”二字，且必须与该法第六十三条复议变更情形中“事实不清、证据不足，经行政复议机关查清事实和证据”相区分。对“违反法定程序”的理解，必须注意区分程序违法的程度，即轻微违法、一般违法和重大且明显违法。本条中

的“违反法定程序”，指的是程序一般违法，至于轻微违法、重大且明显违法，则分别适用该法第六十五条、第六十七条的规定。“适用的依据不合法”涉及原行政行为依据的法律规范本身的合法性问题，特别是如果其依据是规范性文件，则需要进一步与该法第五十六条至第六十一条结合进行理解适用。“超越职权或者滥用职权”则是指职权方面的违法，超越职权指的是超越法律所赋予行政机关的权限，滥用职权则指的是没有超越权限，但职权的行使不符合法律授权的目的。

三、责令被申请人在一定期限内重新作出行政行为

本条还进一步规定行政复议机关在撤销或部分撤销原行政行为的同时，可以责令被申请人在一定期限内重新作出行政行为。此与行政诉讼法第七十条规定相一致，其目的在于督促原行政机关依法行使职权，维护正常的社会秩序，保护国家利益、公共利益及当事人合法权益以及防止行政机关因其违法行为被复议撤销后而消极对抗复议决定，故意怠于履行其法定职责。对此，需要注意三点：

第一，重作决定具有附属性、非必要性，属于给付类决定，本质上是履行决定，重作行为具有执行复议决定的行为和新行政行为的双重性质。①

第二，条文中使用的是“可以”二字，即是否责令被申请人在一定期限内重新作出行政行为，由复议机关根据具体个案进行裁量决定。

第三，当行政复议机关责令被申请人重新作出行政行为时，被申请人不得以同一事实和理由作出与被申请行政复议的行政行为相同或者基本相同的行政行为。之所以如此规定，目的在于防止程序空转，督促行政机关依法行政，及时纠错，避免争议解决的落空。如果重新作出的行政行为与原行政行为的结果相同，但主要事实或者主要理由有改变的，则不属于此类情形。当然，如果只是针对程序违法而进行的复议撤销或部分撤销，由于实体上并不存在违法问题，因此，也不在上述限制之列。这与《最高人民法院关于适用〈中华人民共和国行政诉讼法〉的解释》第九十条第二款规定相一致，即“人民法院以违反法定程序为由，判决撤销被诉行政行为的，行政机关重新作出行政行为不受行政诉讼法第七十一条规定的限制”。

【适用指南】

第一，行政复议机关撤销或者部分撤销行政行为，只需满足“主要事

---

① 参见李策：《行政复议重作决定的理论基础、适用要件与效力》，载《华东政法大学学报》2022 年第 4 期。

实不清、证据不足”“违反法定程序”“适用的依据不合法”“超越职权或者滥用职权”四种情形之一即可。“主要事实不清、证据不足”的理解必须与第六十三条复议变更情形中“事实不清、证据不足，经行政复议机关查清事实和证据”区别开来。“违反法定程序”的判断必须建立在区分程序违法的程度上，且只适用于一般违法。“适用的依据不合法”需要以行政行为依据的法律规范本身的合法性判断为前提。“超越职权或者滥用职权”则属于职权的合法和合理性问题，需要复议机关根据个案具体判断。

第二，责令被申请人在一定期限内重新作出行政行为属于行政复议机关的裁量范围，且属于撤销或部分撤销行政行为的附属处理措施，不可单独使用。在责令重做的要求上，则需要被申请人不得以同一事实和理由作出与被申请行政复议的行政行为相同或者基本相同的行政行为，当然，如果只是程序违法需要撤销或部分撤销，则被申请人可以重新作出相同或者基本相同的行政行为。至于何为“相同或者基本相同”，则需要复议机关结合个案进行实质性判断。

【关联规范】

《中华人民共和国行政复议法》第六十五条、第七十条；《最高人民法院关于适用〈中华人民共和国行政诉讼法〉的解释》第九十条第二款。

第六十五条　【确认违法决定】行政行为有下列情形之一的，行政复议机关不撤销该行政行为，但是确认该行政行为违法：

（一）依法应予撤销，但是撤销会给国家利益、社会公共利益造成重大损害；

（二）程序轻微违法，但是对申请人权利不产生实际影响。

行政行为有下列情形之一，不需要撤销或者责令履行的，行政复议机关确认该行政行为违法：

（一）行政行为违法，但是不具有可撤销内容；

（二）被申请人改变原违法行政行为，申请人仍要求撤销或者确认该行政行为违法；

（三）被申请人不履行或者拖延履行法定职责，责令履行没有意义。

【条文主旨】

本条是关于行政复议机关作出确认行政行为违法决定的规定。

【条文解读】

一、确认违法决定的含义

确认违法决定是对行政行为违法性质和违法状态的确定或认定。被确认违法的行政行为，只是在合法性层面被评价为违法，但并不影响其效力。确认违法决定不具有执行力，只是一种法律上的宣示。和行政诉讼中的确认违法判决一样，确认违法决定具有补充性，即是在不宜作出撤销决定和履行决定时的一种“变通”。[①] 在功能上，确认违法决定可以为申请人申请行政赔偿提供前提。本条是在修订前的行政复议法第二十八条基础上修改而成，进一步明确了确认违法的情形，将其与撤销、变更情形相分割，有利于复议机关准确适用确认违法决定。

二、行政复议机关作出确认违法决定的具体情形

本条完全借鉴、吸收了行政诉讼法第七十四条的规定，将确认行政行为违法的情形分为两大类：一类是行政复议机关不撤销该行政行为的；另一类是不需要撤销或者责令履行的。

（一）不撤销该行政行为的情形

对于行政复议机关不撤销该行政行为，只是确认其违法的规定，其原因在具体情形中已有体现，即“依法应予撤销，但是撤销会给国家利益、社会公共利益造成重大损害”“程序轻微违法，但是对申请人权利不产生实际影响”。其中，“依法应予撤销，但是撤销会给国家利益、社会公共利益造成重大损害”的情形，实际上涉及利益权衡，即将受原行政行为影响的相对人或第三人的权益和国家利益、社会公共利益进行权衡。且该情形的适用需要结合该法第六十四条的规定加以进行。也就是说，原则上，该种情形涉及的行政行为应当属于被撤销的情形，只有撤销会给国家利益、社会公共利益造成重大损害，才能不加以撤销，而直接确认违法。一般来

---

① 参见胡建淼：《行政诉讼法学》，法律出版社 2019 年版，第 468 页。

说，国家利益和社会利益可以分为四类，即有关国家主权和安全的事项，有关国家重点建设项目和公共设施建设项目，有关抢险、救灾等应急事项，教育医疗等社会公益事业。[1]

对于“程序轻微违法，但是对申请人权利不产生实际影响”的行为，之所以只需确认违法，原因在于其违法程度低，且在实体上并没有违法、影响申请人权利，如果径行撤销，则不利于行政的效率性。对于何为程序轻微违法的情形，可以借鉴《最高人民法院关于适用〈中华人民共和国行政诉讼法〉的解释》第九十六条的规定，包括（1）处理期限轻微违法；（2）通知、送达等程序轻微违法；（3）其他程序轻微违法的情形。

（二）不需要撤销或者责令履行的情形

对于不需要撤销或者责令履行的，只是确认其违法的原因在于，该行政行为不具有可撤销内容或者原行政行为已被改变，责令履行已没有意义。具体表现为“行政行为违法，但是不具有可撤销内容”“被申请人改变原违法行政行为，申请人仍要求撤销或者确认该行政行为违法”“被申请人不履行或者拖延履行法定职责，责令履行没有意义”。

第一，“不具有可撤销内容”，主要针对的是违法的行政事实行为，此类行为只能作合法性评价，而不存在效力性评价的可能，[2] 也就不存在通过撤销使其效力消灭的可能性。

第二，“被申请人改变原违法行政行为”，主要是指原行政行为在复议决定作出前已经被行政机关撤销或变更了，此时，原行政行为已被新的行政行为所替代，原行政行为已不存在，也就没法对其加以撤销，只能确认违法。

第三，“被申请人不履行或者拖延履行法定职责，责令履行没有意义”，主要针对的是行政机关不履行或怠于履行法定职责的情形，即便复议机关责令其履行，但已没有履行的意义存在。之所以如此，是因为有时行政机关履行法定职责具有很强的时效性，此时如果作出履行决定，对相对人的权益已没有意义，对此，也只能确认其违法。

【适用指南】

对适用确认违法决定的具体判断，需区分“行政复议机关不撤销该行政行为”“不需要撤销或者责令履行的”两类情形。针对第一类情形中的“依法应予撤销，但是撤销会给国家利益、社会公共利益造成重大损害”，

---

① 参见胡建淼：《行政诉讼法学》，法律出版社 2019 年版，第 469 页。

② 参见江必新：《行政行为效力判断之基准与规则》，载《法学研究》2009 年第 5 期。

要结合该法第六十四条的规定加以理解，同时在利益衡量中，要注重衡量的科学性、规范性，特别是“国家利益、社会公共利益”“重大”的判断要结合个案加以具体考量，对此，行政复议机关具有判断余地。对于“程序轻微违法，但是对申请人权利不产生实际影响”，要结合该法第六十四条和第六十七条的规定加以理解，并借鉴《最高人民法院关于适用〈中华人民共和国行政诉讼法〉的解释》第九十六条的规定，即区分程序违法的程度，同时考虑程序违法对相对人权利是否具有侵害性。

关于第二类情形即“不需要撤销或者责令履行的”，主要针对的是原行政行为不具有可撤销内容、不存在或被改变，或者责令履行已无意义的情形。原行政行为不具有可撤销内容指的是实体上不存在撤销内容，特别是针对事实行为，因为其根本没有可撤销内容。原行政行为不存在或被改变，也意味着原行政行为已不存在，此时也就无法成为撤销的对象。而对于“被申请人不履行或者拖延履行法定职责，责令履行没有意义”的适用，重点在于把握责令履行的目的在于维护相对人权益的时效性，如果此时责令履行对相对人或第三人的权益也无意义，也只能确认行政不作为违法，且无法撤销，因为并无撤销的内容存在。这些情形需要行政复议机关结合具体个案，进行综合判断。

【关联规范】

《中华人民共和国行政复议法》第六十七条；《最高人民法院关于适用〈中华人民共和国行政诉讼法〉的解释》第九十六条。

第六十六条　【责令履行决定】被申请人不履行法定职责的，行政复议机关决定被申请人在一定期限内履行。

【条文主旨】

本条是关于行政复议机关责令被申请人在一定期限内履行的规定。

【条文解读】

一、责令履行决定的含义

责令履行决定指的是行政复议机关对行政案件经过审理，查明认定被申请人处于不履行法定职责的状态，作出责令被申请人在一定期限内履行法定职责的复议决定，是针对被申请人“不作为”而作出的复议决定种类。责令履行决定必须限于被申请人尚未履行，且仍有履行必要的情形，否则应当适用本法第六十五条，由行政复议机关直接作出确认违法决定。本条是在修订前的行政复议法第二十八条基础上修改而成，单独成条。同时，本条规定“行政复议机关决定被申请人在一定期限内履行”，仍然保留了修订前的行政复议法第二十八条中履职决定的程序性裁判的定位，没有要求复议机关在复议决定中直接明确被申请人需要履行职责的具体内容，也就是说，具体如何履行，仍由被申请人经由行政程序自行确定。[①]至于责令履行的期限，即何为“一定期限”，则由行政复议机关结合个案情形，具体判断和裁量，但应当具有合理性。

二、被申请人不履行法定职责的判断标准

理解本条的重点在于被申请人不履行法定职责的判断标准。对此，条文并未作过多明确。结合行政执法实践和司法实践的经验来看，被申请人不履行法定职责主要有三类，即拒绝履行、迟延履行和实际未履行。

（一）拒绝履行

拒绝履行，是指以明示方式拒绝履行法定职责。拒绝履行主要表现为：拒绝而不说明理由或者根本没有理由；拒绝虽附有理由，但该理由不是法定理由，或尚不足以构成作出拒绝行为的根据等。对于有法定期限的行政行为，行政机关只有超出法定期限拒绝履行的，才属于拒绝履行。对于没有法定期限，但是有合理期限的，行政机关只有超出合理期限拒绝履行的，才属于拒绝履行。

（二）迟延履行

迟延履行，是指行政机关已经明示即将履行法定职责或者明知负有法定职责，但是在法定时间或者合理时间没有履行或者没有完全履行完毕的情形，主要指以不作为的方式不履行相关义务，不对相对人申请作出明确答复。迟延履行主要表现为：在合理的时间内，对当事人的申请不理睬或者漠不关心；对当事人的申请持模棱两可的态度；无理推托，或者推托虽持有理由，但理由不正当或者不充分等。

（三）实际未履行

实际未履行，是指相对人申请履行后行政机关没有任何反应、不予理睬，以及法律规定行政机关有某种附随义务，不经相对人申请就应当履行

---

① 参见王万华：《行政复议制度属性与行政复议法完善》，载《法学杂志》2023年第4期。

却没有履行的情形。实际未履行包括部分履行（不完全履行）、瑕疵履行（不符合目的）。

除此之外，还需将不履行法定职责和无法履行法定职责区别开来。对此，判断的主要标准在于是否存在意志外的客观因素的限制（不可抗力），导致被申请人无法履行职责，即所谓的“行政不能作为”，否则为“行政不作为”，构成不履行法定职责。[①]

【适用指南】

适用责令履行决定的前提是被申请人不履行法定职责，这里重点需要判断的是行政机关是否具有相应的法定职责，以及是否存在不履行法定职责。在实践中，被申请人不履行法定职责主要有三类，即拒绝履行、迟延履行和实际未履行。对于法定职责中的“法”的范围，则应当作广义理解，包括法律、行政法规或地方性法规，各种规章和规章以下的规范性文件，甚至还包括基于先行行为、行政允诺、行政协议而形成的职责。

【关联规范】

《中华人民共和国行政复议法》第三十五条、第七十七条、第八十三条。

第六十七条　【确认无效决定】行政行为有实施主体不具有行政主体资格或者没有依据等重大且明显违法情形，申请人申请确认行政行为无效的，行政复议机关确认该行政行为无效。

【条文主旨】

本条是关于行政复议机关确认行政行为无效的规定。

① 参见周佑勇：《行政法原论》（第三版），北京大学出版社2018年版，第194页。

【条文解读】

一、确认无效决定的含义

确认无效决定，指的是行政复议机关对于重大且明显的违法行政行为，确认其自始就没有法律效力的复议决定，是对行政行为合法性和效力性的全面、绝对否定，具有复议决定形式的独立性。一旦行政行为被行政机关确认无效，即意味着行政行为"绝对无效、当然无效和自始无效，其效力上的否定性具有绝对性"。[①] 效力制度是行政行为的核心制度，为实体法上一项制度，因此，"行政行为无效的情形在法律上应当是统一的，确认无效决定与确认无效判决的情形宜保持一致"。[②] 本条正是在借鉴行政诉讼法第七十五条的基础上作出的规定，是本次行政复议法修改增设的条款，为完善行政复议制度、促进依法行政，实现行政复议和行政诉讼的衔接作出了积极推进。可以说，该条款的增设使复议决定的种类变得更加全面。

二、"重大且明显违法"的判断和具体情形

确认无效决定的适用条件是存在"重大且明显违法"的行政行为，对"重大且明显违法"的判断是理解本条文的重中之重。"重大"一般是指行政行为的实施将给公民、法人或者其他组织的合法权益带来重大影响；而"明显"一般是指行政行为的违法性已经明显到任何有理智的人都能够作出判断的程度。行政行为只有同时存在"重大且明显"违法的情形，该行为才能被认定为无效。至于重大且明显违法的具体情形，该条做了不完全列举，包括实施主体不具有行政主体资格和没有依据等。（1）"实施主体不具有行政主体资格"指的是具有行政主体资格但不具有权限，即应当将不具有行政主体资格的非行政机关等作出的非行政行为排除在外。（2）"没有依据"包括没有事实依据和法律依据。其中，没有事实依据要和本法第六十四条撤销或部分撤销情形中的"主要事实不清、证据不足"相区别，当然，对于其他"重大且明显"违法的情形，本条用"等"字加以开放处理，只要满足"重大且明显"违法的标准，都可以作为"重大且明显"违法的具体情形。结合《最高人民法院关于适用〈中华人民共和国行政诉讼法〉的解释》第九十九条的规定，"重大且明显"违法的情形还

---

① 胡建淼：《"无效行政行为"制度的追溯与认定标准的完善》，载《中国法学》2022年第4期。

② 王万华：《"化解行政争议的主渠道"定位与行政复议制度完善》，载《法商研究》2021年第5期。

可以进一步包括“减损权利或者增加义务的行政行为没有法律规范依据”“行政行为的内容客观上不可能实施”等。此外，根据实践经验，重大且明显违法的情形还可以包括行政行为的实施会导致犯罪、行政行为的内容明显违背公序良俗等。①

【适用指南】

该条在实务中适用的重点在于对“重大且明显”违法的判断。对此，行政复议和行政诉讼应当不存在差异，行政诉讼实践中积累的“重大且明显”违法的判断标准应当也可以直接适用于行政复议之中。对于“重大且明显”违法情形的理解，要慎之又慎。其中，对于“实施主体不具有行政主体资格”的情形，要从权限角度理解，明确排除非行政行为类型；“没有依据”则包括没有事实依据和没有法律依据，其中没有事实依据要和本法第六十四条撤销或部分撤销情形中的“主要事实不清、证据不足”相区别。除此之外，对于“重大且明显”违法的情形还包括“减损权利或者增加义务的行政行为没有法律规范依据”和“行政行为的内容客观上不可能实施”“行政行为的实施会导致犯罪”“行政行为的内容明显违背公序良俗”“行政行为的内容客观上不可能实施”等。至于此外的其他情形是否可以适用确认无效决定，则要以“重大且明显”违法作为实质性判断标准。

【关联规范】

《中华人民共和国行政诉讼法》第七十五条；《最高人民法院关于适用〈中华人民共和国行政诉讼法〉的解释》第九十九条。

第六十八条　【维持决定】 行政行为认定事实清楚，证据确凿，适用依据正确，程序合法，内容适当的，行政复议机关决定维持该行政行为。

【条文主旨】

本条是关于行政复议机关作出维持行政行为决定的规定。

① 参见胡建淼：《行政诉讼法学》，法律出版社 2019 年版，第 475 页。

【条文解读】

本条是在修订前的行政复议法第二十八条基础上修改而成，单独成条，内容上并无变动。

一、维持决定的含义

维持决定，指的是行政复议机关作出维持原行政行为的决定，是对原行政行为效力的支持，是行政复议保障功能的直接体现。它依被申请复议的原行政行为的存在而存在，与原行政行为“融为一体”，在行政诉讼中，法院一旦撤销被复议决定维持的行政行为，可视为也撤销了维持决定。[①]

与此不同的是，行政诉讼法在2014年修改时则直接删除了“维持判决”。根据行政诉讼法第六十九条的规定，对于行政行为证据确凿，适用法律、法规正确，符合法定程序的，人民法院判决驳回原告的诉讼请求。这也是行政诉讼法在2014年修改时直接删除维持判决后的立法变化。这既是行政诉讼和行政复议的区别所在，也是立法者的一种选择。行政诉讼作为外部监督手段，对于完全合法合理的行政行为，不需要维持，因为完全合法合理的行政行为，其效力本身来源于法律的赋予，而非法院的维持。这也是行政诉讼法在2014年修改时删除维持判决的原因所在。而行政复议作为行政内部的监督制度，基于“行政一体”原则，维持决定具有认可、强化原行政行为效力的功能，复议机关对原行政行为作出维持决定，本质上是对其予以肯定性评价的同类行政行为。[②] 同时，更为重要的原因在于，行政复议法保留维持决定，也是为了对接行政诉讼法第二十六条第二款规定的复议维持时双被告的规定。

二、行政复议机关作出维持决定的具体情形

理解本条的重点在于行政复议机关作出维持行政行为决定的具体情形，对此，条文明确表述为“认定事实清楚，证据确凿，适用依据正确，程序合法，内容适当”。这意味着，行政行为本身不论是在实体还是程序，不论是事实依据还是法律依据，不论是合法性还是合理性，均不存在瑕疵，对于该类行为，自然不能适用变更决定、撤销决定、确认无效决定等，只能加以维持。

---

① 参见章剑生：《现代行政法总论》（第二版），法律出版社2019年版，第330页。

② 参见方世荣：《论复议机关做被告与做共同被告的不同价值功能》，载《中外法学》2019年第2期。

当然，行政复议机关作出维持决定的前提是对行政行为本身进行了实质审查，是对行政行为认定事实清楚，证据确凿，适用依据正确，程序合法，内容适当的认可。这就与驳回复议请求区别开来。根据行政复议法第六十九条的规定，驳回复议请求针对的是被申请人不履行法定职责的情形，且满足“被申请人没有相应法定职责或者在受理前已经履行法定职责的”条件，因为此时既无维持的对象，也无维持的必要。

【适用指南】

第一，对行政行为加以维持的标准，需从事实认定、证据认定、适用依据、程序、内容五个方面对行政行为进行全面评价，涵盖了行政行为合法性、合理性的各个方面。这五个方面需要同时满足，行政复议机关方能作出维持决定，否则，就要分情形分别适用本法第六十三条至第六十七条的规定，即分情形分别作出变更、撤销、确认违法、确认无效、责令履行决定。

第二，维持决定的作出以行政复议机关对行政行为作出实质审查为前提，且需要与本法第六十九条加以区分。具体来说，维持决定的适用对象要明确排除本法第六十九条的规定，即“行政复议机关受理申请人认为被申请人不履行法定职责的行政复议申请后，发现被申请人没有相应法定职责或者在受理前已经履行法定职责的”，对此，直接适用驳回申请人行政复议请求的决定。同时，也要和不予受理申请人行政复议请求的决定相区别。不予受理申请人行政复议请求规定在本法第三十条，主要指的是申请人的行政复议申请不满足法定的受理条件。

【关联规范】

《中华人民共和国行政复议法》第三十条、第六十九条、第七十八条；《中华人民共和国行政诉讼法》第六十九条。

第六十九条　【驳回复议请求决定】 行政复议机关受理申请人认为被申请人不履行法定职责的行政复议申请后，发现被申请人没有相应法定职责或者在受理前已经履行法定职责的，决定驳回申请人的行政复议请求。

【条文主旨】

本条是关于行政复议机关作出驳回行政复议请求决定的规定。

【条文解读】

本条是在借鉴行政诉讼法第六十九条基础上修改增设的条款，通过该条款增设的驳回行政复议请求决定，使得行政复议法在行政复议决定种类上更加全面、科学。

理解本条的关键在于行政复议机关作出驳回行政复议请求决定的对象和情形。就驳回行政复议请求决定的作出对象，条文已作出明确规定，即“申请人认为被申请人不履行法定职责的行政复议申请”，这意味着，对于其他种类行政行为，则无法也不能适用驳回行政复议请求决定。这与行政诉讼法第六十九条规定的驳回诉讼请求的情形不完全相同。根据行政诉讼法第六十九条的规定，驳回原告诉讼请求判决的适用情形包括两类：一类是“行政行为证据确凿，适用法律、法规正确，符合法定程序的”；另一类是“原告申请被告履行法定职责或者给付义务理由不成立的”。对于第一类情形，行政复议法通过第六十八条规定的行政行为维持决定加以处理，不存在适用驳回决定的空间。对于不履行法定职责的判断，可以参见本书对行政复议法第六十六条的解读。对于驳回行政复议请求决定的作出情形，则是“发现被申请人没有相应法定职责或者在受理前已经履行法定职责的”。这里明确区分为两类情形，即“被申请人没有相应法定职责”和“在受理前已经履行法定职责”。“被申请人没有相应法定职责”意味着被申请人并无履行的职责存在，否则，应该直接适用本法第六十六条责令履行法定职责决定。“在受理前已经履行法定职责”意味着被申请人已经履行其法定职责，申请人的请求已经得到满足，不存在适用确认违法决定的空间。

【适用指南】

第一，驳回行政复议请求决定必须针对“申请人认为被申请人不履行法定职责”作出。当然，条文适用的是“申请人认为”，即申请人主观上认为即可，至于客观上是否确实属于被申请人不履行法定职责，则属于实质审查后的结论，不必然构成不予受理的缘由。

第二，对于“被申请人没有相应法定职责”，需要从广义上加以理解，即其中的“法”应当包括法律、行政法规或地方性法规，以及各种规章和规章以下的规范性文件，甚至还包括基于先行行为、行政允诺、行政协议而形成的职责。

第三，对于“在受理前已经履行法定职责的”判断，需要明确此处判断的基准为“在行政复议受理前”，同时“已经履行法定职责”必须属于全面履行，且履行依然具有意义，即具有时效性，否则，应当适用确认违法决定。具体适用需要行政复议机关结合个案加以判断。

【关联规范】

《中华人民共和国行政复议法》第六十五条。

第七十条　【未提交证据、依据和其他材料的处理】被申请人不按照本法第四十八条、第五十四条的规定提出书面答复、提交作出行政行为的证据、依据和其他有关材料的，视为该行政行为没有证据、依据，行政复议机关决定撤销、部分撤销该行政行为，确认该行政行为违法、无效或者决定被申请人在一定期限内履行，但是行政行为涉及第三人合法权益，第三人提供证据的除外。

【条文主旨】

本条是关于被申请人未提出书面答复、提交作出行政行为的证据、依据和其他有关材料的处理的规定。

【条文解读】

本条是在修订前的行政复议法第二十八条基础上修改而成。修订前的行政复议法第二十八条第一款第四项规定：“被申请人不按照本法第二十三条的规定提出书面答复、提交当初作出具体行政行为的证据、依据和其他有关材料的，视为该具体行政行为没有证据、依据，决定撤销该具体行政行为。”在内容上，本条针对“被申请人不按照本法第四十八条、第五十四条的规定提出书面答复、提交作出行政行为的证据、依据和其他有关材料的”情形，在旧法规定的撤销决定基础上，增加确认违法决定、确认无效决定和决定被申请人在一定期限内履行的处理手段，使得此类情形的处理手段更加全面、科学。同时，本条增设“行政行为涉及第三人合法权益，第三人提供证据的除外”条款，从而对该条的适用加以限定。

本条实际上是一种法律推定，即法律明文要求应基于某一已知事实来认定另一事实的存在。① 具体来看，本条是通过法律规定，将“被申请人不按照本法第四十八条、第五十四条的规定提出书面答复、提交作出行政行为的证据、依据和其他有关材料的”推定为“该行政行为没有证据、依据”加以对待，并按照“该行政行为没有证据、依据”分别适用撤销或部分撤销决定、确认违法决定、确认无效决定、被申请人在一定期限内履行决定。之所以作出该规定，目的在于督促行政机关及时提供书面答复、提交作出行政行为的证据、依据和其他有关材料。而该条规定的法理基础和制度基础在于行政复议中的举证责任倒置规定。

如果行政行为涉及第三人合法权益，且第三人提供了证据，则不适用行政行为没有证据、依据的推定。因为，此时涉及第三人的权益，第三人有权就自己的权利主张提供证据，行政复议机关也应当进行审查，而不是作为没有证据加以处理，否则，便损害了第三人的合法权益。对于此类情形，行政复议机关应当结合个案，根据本法第六十三条至第六十七条的规定，分别作出决定。

【适用指南】

本条适用需要结合该法第六十三条至第六十七条的规定进行综合考量，从而确定行政复议机关是作出决定撤销、部分撤销该行政行为，确认该行政行为违法、无效，还是决定被申请人在一定期限内履行。对于被申请人不按照本法第四十八条、第五十四条的规定提出书面答复、提交作出行政行为的证据、依据和其他有关材料的判断，需要结合本法第四十八条、第五十四条的规定加以进行。本法第四十八条、第五十四条规定的是在行政复议审理中，被申请人提交书面答复和提交作出行政行为的证据、依据和其他有关材料的期限规定，超期未提交的，方能适用本条，即视为“行政行为没有证据、依据”。

---

① 参见江伟、肖建国主编：《民事诉讼法》（第八版），中国人民大学出版社 2018 年版，第 208 页。

【关联规范】

《中华人民共和国行政复议法》第四十三条、第四十四条、第四十六条。

第七十一条　【行政协议的复议决定】被申请人不依法订立、不依法履行、未按照约定履行或者违法变更、解除行政协议的，行政复议机关决定被申请人承担依法订立、继续履行、采取补救措施或者赔偿损失等责任。

被申请人变更、解除行政协议合法，但是未依法给予补偿或者补偿不合理的，行政复议机关决定被申请人依法给予合理补偿。

【条文主旨】

本条是关于行政协议的复议决定的规定。

【条文解读】

本条属于新增设条文，是在借鉴行政诉讼法第七十七条的基础上创设而成，是行政复议法第十一条将行政协议纳入行政复议受案范围的配套条款。条文明确了被申请人不依法订立、不依法履行、未按照约定履行或者违法变更、解除行政协议时，行政复议机关可以作出的复议决定内容，包括决定被申请人承担依法订立、继续履行、采取补救措施或者赔偿损失等责任，从而为行政协议纳入行政复议审查范围，提供了具体的决定措施，可以说是本次修法的一大亮点。同时，该条还规定，如果被申请人变更、解除行政协议合法，但是未依法给予补偿或者补偿不合理的，行政复议机关决定被申请人依法给予合理补偿，从而为申请人的权益提供了全面保护。当然，相较于行政诉讼中行政协议的司法审查，行政协议的复议审查不仅坚持合法性审查，还具有合理性审查，因此其审查的宽度和广度都超过行政诉讼。[①] 本条的理解重点在于对在行政协议中被申请人违法违约情形和承担的不同责任的内容以及对被申请人变更、解除行政协议合法，但是未依法给予补偿或者补偿不合理时，依法应当给予合理补偿的理解。

一、被申请人违法违约情形

就被申请人违法违约情形而言，本条明确了不依法订立、不依法履行、未按照约定履行或者违法变更、解除行政协议五类情形，这五类情形可以概括为违法和违约两大类，即学者所区分的行政协议高权争议和行政协议履约争议。[②] 从种类上看，比行政诉讼法第七十八条规定的违法违约情形多了一种，即“不依法订立”，从而将行政协议从订立到履行全面纳入行政复议审查范围。当然，虽然行政诉讼法第十二条第一款第十一项把行政机关不履行行政协议的行为表述为“不依法履行、未按照约定履行或者违法变更、解除”，但实际上行政机关在行政协议上可诉的行为远不止如此，也应当包括“不依法订立”。[③]《最高人民法院关于审理行政协议案件若干问题的规定》第四条第一款规定：“因行政协议的订立、履行、变更、终止等发生纠纷，公民、法人或者其他组织作为原告，以行政机关为被告提起行政诉讼的，人民法院应当依法受理。”

（一）不依法订立

“不依法订立”是指不履行订立行政协议的义务。主要表现为：其一，申请人符合订立协议的条件，但行政机关无正当理由拒绝订立行政协议；其二，申请人不愿意订立行政协议，但行政机关强制其订立行政协议；其三，行政机关与申请人订立的行政协议侵犯了利害关系人的合法权益；其四，行政机关与利害关系人订立行政协议侵犯了申请人的合法权益。[④]

（二）不依法履行与不按照约定履行

“不依法履行”指的是不按照法律规定履行，其中的“法”包括法律、法规和规章以及合法的规范性文件。“不按照约定履行”指的是不按照协议双方的约定履行协议。不依法履行、未按照约定履行统称为“不履行协议”，都属于不履行义务，但是“不依法履行”强调的是没有履行行政法律规范规定的义务，包括实体义务和程序义务；而“不按照约定履行”强

---

① 参见王青斌、蔡刘畅：《机构改革背景下的行政复议体制变革》，载《湖南科技大学学报（社会科学版）》2020 年第 1 期。

② 参见王由海：《论行政协议复议审查的标准与方式》，载《哈尔滨工业大学学报（社会科学版）》2022 年第 3 期。

③ 参见胡建淼：《行政诉讼法学》，法律出版社 2019 年版，第 115~116 页。

④ 参见章剑生：《行政协议复议审查的范围、规则与决定方式》，载《法律科学（西北政法大学学报）》2023 年第 2 期。

调的是没有按照协议约定的内容履行协议义务，包括逾期违约、不履行、不当履行等。

（三）违法变更、解除协议

“违法变更、解除协议”指的是被申请人违反法律规定擅自变更、解除行政协议。这种情形是建立在行政协议的“行政性”基础上，是行政机关违法行使行政优益权的表现，即属于行政机关作出的单方行政行为，而非基于违法协议约定的变更、解除协议的协议行为。

二、责任承担方式

针对这五种违法违约情形，本条明确了不同的责任承担方式，即依法订立、继续履行、采取补救措施或者赔偿损失。“依法订立”明显是针对“不依法订立”的违法情形；“继续履行”则主要针对“不依法履行、未按照约定履行”；“采取补救措施”，则属于宽泛的责任类型，既可以适用于“不依法履行”“未按照约定履行”，也可以适用于“违法变更、解除行政协议”的违法情形，具体内容包括赔偿、修理、替代履行、解除合同、撤销合同、要求返还财产、恢复原状等。“赔偿损失”主要适用于被申请人不依法订立、不依法履行、未按照约定履行或者违法变更、解除行政协议时给申请人造成损失的一种法律责任类型。

如果行政复议机关经审查认为，被申请人变更、解除行政协议合法，但是未依法给予补偿或者补偿不合理的，则被申请人应当承担给予合理补偿的法律责任。这主要是基于经济利益平衡原则的规定，目的是对被申请人行使优益权侵犯被申请人的利益时的一种补偿，是为维护被申请人权益的一种举措。这里需要注意两点：第一，这里的补偿措施针对的是被申请人合法变更、解除行政协议，如果是违法变更或解除，且对申请人权益造成损失，则可以适用本法第七十二条的规定，由申请人申请国家赔偿；第二，这里的补偿措施不适用于不依法订立和不依法履行、未按照约定履行的情形，原因在于，这几类情形已有“依法订立”“继续履行”“采取补救措施”，保障申请人的合法权益，如果其间存在违法侵害申请人权益的行为，申请人也可以按照本法第七十二条的规定申请国家赔偿。

【适用指南】

第一，行政协议具有“行政性”和“协议性”双重属性，既受到合法性约束，也要受到合约性的约束。本条规定的不依法订立、不依法履行、未按照约定履行或者违法变更、解除行政协议便呈现为违法和违约两大类。不依法订立针对的是行政协议订立过程中的违法行为，主要体现被申请人不按照法律规定与申请人订立协议，如通过招标订立协议。不依法履行、未按照约定履行统称为不履行协议，处于协议订立后的履行阶段。违法变更、解除行政协议强调的是被申请人违反法律规定擅自变更、解除行政协议，即便是和申请人协商变更、解除，也要在法律规定的裁量范围内进行变更，否则，也属违法。

第二，对于责任承担方式而言，“继续履行”应当得到优先考虑，因为基于公共利益的考量，行政复议机关应当尽可能地保证行政协议的有效性，尽可能使行政协议得到履行。补救措施指的是在行政协议有效的前提下被申请人采取的消除争议或者缓解矛盾的措施，具体措施种类宽泛，包括更换、重作、减少价款等。赔偿损失则可以适用于所有被申请人违法违约情形，只要给申请人造成损失，行政复议机关都可以作出赔偿决定。合理补偿则主要针对被申请人的“合法变更、解除行政协议”的行为，是基于经济利益平衡原则的规定。当然，这里的合法变更、解除行政协议主要指的是被申请人基于公共利益的需要，或者其他法定理由，单方变更、解除协议的行为，是对被申请人行政优益权行使的经济衡平。

【关联规范】

《中华人民共和国行政诉讼法》第七十八条。

第七十二条　【行政赔偿决定】申请人在申请行政复议时一并提出行政赔偿请求，行政复议机关对依照《中华人民共和国国家赔偿法》的有关规定应当不予赔偿的，在作出行政复议决定时，应当同时决定驳回行政赔偿请求；对符合《中华人民共和国国家赔偿法》的有关规定应当给予赔偿的，在决定撤销或者部分撤销、变更行政行为或者确认行政行为违法、无效时，应当同时决定被申请人依法给予赔偿；确认行政行为违法的，还可以同时责令被申请人采取补救措施。

申请人在申请行政复议时没有提出行政赔偿请求的，行政复议机关在依法决定撤销或者部分撤销、变更罚款，撤销或者部分撤销违法集资、没收财物、征收征用、摊派费用以及对财产的查封、扣押、冻结等行政行为时，应当同时责令被申请人返还财产，解除对财产的查封、扣押、冻结措施，或者赔偿相应的价款。

【条文主旨】

本条是关于行政复议机关作出行政赔偿决定的规定。

【条文解读】

本条是在修订前的行政复议法第二十九条基础上修改而成，修改内容包括：第一，增加驳回行政赔偿请求的规定；第二，增加“确认行政行为违法的，还可以同时责令被申请人采取补救措施”的规定；第三，将“撤销”修改为“撤销或者部分撤销”，将“征收”修改为“征收征用”，增加行政行为“无效”的行政赔偿情形。由此，使得行政复议中的行政赔偿制度变得更加全面、完善，能够更好地维护申请人的权益，确保行政机关依法行政。本条的理解重点在于是否构成行政赔偿的判断，和申请人没有提出行政赔偿请求时的处理。

第一，就行政赔偿申请而言，申请人既可以单独提起，只要符合行政复议法规定的申请行政复议的条件即可，也可以在申请行政复议时一并提出。修订前的行政复议法第二十九条第一款就明确规定“申请人在申请行政复议时可以一并提出行政赔偿请求……”当申请人申请行政复议时未提起行政赔偿申请，基于保障申请人的权益，可以借鉴《最高人民法院关于审理行政赔偿案件若干问题的规定》第十四条第一款的规定，由行政复议机关告知原告可以一并提起行政赔偿请求。至于一并提起的时间点，则可以借鉴《最高人民法院关于审理行政赔偿案件若干问题的规定》第十四条第二款的规定，即在行政复议终结前，申请人均可提起行政赔偿请求。

第二，从条文内容可以看出，行政赔偿决定属于附随决定，依附于撤销或者部分撤销决定、变更行政行为决定或确认行政行为违法、无效决定，行政复议机关必须在作出行政复议决定时，就申请人提起的行政赔偿请求予以审查并作出赔偿决定或驳回决定。就申请人在申请行政复议时一并提出行政赔偿请求的情形，是否需要决定被申请人进行行政赔偿，则具体要以国家赔偿法中有关行政赔偿的规定进行判断，具体包括：（1）主体要件。实施行政侵犯行为的人，必须是在行使行政职权的过程中，侵犯了公民、法人或其他组织合法权益的行政机关及行政执法人员。（2）行为要件。行政侵权行为是行政赔偿责任最根本的前提要件。（3）损害事实。损害的发生是行政赔偿责任产生的基础条件。损害包括人身损害与财产损害。补救措施则只附随于确认行政行为违法决定，且属于行政复议机关的裁量范围。（4）因果关系。即要求行政侵权行为和损害事实之间存在因果关系。①

第三，对于确认行政行为违法的，本条还规定了“可以同时责令被申请人采取补救措施”。所谓补救措施，是指法律规定的一种方式，用于解决违反法律规定或合同约定而产生的纠纷。补救措施包括赔偿、修理、替代履行、解除合同、撤销合同、要求返还财产、恢复原状等。显然，这是基于利益衡量后的考量，即偏向国家利益和社会利益后的补救规定，目的在于维护被申请人的合法权益。是否责令被申请人采取补救措施，属于行政复议机关主动而为的事项范围，当然，为保障申请人的权益，当出现需要作出补救措施决定时，行政复议机关也应当积极责令被申请人采取补救措施。

第四，就申请人在申请行政复议时没有提出行政赔偿请求的情形，本条规定行政复议机关在依法决定撤销或者部分撤销等的同时，应当责令被申请人返还财产，解除对财产的查封、扣押、冻结措施，或者赔偿相应的价款。这是基于维护申请人权益，实现一次性解决行政争议而作出的规定，且属于行政复议机关的法定义务，行政复议机关必须同时作出责令决定。

【适用指南】

第一，行政赔偿决定的作出需以申请人在申请行政复议时一并提出行政赔偿请求为前提，且附属于撤销或者部分撤销决定、变更行政行为决定或确认行政行为违法、无效决定。

第二，行政赔偿是否成立，具体需要结合国家赔偿法中有关行政赔偿的规定进行判断，具体包括主体要件、行为要件、损害事实、因果关系。其中，损害的发生是行政赔偿责任产生的基础条件。如果构成，则“应当同时决定被申请人依法给予赔偿”，不符合行政赔偿要件的，则驳回申请人的行政赔偿请求。

第三，责令被申请人返还财产，解除对财产的查封、扣押、冻结措施，或者赔偿相应的价款决定主要针对申请人在申请行政复议时没有提出

---

① 参见胡建淼：《行政法学》（第五版），法律出版社 2023 年版，第 1023~1026 页。

行政赔偿请求的情形，且一旦存在相应情形，行政复议机关必须在依法决定撤销或者部分撤销、变更罚款等同时作出责令决定。具体是采取责令返还财产，还是责令解除对财产的查封、扣押、冻结措施等，需要行政复议机关结合个案具体情形加以判断。

【关联规范】

《中华人民共和国国家赔偿法》第三条、第四条；《最高人民法院关于审理行政赔偿案件若干问题的规定》第十四条、第十五条。

第七十三条　【行政复议调解书的作出】当事人经调解达成协议的，行政复议机关应当制作行政复议调解书，经各方当事人签字或者签章，并加盖行政复议机关印章，即具有法律效力。

调解未达成协议或者调解书生效前一方反悔的，行政复议机关应当依法审查或者及时作出行政复议决定。

【条文主旨】

本条是关于行政复议调解书制作程序和法律效力的规定。

【条文解读】

本条是此次修订后的行政复议法增设的条款，借鉴了行政诉讼法第六十条关于行政诉讼调解的规定。本条文的规定明确了调解书制作程序和法律效力，对于行政复议调解制度的建立和落地具有重要的规范意义。当然，复议调解绝不允许以“和稀泥”的方式简单追求案结事了，而应当在查清事实、明晰责任基础上，在不违反法治红线的前提下，最大限度促成行政争议双方权利义务归属的合意。[①] 理解本条的关键在于调解书的制作程序和产生效力的时间点，以及调解未达成协议或者调解书生效前一方反悔的处理措施。

---

① 参见曹鎏：《行政复议制度革新的价值立场与核心问题》，载《当代法学》2022年第2期。

第一，复议调解书是行政复议机关根据行政争议当事人自愿签订的调解协议作出的解决行政争议的调解结果形式。① 对于调解书的制作程序，条文已经作出明确规定，要求“当事人经调解达成协议的，行政复议机关应当制作行政复议调解书，经各方当事人签字或者签章，并加盖行政复议机关印章”，这是对调解书的形式要求。

第二，对于调解书的生效时间，条文明确规定“经各方当事人签字或者签章，并加盖行政复议机关印章，即具有法律效力”。一旦产生法律效力，双方当事人应当严格遵循调解书的内容履行义务，且根据行政复议法第七十八条的规定，生效的调解书可以成为强制执行的依据。

第三，根据本法第五条的规定，行政复议的调解应当遵循合法、自愿的原则。具体而言，基于自愿原则，调解本身并不一定能够达成协议，调解书生效前一方也可能反悔，对此，行政复议机关应当转向行政复议审查的普通程序，展开复议审查工作，并及时作出行政复议决定。“不能久调不决、反复折腾，或滥用复议调解权施压某一方，否则会失去公平公正和行政效率，最终背离行政复议法治的初心。”②

【适用指南】

在实务中，可能出现当事人不愿调解、调解不成的情况。基于行政复议调解的自愿性原则，无论是复议调解程序的启动，还是调解的结果等均应以双方当事人自愿为前提。行政复议机关在调解过程中不能有强迫当事人的任何意思表示，只有在双方当事人均自愿接受调解方案并达成协议时，行政复议机关才能够以调解结案。③ 对此，当出现当事人不愿调解、调解不成的情况时，行政复议机关应当转入行政复议审查程序，并及时作出行政复议决定。除此之外，根据条文内容，即使调解达成协议，只要在调解书生效之前，当事人也可以反悔，对此，行政复议机关应当依法审查并及时作出行政复议决定。

---

① 邓佑文：《行政复议调解的现实困境、功能定位与制度优化》，载《中国行政管理》2023 年第 1 期。

② 参见莫于川：《行政复议机制和方法创新路径分析——从修法提升行政复议规范性、效率性和公正性的视角》，载《行政法学研究》2019 年第 6 期。

③ 参见王青斌：《论行政复议调解的正当性及制度建构》，载《法制与社会发展》2013 年第 4 期。

【关联规范】

《中华人民共和国行政复议法》第五条、第七十八条；《中华人民共和国行政复议法实施条例》第五十条。

第七十四条　【行政复议中的和解】 当事人在行政复议决定作出前可以自愿达成和解，和解内容不得损害国家利益、社会公共利益和他人合法权益，不得违反法律、法规的强制性规定。

当事人达成和解后，由申请人向行政复议机构撤回行政复议申请。行政复议机构准予撤回行政复议申请、行政复议机关决定终止行政复议的，申请人不得再以同一事实和理由提出行政复议申请。但是，申请人能够证明撤回行政复议申请违背其真实意愿的除外。

【条文主旨】

本条是关于行政复议中当事人和解的规定。

【条文解读】

一、行政复议和解的含义

和解，本为民法上的概念，是作为以合意的方式预防纷争、解决争议的制度。这项制度，从一开始就在民事法律领域显示出了极强的生命力。和解在行政过程中的运用，是指行政机关以事实为根据，以法律为准绳，运用裁量权选择通过与相对人协商合意的方式实施行政行为。① 行政复议中的和解是指在行政复议审查过程中、行政复议决定作出之前，申请人和被申请人通过协商，充分表达自己的要求和理由，达成和解协议，然后将和解协议提交行政复议机关审查，经行政复议机关允许，终止行政复议程序。

---

① 参见周佑勇：《行政裁量治理研究：一种功能主义立场》（第二版），法律出版社2023年版，第191页。

行政复议是为了解决行政争议，构建和谐社会，和解、调解就是不可或缺的手段。[①] 通过行政复议和解，可以缓和行政主体与相对人之间的矛盾，最大限度地减少行政争议的负面效应，定分止争。同时，申请人和被申请人可以直接根据和解协议确定的内容和履行期限履行各自的义务，无须再经过行政复议机关作出行政复议决定、被申请人重新作出具体行政行为这样烦琐的过程，既能使行政相对人的合法权益及时得到维护，又能有效节约行政成本，提高行政执法效率。[②]

二、行政复议和解制度的内容

本条是在吸取《中华人民共和国行政复议法实施条例》第四十条规定的基础上修改增设的条款。通过此条款，修订后的行政复议法在法律层面创设了行政复议和解制度，为行政复议解决行政争议提供了更加全面、科学的路径和方法，有利于行政争议的实质性化解。理解本条的内容，重点在于和解原则、和解适用的情形、和解内容的限制，以及和解达成后行政复议申请的处理。

（一）自愿和解原则

本条明确规定和解需以“自愿”为原则。无论当事人之间，还是行政复议机关以及其他主体和个人均不能强迫达成和解。

（二）和解适用的情形

对于和解适用的情形，本条并没作出具体规定，但根据依法行政原则和《中华人民共和国行政复议法实施条例》第四十条的规定可以看出，和解适用的情形主要在于法律、法规规定的行政机关的自由裁量权范围内。因为法律授予行政机关裁量权就允许行政机关在法律设定的范围内依据自己的判断作出选择性决定。

（三）和解内容的限制

根据本条规定，和解的内容“不得损害国家利益、社会公共利益和他人合法权益”“不得违反法律、法规的强制性规定”。“不得损害国家利益、社会公共利益和他人合法权益”较为明确，行政权的存在和行使本身的目的就在于维护和增进国家利益、公共利益，行政机关裁量权的行使也不得损害国家利益、社会公共利益和他人合法权益。对于“不得违反法律、法规的强制性规定”的理解，需要明确两点：其一，强制性规定是指必须依照法律适用、不能以个人意志予以变更和排除适用的规范，主要分为强制

---

① 参见应松年：《中国行政复议制度的发展与面临的问题》，载《中国法律评论》2019年第5期。

② 参见周佑勇：《行政法原论》（第三版），北京大学出版社2018年版，第376页。

性规定和禁止性规定两种形式；其二，强制性规定的来源范围限于“法律、法规”。

（四）和解达成后行政复议申请的处理

本法第二款规定，当事人达成和解后，由申请人向行政复议机构撤回行政复议申请。只要和解出于当事人自愿，且“和解内容不得损害国家利益、社会公共利益和他人合法权益，不得违反法律、法规的强制性规定”，行政复议机构应当准予撤回行政复议申请，并由行政复议机关决定终止行政复议。同时条文规定，准予撤回行政复议申请、终止行政复议的，申请人不得再以同一事实和理由提出行政复议申请。这主要基于诚信原则，避免复议资源浪费的考量。当然，“申请人能够证明撤回行政复议申请违背其真实意愿的除外”，即撤回行政复议申请不是当事人真实意愿的，则该当事人仍然可以同一事实和理由提出行政复议申请。这主要是基于行政复议和解自愿原则的规定。

【适用指南】

第一，和解适用的情形主要在于法律、法规规定的自由裁量权。在自由裁量权范围内，行政机关拥有一定的处分权限，且行政相对人对于自己的实体权利有权处分，这为行政复议的和解提供了法律空间。

第二，对于当事人达成和解后，是否准予撤回行政复议申请，行政复议机构需要进行审查。审查标准则包括两个方面：一是和解是否出于当事人自愿；二是和解内容是否损害国家利益、社会公共利益和他人合法权益，是否违反法律、法规的强制性规定。如果不是出于自愿或者和解内容存在损害国家利益、社会公共利益和他人合法权益，或违反法律、法规的强制性规定，则行政复议机构不予撤回。如果和解出于当事人自愿，且和解内容不存在损害国家利益、社会公共利益和他人合法权益，不存在违反法律、法规的强制性规定的情况，则行政复议机构准予撤回，并由行政复议机关决定终止行政复议。一旦行政复议申请被准予撤回并终止，基于诚信原则和节约行政复议资源，申请人不得再以同一事实和理由提出行政复议申请。如果当事人达成和解后，申请人不向行政复议机构撤回行政复议申请，则按照行政复议程序进行行政复议。

【关联规范】

《中华人民共和国行政复议法实施条例》第四十条。

第七十五条　【行政复议决定书的作出】行政复议机关作出行政复议决定，应当制作行政复议决定书，并加盖行政复议机关印章。

行政复议决定书一经送达，即发生法律效力。

【条文主旨】

本条是关于行政复议决定书的形式和生效时间的规定。

【条文解读】

本条基本上保留了修订前的行政复议法第三十一条第二款和第三款的规定。本条具体规定了行政复议决定书的形式和行政复议决定书的生效时间。

第一，行政复议决定书的形式要求。根据本条规定，行政复议机关作出行政复议决定，应当制作行政复议决定书，同时，必须加盖行政复议机关印章。不加盖行政复议机关印章的，属于形式瑕疵，一般应认定为无效，即复议决定书自始不发生法律效力。①

第二，行政复议决定书的生效时间。根据本条规定，行政复议决定书一经送达，即发生法律效力。这表明，行政复议决定书的生效时间，以行政复议决定书送达为判断时间点。关于送达方式，从行政复议的实践来看，行政复议中的送达方式与诉讼中的送达方式基本相同，一般有六种方式，包括直接送达、留置送达、委托送达、邮寄送达、转交送达和公告送达。

当然，不同的送达方式，有效送达的判断时间点也不一样。根据民事诉讼法第八十七条至第九十五条的规定，可以看出：（1）直接送达的，受送达人、受送达人的同住成年家属、法人或者其他组织负责收件的人、诉讼代理人或者代收人在送达回证上的签收日期，为送达日期。（2）留置送达的留置日期即为送达日期。（3）委托送达的以受送达人在送达回证上签收的日期为送达日期。（4）邮寄送达的以回执上注明的收件日期为送达日期。（5）转交送达，以受送达人在送达回证上的签收日期，为送达日期。

---

① 参见万利：《行政复议决定书的内容瑕疵及其法律效力分析》，载《甘肃行政学院学报》2003 年第 1 期。

（6）公告送达的，自发出公告之日起三十日法定公告期限届满，即视为送达。

【适用指南】

本条在实务中的适用关键在于行政复议决定加盖公章的机关和行政复议决定书生效时间的判断。在实务中，行政复议决定书制作后加盖的是行政复议机关的公章，而非行政复议机构的签章，因为根据本法第六十一条的规定，作出行政复议决定的是行政复议机关。对于行政复议决定书的生效时间，法条规定是"一经送达，即发生法律效力"。这里需要注意两点：第一，关于送达的方式，从行政复议的实践来看，行政复议中的送达方式与诉讼中的送达方式基本相同，一般有六种方式，包括直接送达、留置送达、委托送达、邮寄送达、转交送达和公告送达。第二，法条规定的送达必须是有效送达，方能作为行政复议决定书生效的判断时间点。具体个案中的送达时间，则需要根据具体送达方式加以确定。

【关联规范】

《中华人民共和国行政复议法》第二十二条、第八十八条；《中华人民共和国民事诉讼法》第八十七条至第九十五条。

第七十六条　【行政复议意见书的制发】行政复议机关在办理行政复议案件过程中，发现被申请人或者其他下级行政机关的有关行政行为违法或者不当的，可以向其制发行政复议意见书。有关机关应当自收到行政复议意见书之日起六十日内，将纠正相关违法或者不当行政行为的情况报送行政复议机关。

【条文主旨】

本条是关于行政复议机关制发行政复议意见书的规定。

【条文解读】

本条是此次修订后的行政复议法修改的新增条款，授权行政复议机关在办理行政复议案件过程中，发现被申请人或者其他下级行政机关的有关行政行为违法或者不当的，可以向其制发行政复议意见书，同时明确有关机关应当自收到行政复议意见书之日起六十日内，将纠正相关违法或者不当行政行为的情况报送行政复议机关的义务。本条的规定目的在于以行政复议为契机，督促被申请人或者其他下级行政机关全面依法行政，同时也为被申请人或者其他下级行政机关及时纠正违法或者不当行政行为提供一种启动机制。理解本条的重点在于对行政复议意见书制发制度的目的、行政复议意见书制发主体和对象，以及有关机关对行政复议意见书的回应措施的理解。

第一，行政复议意见书制发制度的目的在于通过行政复议工作，督促被申请人或者其他下级行政机关及时发现和纠正违法或不当行为，促进其全面依法行政，是为了调和行政复议制度救济功能与监督功能实现过程中对具体制度设计要求上的矛盾而作为补漏性质的手段而存在的，行政复议意见书存在的必要性和正当性在于缓解矛盾，满足准司法架构下监督功能实现的要求，承载行政复议决定书无法承载的行政复议审查的结果。①

第二，就行政复议意见书的制发主体，条文作了明确规定，即行政复议机关。这表明，虽然行政复议审查主体是行政复议机构，但如同制发行政复议决定书一样，行政复议意见书的制发也以行政复议机关的名义作出。

第三，就行政复议意见书的制发对象，条文规定为被申请人或者其他下级行政机关。之所以作出这样的规定，主要是基于行政复议机关对被申请人和其他下级机关具有合法的监督权力。从行为对象来看，行政复议意见书的制发对象既包括被申请人或者其他下级行政机关作出的违法行政行为，也包括不当行政行为，这是基于行政监督的全面性作出的规定。当然，行政复议机关是否制发行政复议意见书，条文明确将其作为行政复议机关的裁量权加以处理。

第四，从性质上来看，“行政性”是复议意见书的基本属性，协调性、强制性、主动性和不受个案拘束性是行政复议意见书的重要特征，特别是复议意见书仅具有弱监督效力，即对于违法的被申请行为，复议机关并不能进行纠正，而应留待被申请人自我改正。② 对此，条文规定的有关机关回应措施的内容便是重要体现，即要求有关机关应当自收到行政复议意见书之日起六十日内，将纠正相关违法或者不当行政行为的情况报送行政复

---

① 参见王莉：《行政复议意见书制度探析——以行政复议监督功能的实现为中心》，载《浙江学刊》2012 年第 3 期。

② 参见徐大闯：《行政复议意见书运行中的“交叉替代”》，载《湖北社会科学》2019 年第 2 期。

议机关，以此敦促有关机关及时纠正相关行为。

【适用指南】

第一，行政复议意见书的制发条件包括时间条件和对象条件。就时间条件而言，行政复议机关只要在办理行政复议案件过程中发现有关违法或者不当行为，就可以制发行政复议意见书，不需要等到行政复议终结；就对象条件而言，行政复议意见书制发对象为被申请人或者其他下级行政机关的有关违法或不当行政行为。其中，对于“有关”，应当将其理解为行政复议审查中涉及的相关行政行为，不可作扩大理解，将行为对象扩展到其他无关行政行为。

第二，行政复议意见书的制发是行政复议机关的裁量权范围，并非拘束行为。当然，作为制发的对象，有关机关则应当自收到行政复议意见书之日起六十日内，将纠正相关违法或者不当行政行为的情况报送行政复议机关，不可怠于履行回复义务。

【关联规范】

《中华人民共和国行政复议法》第七十七条。

第七十七条　【被申请人对行政复议决定的履行】被申请人应当履行行政复议决定书、调解书、意见书。

被申请人不履行或者无正当理由拖延履行行政复议决定书、调解书、意见书的，行政复议机关或者有关上级行政机关应当责令其限期履行，并可以约谈被申请人的有关负责人或者予以通报批评。

【条文主旨】

本条是关于对被申请人不履行行政复议决定的处理措施的规定。

【条文解读】

本条是在修订前的行政复议法第三十二条基础上修改而来，该条规定：“被申请人应当履行行政复议决定。被申请人不履行或者无正当理由拖延履行行政复议决定的，行政复议机关或者有关上级行政机关应当责令其限期履行。”此次修改内容包括：第一，将被申请人应当履行的内容由行政复议决定书扩大到行政复议决定书、调解书、意见书；第二，增加“约谈被申请人的有关负责人或者予以通报批评”作为行政复议机关的处理措施。通过以上修改，使行政复议的履行制度更加全面，也为确保行政复议决定书、调解书、意见书的履行提供了更加多元的保障措施。

一、被申请人履行的对象范围

本条第一款规定，被申请人应当履行行政复议决定书、调解书、意见书。这表明，被申请人履行的对象范围包括行政复议决定书、调解书、意见书。行政复议决定书、调解书、意见书一旦作出并生效，被申请人应当严格遵守，并加以履行，由此明确了被申请人履行行政复议决定书、调解书、意见书的义务。

在这里，履行的对象也仅限于行政复议决定书、调解书、意见书，并不包括和解协议。因为，和解本身是申请人和被申请人之间自愿达成的，行政复议机关并不参与其中，法律不宜过多介入，其是否履行，由当事人决定。对此，从本法第七十四条的规定便可以看出。根据该条规定，和解达成后，法律并不强行要求申请人撤回行政复议申请，也就是说，和解本身与行政复议申请并无冲突，和解达成后，申请人依然可以申请行政复议。与此相反，行政复议决定书、调解书、意见书的作出则是由行政复议机关主导作出，法律的介入并无不妥。

二、不履行或者无正当理由拖延履行时的处理措施

根据本条第二款的规定，被申请人不履行或者无正当理由拖延履行时的处理措施包括“责令履行”和“约谈或者通报批评”。“责令履行”是主要措施，“约谈或通报批评”是附随措施，不可单独使用。

“约谈”指的是拥有行政职权的机关，通过约谈沟通、学习政策法规、分析讲评等方式，对下级组织运行中存在的问题予以纠正并规范的行为。本条中的约谈属于内部行为，不同于行政机关对行政相对人约谈的外部行为，约谈的核心目标为促使行政机关依法履行行政复议决定书、调解书、意见书中明确的义务。

“通报批评”指的是行政复议机关或有关上级机关将被申请人不履行或者无正当理由拖延履行行政复议的违法行为告知被申请人，提出意见，希望对方吸取教训、引以为戒的行为，属于广义的行政处分范畴。“通报批评”的对象既可以是行政机关、机构，也可以是相关工作人员。比如，《中华人民共和国公职人员政务处分法》第六十一条规定：“有关机关、单位无正当理由拒不采纳监察建议的，由其上级机关、主管部门责令改正，对该机关、单位给予通报批评……”《公安机关人民警察执法过错责任追究规定》第十四条规定：“作出其他处理的，由相关部门提出处理意见，经公安机关负责人批准，可以单独或者合并作出以下处理：（一）诫勉谈话；（二）责令作出书面检查；（三）取消评选先进的资格；（四）通报批评……”本条中的“通报批评”是一种内部行为，要与行政处罚法第九条中规定的“通报批评”的行政处罚种类相区别，后者属于外部行政行为的范畴。

【适用指南】

第一，对于“不履行或者无正当理由拖延履行”的判断，主要分为“不履行”和“无正当理由拖延履行”。“不履行”是指被申请人明确表示不履行或者不予理睬，仍然按照自己的原来意愿去办理，或者仍然坚持原具体行政行为。具体包括完全不履行、不完全履行和不适当履行。“无正当理由拖延履行”指的是被申请人坚持己见，不立即采取措施履行行政复议决定书、调解书、意见书。对无正当理由拖延履行的，行政复议机关或者有关机关都可以依照本款规定，责令被申请人加以履行。

第二，“通报批评”在本条中主要是作为行政处理措施使用。一般来说，行政机关内部的“通报批评”主要是指行政机关内部对其组织或工作人员作出的惩戒处理。本条中，“通报批评”的对象既可以是不履行或者无正当理由拖延履行行政复议决定书、调解书、意见书的被申请人，也可以是其有关负责人。

【关联规范】

《中华人民共和国行政复议法》第八十条；《中华人民共和国公职人员政务处分法》第六十一条。

第七十八条　【申请人、第三人对行政复议决定的履行】 申请人、第三人逾期不起诉又不履行行政复议决定书、调解书的，或者不履行最终裁决的行政复议决定的，按照下列规定分别处理：

（一）维持行政行为的行政复议决定书，由作出行政行为的行政机关依法强制执行，或者申请人民法院强制执行；

（二）变更行政行为的行政复议决定书，由行政复议机关依法强制执行，或者申请人民法院强制执行；

（三）行政复议调解书，由行政复议机关依法强制执行，或者申请人民法院强制执行。

【条文主旨】

本条是关于对申请人、第三人不履行行政复议决定的强制执行的规定。

【条文解读】

本条是在修订前的行政复议法第三十三条基础上修改而来，修改内容包括：第一，增加"第三人"作为逾期不起诉又不履行行政复议决定书、调解书的主体；第二，增加"调解书"作为申请人、第三人逾期不起诉又不履行的对象；第三，增加"行政复议调解书，由行政复议机关依法强制执行，或者申请人民法院强制执行"的处理情形。通过以上修改，使申请人、第三人不履行行政复议决定书、调解书时的强制执行制度更加完善，也使修改后的行政复议法体系更加融贯。

一、强制执行的对象和情形

根据条文规定，强制执行的对象包括申请人和第三人，二者均与原行政行为存在利害关系。强制执行的情形主要包括两类，即"申请人、第三人逾期不起诉又不履行行政复议决定书、调解书"和"申请人、第三人逾期不履行最终裁决的行政复议决定"。之所以做出如此区分，原因在于不同复议案件存在复议是否属于终局裁决的差别，这主要体现在本法第十条规定，即"公民、法人或者其他组织对行政复议决定不服的，可以依照《中华人民共和国行政诉讼法》的规定向人民法院提起行政诉讼，但是法律规定行政复议决定为最终裁决的除外"。

二、强制执行的种类

根据条文规定，强制执行的种类包括三类：

第一，对于维持行政行为的行政复议决定书，由作出行政行为的行政机关依法强制执行，或者申请人民法院强制执行。之所以规定由原行政行为作出的行政机关进行强制执行，或者由其申请人民法院强制执行，原因在于对申请人具有法律效力的依然是原行政行为，执行对象也是原行政行为。

第二，变更行政行为的行政复议决定书，由行政复议机关依法强制执行，或者申请人民法院强制执行。对此，由于申请强制执行的行政行为是行政复议机关加以变更后的行政行为，该行政行为是由行政复议机关作出的，自然应由其强制执行，或者申请人民法院强制执行。

第三，行政复议调解书，由行政复议机关依法强制执行，或者申请人民法院强制执行。

当然，以上三类情形并不包括针对撤销或部分撤销、确认违法、确认无效行政复议决定书的强制执行。原因在于，不论是撤销或部分撤销、确认违法、确认无效，已不存在需要强制执行的内容，无须也无法进行强制执行。此外，也不包括行政复议意见书，原因在于行政复议意见书是针对被申请人或者其他下级行政机关制发的，当其不履行行政复议意见书时，直接依据本法第七十七条的规定加以处理即可，即由“行政复议机关或者有关上级行政机关应当责令其限期履行，并可以约谈被申请人的有关负责人或者予以通报批评”。

【适用指南】

第一，对于“不起诉又不履行行政复议决定书、调解书”和“不履行最终裁决的行政复议决定”的区分，关键在于哪些行政复议属于复议终局裁决。对此，本法第十条规定：“公民、法人或者其他组织对行政复议决定不服的，可以依照《中华人民共和国行政诉讼法》的规定向人民法院提起行政诉讼，但是法律规定行政复议决定为最终裁决的除外。”可见，具体判断需要借助第十条中规定的“法律”的内容规定。换句话说，第十条属于指示参照性条款，具体判断行政复议是否属于终局裁决，需要查找其他法律的规定，包括修订后的行政复议法本身。例如，行政复议法第二十六条规定，依法向国务院申请裁决的，国务院依法作出的决定是最终裁决。

第二，对于强制执行主体，条文规定由行政复议机关（作出行政行为的行政机关）或强制执行，或申请人民法院强制执行，但这并不意味着两者可以任选。对此，必须遵循行政强制法的规定。行政强制法第十三条第二款规定：“法律没有规定行政机关强制执行的，作出行政决定的行政机关应当申请人民法院强制执行。”这表明，只有法律规定行政机关具有强制执行权时，才可以由行政机关进行执行，否则，应当申请法院强制执行。结合行政强制法第十三条第二款的规定，应当根据具体法律是否授权行政机关强制执行权加以判断。对于“维持行政行为的行政复议决定书，由作出行政行为的行政机关依法强制执行，或者申请人民法院强制执行”，应当理解为法律授权原行政行为作出的行政机关以强制执行权的，原行政行为作出的行政机关可以进行强制执行，否则，应当由原行政行为作出的行政机关申请人民法院强制执行。对于“变更行政行为的行政复议决定书，由行政复议机关依法强制执行，或者申请人民法院强制执行”，则需要根据法律是否授权原行政行为作出的行政复议机关以强制执行权，如果没有授权，则需要行政复议机关申请人民法院强制执行。对于“行政复议调解书，由行政复议机关依法强制执行，或者申请人民法院强制执行”的规定，应当理解为修订后的行政复议法对行政复议机关的授权，即授权行政复议机关对于行政复议调解书具有强制执行权。

【关联规范】

《中华人民共和国行政复议法》第七十六条；《中华人民共和国行政强制法》第十三条。

第七十九条　【行政复议决定书的公开、抄告】行政复议机关根据被申请行政复议的行政行为的公开情况，按照国家有关规定将行政复议决定书向社会公开。

县级以上地方各级人民政府办理以本级人民政府工作部门为被申请人的行政复议案件，应当将发生法律效力的行政复议决定书、意见书同时抄告被申请人的上一级主管部门。

【条文主旨】

本条是关于行政复议决定书公开和行政复议决定书、意见书抄告的规定。

【条文解读】

本条是增设条款，明确了行政复议决定书公开制度和行政复议决定书、意见书抄告制度。通过本条的增设，使得行政复议工作被纳入政府信息公开范围，也为上级机关监督下级机关提供了信息保障。理解本条的重点在于行政复议决定书公开的标准和行政复议决定书、意见书抄告的目的。

第一，行政复议决定书公开是政府信息公开的一环，是行政复议正当程序的组成部分，其根本目的在于“加强社会公众对行政复议工作的监督，提高行政复议的公信力”。[①] 就行政复议决定书公开的标准而言，条文规定：“行政复议机关根据被申请行政复议的行政行为的公开情况，按照国家有关规定将行政复议决定书向社会公开。”这里需要注意两点：一是行政复议决定书的公开要以原行政行为的公开情况作为基础。例如，原行政行为依法没有公开，则行政复议决定也不能公开。二是行政复议决定书的公开还需要遵循国家有关规定进行公开，具体要看“国家规定”，主要包括政府信息公开条例、行政处罚法等有关规定。比如，根据政府信息公开条例第十四条的规定，依法确定为国家秘密的政府信息，法律、行政法规禁止公开的政府信息，以及公开后可能危及国家安全、公共安全、经济安全、社会稳定的政府信息，不予公开。当然，法律的这些规定也适用于原行政行为的公开。

第二，就行政复议决定书、意见书抄告规定来看，无论是抄告的案件范围，还是抄告的对象，条文都进行了明确限定。根据本条规定，抄告的案件对象限于“县级以上地方各级人民政府办理以本级人民政府工作部门为被申请人的行政复议案件”，之所以作出如此限定，原因在于，不论是县级以上地方各级人民政府办理以下一级人民政府为被申请人的行政复议案件，还是以本级人民政府依法设立的派出机关为被申请人，又或者以本级人民政府或者其工作部门管理的法律、法规、规章授权的组织为被申请人的行政复议案件，如果按照本条第二款的规定，抄送的对象实际上都是行政复议机关本身，因此，不需要抄告。就抄告的目的来看，主要是将被申请人的违法或不当行为告知被申请人的上一级主管部门，从而使上一级主管部门知晓，并实现对被申请人的监督，这也是为了与本法第七十七条

---

① 赵丽君：《论行政复议决定书的公开》，载章剑生主编：《公法研究》（第 17 卷），浙江大学出版社 2018 年版，第 82 页。

第二款的规定相衔接。

【适用指南】

本条在实务中的适用重点在于对本条文中“国家有关规定”的解释。作为指示参照性条款，“国家有关规定”实际上指的是政府信息公开条例、行政处罚法等法律的有关规定。根据政府信息公开条例第十三条第一款规定：“除本条例第十四条、第十五条、第十六条规定的政府信息外，政府信息应当公开。”第十四条规定：“依法确定为国家秘密的政府信息，法律、行政法规禁止公开的政府信息，以及公开后可能危及国家安全、公共安全、经济安全、社会稳定的政府信息，不予公开。”第十五条规定：“涉及商业秘密、个人隐私等公开会对第三方合法权益造成损害的政府信息，行政机关不得公开。但是，第三方同意公开或者行政机关认为不公开会对公共利益造成重大影响的，予以公开。”至于第十六条，因为规定的是内部信息，而行政复议决定书针对的都是外部行为，因此不需要考虑。综合来看，行政复议决定书是否公开以及公开范围，基本的规定便是“公开为主+排除”，即除非涉及依法确定为国家秘密的政府信息，法律、行政法规禁止公开的政府信息，公开后可能危及国家安全、公共安全、经济安全、社会稳定的政府信息，以及涉及商业秘密、个人隐私等公开会对第三方合法权益造成损害的政府信息，行政复议决定书应当对外公开。

当然，行政处罚法等法律也涉及行政行为公开的规定，比如，行政处罚法第五条规定：“行政处罚遵循公正、公开的原则……对违法行为给予行政处罚的规定必须公布；未经公布的，不得作为行政处罚的依据。”如果行政处罚决定涉及政府信息公开条例规定的依法确定为国家秘密的政府信息，法律、行政法规禁止公开的政府信息，涉及商业秘密、个人隐私等公开会对第三方合法权益造成损害的政府信息的，不予公开。在此基础上，针对行政处罚作出的行政复议决定书，也应当根据行政处罚决定本身的公开情况加以确定。

【关联规范】

《中华人民共和国政府信息公开条例》第十三条、第十四条、第十五条；《中华人民共和国行政处罚法》第五条。

案例评析

行政行为撤销决定的作出标准

——项某某诉L市人民政府改变原行政行为行政复议决定案①

【案情简介】

项某某系涉案事故被害人周某的妻子。罗某聘请周某为案涉车辆油罐车驾驶员，案涉车辆登记所有人为第三人某某通公司。2017年9月29日，以罗某母亲作为乙方与某某通公司作为甲方就案涉车辆签订货运车代管协议，约定：乙方每年向甲方交纳管理费12000元，由甲方办理车辆的所有权年审及其他事务。案涉车辆使用公司营运资质、以甲方公司名义对外运营，驾驶员的安全责任由乙方负责。2019年11月19日18时30分，周某驾驶案涉车辆行至人民路某某村独木冲砂场路段处时，因操作不当，致使车辆冲下路坎侧翻，造成燃油泄漏的交通事故，驾驶员周某当场死亡。项某某于2019年12月16日向第三人L市人社局提交周某工伤认定申请，该局于2020年1月7日作出100036号认定工伤决定，认定周某所受伤害为工伤，某某通公司不服该决定，向被告L市政府提起行政复议，L市政府于2020年4月29日作出4号复议决定，撤销100036号认定工伤决定，要求L市人社局重新作出行政行为。L市人社局又于2020年6月15日作出100692号认定工伤决定，认定周某所受伤害为工伤，某某通公司再次就该决定书提起行政复议，L市政府于2020年10月16日作出16号复议决定，撤销L市人社局作出的100692号认定工伤决定，并要求L市人社局重新作出行政行为。项某某不服该行政复议决定，提起行政诉讼。

L市中级人民法院认为，本案争议焦点为：被告L市政府作出的16号复议决定是否有事实及法律依据。

《最高人民法院关于审理工伤保险行政案件若干问题的规定》第三条第一款第五项规定，个人挂靠其他单位对外经营，其聘用的人员因工伤亡的，被挂靠单位为承担工伤保险责任的单位。本案中，原告项某某提交的《货运车辆代管协议》《危险货物运输车辆承包经营合同》及《道路交通事故责任认定书》等证据能够证实，周某在驾驶油罐车过程中受到伤害以及该车辆系挂靠第三人某某通公司且以某某通公司名义进行经营的事实。

① 贵州省高级人民法院（2021）黔行终304号行政判决书。黄瑶、宋媛玉、叶署铭：《车辆挂靠关系中工伤保险责任的承担》，载《人民司法·案例》2022年第32期。

某某通公司主张该车辆未以其公司名义经营，无事实依据，不能成立。虽周某系罗某个人聘用的油罐车的驾驶员，但因该车登记的所有人为某某通公司，某某通公司应为周某法律上的雇主，某某通公司与周某之间形成事实劳动关系。第三人L市人社局根据本案事实，依据《最高人民法院关于审理工伤保险行政案件若干问题的规定》第三条第一款第五项及《工伤保险条例》第十四条第一项的规定，认定周某所受伤害为工伤，认定事实清楚，适用法律、法规正确，程序合法。被告L市政府作出的16号复议决定，认定事实不清，适用法律错误，应予撤销并恢复100692号认定工伤决定的法律效力。

据此，L市中级人民法院依照《中华人民共和国行政诉讼法》第七十条第一项、第二项及《最高人民法院关于适用〈中华人民共和国行政诉讼法〉的解释》第八十九条之规定，于2020年12月15日作出判决：一、撤销L市人民政府作出的16号复议决定；二、恢复L市人力资源和社会保障局作出的100692号工伤决定的法律效力。

某某通公司不服一审判决，向G省高级人民法院提起上诉，G省高级人民法院经审理，判决驳回上诉，维持原判。

【专家评析】

本案的关键正如一审法院L市中级人民法院总结的，被告L市政府作出的16号复议决定是否有事实及法律依据。

本案中，L市政府作出的16号复议决定是对L市人社局于2020年6月15日作出的100692号认定工伤决定的撤销。根据修订前的行政复议法第二十八条的规定，对于主要事实不清、证据不足的适用依据错误的，违反法定程序的，超越或者滥用职权的，行政复议机关可以撤销原行政行为，并可以要求被申请人在一定期限内重新作出行政行为。修订后的行政复议法第六十四条第一款也规定：“行政行为有下列情形之一的，行政复议机关决定撤销或者部分撤销该行政行为，并可以责令被申请人在一定期限内重新作出行政行为：（一）主要事实不清、证据不足；（二）违反法定程序；（三）适用的依据不合法；（四）超越职权或者滥用职权。”可见，行政复议撤销决定适用的条件主要为四类。然而，在本案中，法院经审理认为，L市人社局根据本案事实，依据《最高人民法院关于审理工伤保险行政案件若干问题的规定》第三条第一款第五项及《工伤保险条例》第十四条第一项的规定，认定周某所受伤害为工伤，认定事实清楚，适用法律、法规正确，程序合法，并不存在主要事实不清、证据不足，违反法定程序，适用的依据不合法，超越职权或者滥用职权的情形，行政复议机关也就不应当作出撤销决定，而是应该维持决定。因此可以说，L 市政府作出的 16 号复议决定确实不适当，法院判决撤销合法、正当。

确认违法决定的作出

——胡某某诉 J 市市场监督管理局食品行政处罚及 Z 省市场监督管理局行政复议案①

【案情简介】

2017 年 11 月 21 日，J 市市场监督管理局作出《行政处罚决定书》：（一）认定胡某某在未取得《食品经营许可证》的情况下，在 J 市大桥镇租赁办公场所及仓库，通过“婴童××”淘宝网店从事奶粉的销售，违反《中华人民共和国食品安全法》《食品经营许可管理办法》《网络食品安全违法行为查处办法》规定，对胡某某作出行政处罚：1. 没收 27 个快递盒内的奶粉；2. 处奶粉货值金额 10 倍的罚款 397371.20 元。（二）认定胡某某在“婴童××”网店公示虚假的《食品经营许可证》，违反《网络食品安全违法行为查处办法》规定，对胡某某责令改正并处以罚款 3 万元。胡某某不服，向 Z 省市场监督管理局申请行政复议。2018 年 5 月 22 日，Z 省市场监督管理局作出《行政复议决定书》，认定胡某某的违法行为事实清楚，证据确凿，行政处罚决定适用依据正确，内容恰当，但两次延长办案期限，实际办案时间已超过办案期限，行政处罚程序违法，根据行政复议法的规定，决定确认《行政处罚决定书》违法。胡某某不服，向人民法院起诉，请求撤销 J 市市场监督管理局作出的《行政处罚决定书》和 Z 省市场监督管理局作出的《行政复议决定书》。

法院经审理认为：被诉行政处罚决定认定事实清楚，适用法律正确，对违法行为定性准确，量罚适当，但办案超过法定期限，因未对胡某某的权利和行政处罚结果产生实际影响，故行政处罚决定不必撤销，应当依法确认程序轻微违法。被诉行政复议决定符合法定程序，认定事实清楚，适用法律正确。法院判决驳回原告胡某某的诉讼请求。

【专家评析】

本案的关键在于被申请人的程序违法，是否对申请人的权利产生实际

---

① 杭州互联网法院（2018）浙 0192 行初 1 号行政判决书，载中国裁判文书网，https：//wenshu. court. gov. cn/website/wenshu/181107ANFZ0BXSK4/index. html? docId = P83y7mkM3w1407BgbvGFVyuiSXyd6CMsG9d4b7Emq8HE2LJoyFb2HJ/dgBYosE2gBbsPyIg2 + tPPM/17vU + UrXgBjlxnuVd0omITPRdmaoEGaWU9Yoxw7dRJU1Dav0lm，最后访问时间：2023 年 10 月 13 日。

影响，这就涉及对“程序轻微违法，但是对申请人权利不产生实际影响”的理解和适用。对此，可以借鉴《最高人民法院关于适用〈中华人民共和国行政诉讼法〉的解释》的规定，该司法解释第九十六条明确列举了“程序轻微违法”的识别标准和具体情形，具体标准是“对原告依法享有的听证、陈述、申辩等重要程序性权利不产生实质损害”，列举的具体情形包括：“（一）处理期限轻微违法；（二）通知、送达等程序轻微违法；（三）其他程序轻微违法的情形。”作为对行政行为程序违法的判断，行政诉讼和行政复议应当不存在差异，可以说，行政复议中对于程序轻微违法的判断，完全可以借鉴行政诉讼中的规定。

本案中，J市市场监督管理局作出的行政处罚决定事实清楚、证据确凿、适用依据正确、内容恰当，只是在办案期限方面存在超期的违法情节，属于典型的程序违法，但其对处罚内容并没有产生实质影响。也就是说，即便没有超期，被申请人也会作出同样的行政处罚决定，被申请人的权利也没有因为被申请人超期办案而受到影响，属于“处理期限轻微违法”的情形，完全符合“程序轻微违法，但是对申请人权利不产生实际影响”的规定。据此，被申请人应当作出确认违法决定，法院作出的驳回诉讼请求的判决也不存在问题。

被申请人未提交证据、依据和其他材料的处理

——郭某某不服某乡人民政府限期拆除通知书申请行政复议案①

【案情简介】

2021年3月29日，某乡人民政府作出《限期拆除通知书》，载明“郭某某因未经批准在某路搭建房屋的行为违反了《中华人民共和国土地管理法》第五十九条，《中华人民共和国城乡规划法》第四十条和《宁夏回族自治区土地管理条例》第三十八条、第六十一条的规定，该建筑属违法建筑。依据《中华人民共和国土地管理法》第六十五条、第七十六条，《宁夏回族自治区土地管理条例》第七十三条，银川市人民政府《关于进一步加强制止和查处违法占地违法建设的通知》和《关于印发银川市制止和查处违法占地违法建设实施办法的通知》的规定，责令郭某某应于2021年4月4日前自行拆除在非法占用土地上建设的建筑物、构筑物，退还非法占

① 《行政复议典型案例⑤丨郭某某不服某乡人民政府限期拆除通知书申请行政复议案》，载“宁夏法治”微信公众号，https：//mp. weixin. qq. com/s/6DTg－iR7Rq－TDj0dl_6Lbw，最后访问时间：2023年10月24日。

用的土地，恢复土地原状，逾期不拆将强制拆除，涉嫌犯罪的依法追究刑事责任”。4月20日，某乡人民政府对郭某某的建筑物、构筑物进行强制拆除。2021年7月2日郭某某向复议机关申请行政复议，请求撤销《限期拆除通知书》，并确认某乡人民政府的强制拆除行为违法。

申请人认为，被申请人作出的《限期拆除通知书》是行政强制措施，没有立案审批，没有在文书中载明申请人所享有的诉讼或异议的权利等，没有告知申请人陈述、申辩的权利，没有充分结合申请人承包时间以及考虑历史遗留问题等，同时申请人在草原四至边上建造设施用房，并不需要向城乡规划行政部门申请办理建设用地规划许可证，且申请人所承包的土地不属于城乡规划区内，所建房屋也不属于乡镇企业、乡村公共设施和公共事业建设，并没有违反《中华人民共和国土地管理法》的规定。被申请人依据《中华人民共和国土地管理法》将申请人的设施拆除，属于事实认定错误、程序违法、适用法律依据错误。

被申请人认为申请人建造的房屋已被强制拆除，案涉《限期拆除通知书》不具有可撤销内容。《限期拆除通知书》的性质属于行政决定，并非行政强制措施。申请人占用未经批准的土地，搭建临建房，其行为违法。被申请人作出《限期拆除通知书》事实清楚，且被申请人向申请人依法进行了送达，程序合法，适用法律依据正确。复议机关受理案件后，被申请人某乡人民政府未在答复期限内向复议机关提交作出强制拆除行为所依据的事实性证据及程序性证据等材料，所提交的《履行限期拆除决定催告书》《强制拆除公告》《强制拆除决定书》等材料均未送达当事人签收。

复议机关认为，被申请人在答复期限内未向复议机构提交作出强制拆除行为所依据的事实性证据及程序性证据等材料，根据修订前的行政复议法第二十三条、第二十八条第一款第四项“被申请人不按照本法第二十三条的规定提出书面答复、提交当初作出具体行政行为的证据、依据和其他有关材料的，视为该具体行政行为没有证据、依据”的规定，同时综合考虑申请人案涉建筑物、构筑物已被被申请人强制拆除，申请人请求撤销《限期拆除通知书》已不具有可撤销内容。综合以上两点原因，复议机关作出确认行政机关具体行政行为违法的决定。

【专家评析】

该案的焦点问题主要有三点：第一，被申请人作出《限期拆除通知书》等主体是否适格，认定事实是否清楚、程序是否合法，适用法律依据是否正确？第二，被申请人不提交书面答复、作出具体行政行为的证据、依据和其他有关材料时，应如何处理？第三，对于被申请人作出的《限期拆除通知书》，应该如何处理？

首先，本案中，某乡人民政府的行为是否存在违法性？根据行政强制法第三十八条的规定，“催告书、行政强制执行决定书应当直接送达当事人”。本案中，某乡人民政府作出的《履行限期拆除决定催告书》《强制拆除公告》《强制拆除决定书》等材料均未送达当事人签收，属于严重的程序违法，对被申请人也不产生法律效力，由此产生的不利后果应由行政机关承担。

其次，本案中，在行政复议审查中，被申请人在答复期限内未向复议机构提交作出强制拆除行为所依据的事实性证据及程序性证据等材料。对此，修改前后的行政复议法均作了规定。修订前的行政复议法第二十三条、第二十八条第一款第四项规定“被申请人不按照本法第二十三条的规定提出书面答复、提交当初作出具体行政行为的证据、依据和其他有关材料的，视为该具体行政行为没有证据、依据”。修改后的行政复议法第七十条保留了旧法条内容，规定“被申请人不按照本法第四十八条、第五十四条的规定提出书面答复、提交作出行政行为的证据、依据和其他有关材料的，视为该行政行为没有证据、依据”“但是行政行为涉及第三人合法权益，第三人提供证据的除外”。这是一种典型的法律上的推定。本案中，被申请人在答复期限内未向复议机构提交作出强制拆除行为所依据的事实性证据及程序性证据等材料的行为，完全符合行政复议法规定的情形，同时，本案不涉及第三人合法权益，也无第三人提供证据，因此，应当按照“该行政行为没有证据、依据”处理。

最后，行政复议机关对于被申请人作出的《限期拆除通知书》应该如何处理的问题，实际上关系的是行政复议机关应当作出何种复议决定的问题。对此，应当按照如下顺序考虑：第一，针对被申请人作出的《限期拆除通知书》，因为其在答复期限内未向复议机构提交作出强制拆除行为所依据的事实性证据及程序性证据等材料，依据行政复议法的规定，应当按照“该行政行为没有证据、依据”处理。第二，对于“该行政行为没有证据、依据”，按照修订后的行政复议法第七十条规定“行政复议机关决定撤销、部分撤销该行政行为，确认该行政行为违法、无效或者决定被申请人在一定期限内履行”。当然，对于本案中被申请人的行为，行政复议机关应当作出撤销或部分撤销、确认违法，还是确认无效等，需要进一步考察修改前后的行政复议法的规定，结合本案具体情形加以判断。根据本案案情可以知道，被申请人存在严重的程序违法，根据修改前后的行政复议法的规定，行政复议机关完全应当作出撤销决定，但由于房屋已经被拆除，不具有可撤销内容，因此，无论是依据修订前的行政复议法第二十八条的规定，还是修订后的行政复议法第六十五条第二款的规定，即“行政行为有下列情形之一，不需要撤销或者责令履行的，行政复议机关确认该行政行为违法：（一）行政行为违法，但是不具有可撤销内容；（二）被申请人改变原违法行政行为，申请人仍要求撤销或者确认该行政行为违法；（三）被申请人不履行或者拖延履行法定职责，责令履行没有意义”，行政复议机关都应当作出确认违法决定。其背后目的在于为申请人申请国家赔偿提供前提和基础。本案中，行政复议机关的复议决定完全合法、适当。

行政复议和解的作出

——邵某某诉H市人力资源和社会保障局确认行政复议和解书无效纠纷不予受理行政裁定书案①

【案情简介】

2012年6月11日H市Y区人力资源和社会保障局认定邵某某构成工伤，工伤认定的用人单位某公司不服向H市人力资源和社会保障局申请行政复议，在复议期间邵某某与某公司达成和解协议，双方签署行政复议和解书，某公司撤回复议申请。现起诉人邵某某认为和解事项不属于行政复议和解范围，当事人名字写错、和解程序违法，以H市人力资源和社会保障局为被告诉至法院请求判令：一、确认H市人力资源和社会保障局作出的行政复议和解书的行为违法，依法确认该和解书无效后给予撤销；二、要求H市人力资源和社会保障局赔偿因其违法行政给原告造成的工伤待遇损失60000余元。

法院经审查认为，起诉人邵某某起诉撤销的行政复议和解书系邵某某与某公司双方达成的和解协议，不属于行政诉讼受案范围。依照《最高人民法院关于执行〈中华人民共和国行政诉讼法〉若干问题的解释》第一条第二款第三项、第四十四条第一款第一项的规定，裁定如下：对起诉人邵某某的起诉，本院不予受理。如不服本裁定，可在裁定送达之日起十日内向本院递交上诉状，上诉于A省H市中级人民法院。

---

① 安徽省合肥市蜀山区人民法院（2013）蜀行诉初字第00001号行政裁定书，载中国裁判文书网，https：//wenshu. court. gov. cn/website/wenshu/181107ANFZ0BXSK4/index. html?docId=d+dwNdGDyb/4LLPrgC5VDh5tWhIIqoeW1fBA2Ue8albN5LydHdFgxp/dgBYosE2gBbsPyIg2+tPPM/17vU+UrXgBjlxnuVd0omITPRdmaoGu0B+1OFtH3lkc9J8MrAKX，最后访问时间：2023年10月13日。

【专家评析】

本案的关键法律问题在于H市人力资源和社会保障局作出的行政复议和解书是否合法。根据《中华人民共和国行政复议法实施条例》第四十条的规定，“公民、法人或者其他组织对行政机关行使法律、法规规定的自由裁量权作出的具体行政行为不服申请行政复议，申请人与被申请人在行政复议决定作出前自愿达成和解的，应当向行政复议机构提交书面和解协议；和解内容不损害社会公共利益和他人合法权益的，行政复议机构应当准许”。根据该条可知，行政复议和解书的作出要满足以下几项条件：第一，和解是在申请人和被申请人之间达成；第二，和解针对的对象是行政机关行使法律、法规规定的自由裁量权作出的具体行政行为。以此检视本案，可以发现两点问题：第一，案件中和解并不是申请人某公司与被申请人H市Y区人力资源和社会保障局之间达成的，而是邵某某与某公司达成的，不符合《中华人民共和国行政复议法实施条例》第四十条规定的和解主体；第二，案件中和解针对的对象是工伤认定，而根据《工伤保险条例》等立法规定，工伤认定本身并不是行政机关的裁量权，也不属于《中华人民共和国行政复议法实施条例》第四十条规定的和解适用对象。由此，案例中的和解确实存在合法性问题。然而，修订后的行政复议法第七十四条第一款规定，当事人在行政复议决定作出前可以自愿达成和解，和解内容不得损害国家利益、社会公共利益和他人合法权益，不得违反法律、法规的强制性规定。该款并没有将行政复议和解的主体明确限定在申请人和被申请人之间，而是规定了“当事人”的概念。对此，是否可以断定立法者将行政复议和解主体扩大了？这只能有待立法者的立法说明和法律实施后的情况来看。同时，修订后的行政复议法第七十四条第一款也没有明确规定和解对象，但从“和解内容不得损害国家利益、社会公共利益和他人合法权益，不得违反法律、法规的强制性规定”的规定来看，行政复议和解的对象主要还是限于行政机关行使法律、法规规定的行政裁量权作出的行政行为。

被申请人不履行行政复议决定书的救济

——李某某与X县水利局不履行行政复议决定书职责案①

【案情简介】

《X县农村饮水安全全覆盖暨巩固提升工程实施方案及年度实施计划》以及《X县农村饮水安全巩固提升工程实施方案（修订稿）》已经通过X县人民政府《关于X县农村饮水安全全覆盖暨巩固提升工程实施方案及年度实施计划的批复》以及《关于X县农村饮水安全巩固提升实施方案（修订稿）的批复》批准，前述X县农村饮水安全巩固提升工程实施方案确定了X县某镇集中供水工程的选址地点为某坝。2017年8月25日，X县发改局作出《关于X县农村饮水安全巩固提升工程的批复》同意X县水利局实施某镇集中供水工程。2017年10月16日，S市水利局在对X县水利局提交的申请书、工程立项批复、初步设计报告、管维经费承诺书、专家审查意见等材料进行审查后，作出了《关于X县C镇集中供水工程初步设计的批复》。2017年11月13日，X县发改局作出《关于核准C镇集中供水工程项目招标方案的批复》，核准了C镇集中供水工程的主要建设内容及项目招标方案。新建水处理构筑物、清水池、辅助生产用房等工程在建设过程中。李某某对S市水利局作出的批复不服，于2018年6月25日向H省水利厅申请行政复议。H省水利厅认为S市水利局在X县水利局未提供环境影响评价报告书、取水许可证等审批手续的情况下即作出初步设计批复，程序违法，并于2018年9月21日作出行政复议决定书，撤销了《关于X县C镇集中供水工程初步设计的批复》。2018年10月22日，李某某向H省水利厅反映行政复议决定书没有得到履行，项目在批复被撤销的情况下仍在施工，请求项目停止施工并执行行政复议决定。H省水利厅向李某某作出了答复：李某某反映的问题，按照有关规定，属于不予受理的第二项情况，建议通过诉讼程序处理。李某某认为行政复议决定书的内容没有得到履行，遂提起本案行政诉讼。

一审法院认为，修订前的行政复议法第三十二条规定，被申请人应当履行行政复议决定。被申请人不履行或者无正当理由拖延履行行政复议决

① 湖南省邵阳市中级人民法院（2019）湘05行终132号行政裁定书，载中国裁判文书网，https：//wenshu. court. gov. cn/website/wenshu/181107ANFZ0BXSK4/index. html？ docId＝wxS4h485yWsb4NI+blQPmFJttQkpgB7gXXk1FoI/Jr64LVkVV2PIbJ/dgBYosE2gBbsPyIg2+tPPM/17vU+UrXgBjlxnuVd0omITPRdmaoE06l0ee5X4xmbZp5QLzr1e，最后访问时间：2023年10月13日。

定的，行政复议机关或者有关上级行政机关应当责令其限期履行。本案中，李某某是行政复议申请人，S市水利局是被申请人，行政复议机关为H省水利厅。H省水利厅作出的行政复议决定书已经生效。李某某要求履行生效行政复议决定，应按照上述法律规定请求H省水利厅督促S市水利局履行行政复议决定，不应再通过行政诉讼进行处理。李某某的其他诉讼请求，无X县水利局作出具体行政行为的事实依据，不符合起诉的法律规定。李某某的起诉不属于人民法院行政诉讼受案范围。遂依照《中华人民共和国行政诉讼法》第四十九条及《最高人民法院关于适用〈中华人民共和国行政诉讼法〉的解释》第六十九条第一款第一项的规定，裁定驳回李某某的起诉。

上诉人李某某上诉称：1. 根据法律规定，裁定驳回起诉只适用于书面审理的案件，原审法院在开庭审理后裁定驳回李某某起诉属程序违法。2. 根据《中华人民共和国行政复议法实施条例》第五十四条的规定，X县水利局有履行行政复议决定的职责。原审认为应该由H省水利厅督促S市水利局履行行政复议决定系适用法律错误。3. 上诉人依据《中华人民共和国行政诉讼法》第十二条第六项的规定提起行政诉讼，符合法律规定，且履行行政复议职责属于行政诉讼受案范围，原审认为不属于行政诉讼受案范围系适用法律错误。4. X县水利局未举证证明其作出的行政行为具有合法性，故原审认定李某某其他诉讼请求无事实根据，属于枉法裁判。故请求：1. 撤销原审裁定，并由二审法院直接审理；2. 将被上诉人X县水利局涉嫌渎职侵权犯罪的相关责任人依法移送监察委；3. 确认S市水利局、X县水利局、招标单位及施工队均为履行行政复议决定的单位；4. 确认被上诉人在行政复议决定书后作出的行政许可文件无效；5. 确认某坝饮水工程改造项目法人主体资格不合法；6. 被上诉人X县水利局赔偿上诉人及C村村民误工损失45万元；7. 对X县发改委相关文件进行合法性审查；8. 对C村某坝水库扶贫资金审批立项的收益权进行合法性审查。

被上诉人X县水利局答辩称，原审裁定认定事实清楚，证据充分，程序合法，适用法律正确。请求二审法院驳回上诉，维持原裁定。

二审法院经审理认为，本案争议的焦点是李某某的起诉是否符合法律规定的起诉条件，原审裁定驳回李某某的起诉是否正确。

《中华人民共和国行政诉讼法》第四十九条规定，提起诉讼应当符合下列条件：（一）原告是符合本法第二十五条规定的公民、法人或者其他组织；（二）有明确的被告；（三）有具体的诉讼请求和事实根据；（四）属于人民法院受案范围和受诉人民法院管辖。首先，本案涉及的某坝水库被选址为X县C镇集中供水工程，从李某某提交的《推荐委托书》来看，X县C村委托李某某维护其权益，李某某也认为某坝水库为C村所有，李某某只能作为委托代理人或诉讼代表人参与诉讼，其以村民个人名义起诉并不具备原告主体资格。其次，李某某在一审起诉时，提出六项诉讼请求，有的诉讼请求并未针对明确具体的行政行为，可以认定其诉讼请求不明确。最后，《中华人民共和国行政复议法》第三十二条第二款①已明确规定，被申请人不履行或者无正当理由拖延履行行政复议决定的，行政复议机关或者有关上级行政机关应当责令其限期履行。故对行政机关不履行行政复议决定再提起行政诉讼没有法律依据。李某某为此提起的行政诉讼，不属于人民法院行政案件的受案范围。故李某某的起诉不符合法律规定的起诉条件，原审裁定驳回其起诉并无不当。《最高人民法院关于适用〈中华人民共和国行政诉讼法〉的解释》第六十九条第三款规定，人民法院经过阅卷、调查或者询问当事人，认为不需要开庭审理的，可以径行裁定驳回起诉。李某某上诉提出裁定驳回起诉只适用于书面审理的案件，原审法院在开庭审理后裁定驳回其起诉属程序违法，系李某某对上述法律规定的错误理解。李某某提出对不履行行政复议决定提起诉讼属于行政案件受案范围，S市水利局、X县水利局、招标单位及施工队均为履行行政复议决定的单位，李某某提出上述上诉理由均因其对法律的误解所致。对于李某某上诉提出的超出原审审理范围的上诉请求，本院二审不予审查。综上，李某某的起诉不符合法律规定的起诉条件，原审裁定驳回李某某的起诉正确。李某某的上诉理由均不成立，对其上诉请求，本院不予支持。据此，依照《中华人民共和国行政诉讼法》第八十九条第一款第一项的规定，驳回上诉，维持原裁定。

【专家评析】

本案的关键在于申请人在被申请人S市水利局不履行H省水利厅作出的行政复议决定时该如何救济。对此，修订前的行政复议法第三十二条规定："被申请人应当履行行政复议决定。被申请人不履行或者无正当理由拖延履行行政复议决定的，行政复议机关或者有关上级行政机关责令其限期履行。"新修的行政复议法第七十七条保留了该内容，并将被申请人应当履行的对象扩展到行政复议决定书、调解书、意见书，同时增加被申请人不履行时的约谈措施。很明显，根据修订前后的行政复议法的规定，当被申请人不履行行政复议决定时，应当由行政复议机关或者有关上级行政

---

① 对应修订后行政复议法第七十七条。

机关责令其限期履行，至于被申请人不履行行政复议决定，申请人是否可以提起诉讼，修订前后的行政复议法都没有作出规定。本案中，两级法院均认为，根据修改前的行政复议法第三十二条的规定，李某某应请求H省水利厅督促S市水利局履行行政复议决定，不应再通过行政诉讼进行处理，李某某对行政机关不履行行政复议决定再提起行政诉讼没有法律依据，不属于行政诉讼的受案范围。

我们认为，法院的认定是适当的。不论是修订前的行政复议法第三十二条，还是修订后的行政复议法第七十七条，均明确课以行政复议机关或有关上级机关责令被申请人履行行政复议决定的义务或职责，这为申请人不履行行政复议决定提供了救济渠道。虽然，条文并没有明确申请人有权请求行政复议机关或有关上级机关责令被申请人履行，但从权利救济的角度而言，应当认定该条赋予了申请人救济权利，而非纯粹为了客观法秩序的维护。从权利救济的实效性来看，由行政复议机关或有关上级行政机关责令被申请人履行更加直接、有效，也有利于实质性解决行政争议。而且，申请人针对行政复议可以提起行政诉讼的对象，主要是行政复议决定，而非行政复议决定的履行行为。此外，如果允许申请人就履行行为向法院提起诉讼，就意味着法院需要对行政复议决定进行审查，这会导致法院提前介入行政复议之中，影响行政复议解决纠纷的主渠道地位。

第六章　法律责任

第八十条　【不履行行政复议职责的法律责任】行政复议机关不依照本法规定履行行政复议职责，对负有责任的领导人员和直接责任人员依法给予警告、记过、记大过的处分；经有权监督的机关督促仍不改正或者造成严重后果的，依法给予降级、撤职、开除的处分。

【条文主旨】

本条是关于行政复议机关不履行行政复议职责的法律责任的规定。

【条文解读】

本条是在修订前的行政复议法第三十四条的基础上修改而来，主要修改之处在于将原条文中的“无正当理由不予受理依法提出的行政复议申请”等具体情形的相关表述总结为“不依照本法规定履行行政复议职责”，将“责令受理仍不受理或者不按照规定转送行政复议申请”凝练为“经有权监督的机关督促仍不改正”。此外，修改后的“经有权监督的行政机关督促仍不改正”可以单独作为给予更严厉处分的要件，不再要求“造成严重后果”这一结果要件。可见，本条经修改后，对相关责任人员的处分力度有所加强。

一、本条中法律责任的含义

本条中的法律责任是指，行政复议机关或者行政复议机构不依法履行行政复议职责，则由行政复议机关或行政复议机构中负有责任的领导人员和直接责任人员承担的法律上之不利后果。同时，若经有权监督的行政机关督促仍不改正，或者造成严重后果时，该法律责任将会加重。

二、本条中法律责任的适用条件

本条中法律责任的适用条件是“行政复议机关不依照本法规定履行行政复议职责”，也就是行政复议的不作为行为。行政复议的不作为，是指行政复议机关或行政复议机构具有复议的法定义务并且有作为的可能性，但消极履行复议义务的行为。具体来说，判断行政复议机关、行政复议机构是否在行政复议中不作为有四个要件，分别是主体要件、法定义务要件、行为要件和作为可能性要件。① 主体要件指行为主体仅为行政复议机关、机构及其行政复议工作人员；法定义务要件指须有法律规范规定的作为义务；行为要件指行政复议机关、机构不履行或者拖延履行职责复议义务的行为；作为可能性要件指行政复议机关、机构虽有作为的能力，却不履行职责，本要件旨在将客观作为不能的行为排除出本条的涵摄范围，将如遇海啸、地震等不可抗力事件所导致的行政复议职责客观无法履行的情况予以排除。

针对个案中的不履行行政复议职责这一条的考量，应当通过以上四要件进行个别判定：主体是否适格、是否具有法定义务来源、不作为的表现是什么、是否具有客观履行能力。如符合上述要件，则应将行政复议机关、机构的行为确定为不履行行政复议职责。

三、本条中法律责任的适用内容

本条中适用的法律责任是“处分”，内容包括警告、记过、记大过、降级、撤职、开除六种，完全涵盖了公务员法政务处分法中规定的处分种类。公职人员政务处分法第三十九条第二项规定，不履行或者不正确履行职责，玩忽职守，贻误工作，造成不良后果或者影响的，予以警告、记过或者记大过；情节较重的，予以降级或者撤职；情节严重的，予以开除。政务处分法从政务处分的角度对不履行职责的追责情况进行了列举，本条则在其基础上，对不履行行政复议职责的行政复议机关、行政复议机关中负有责任的领导人员和直接责任人员的不履行职责之追责情况进行了一定的细化。对各种原因造成的不依法履责行为，应予以警告、记过、记大过的处分或者政务处分。而若经督促仍不改正错误，或造成严重后果的，则应当认定为加重情节，提高处分强度，依法予以降级、撤职、开除的政务处分。

---

① 王青斌：《行政复议不作为的法律治理》，载《现代法学》2020 年第 3 期。

【适用指南】

第一，本条中法律责任针对的行为是“行政复议机关不依照本法规定履行行政复议职责”这一行政复议不作为行为，但处分的对象并非行政复议机关、机构，而是其中负有责任的领导人员和直接责任人员。国家机关、机构不得作为违法犯罪的主体，负有责任的领导人员和直接责任人员才应作为处分对象，被科以法律上的不利后果。

第二，本条适用的条件有两个层级，第一层级即“不依照本法规定履行行政复议职责”；第二层级则是加重情节，包括“经有权监督的行政机关督促仍不改正”和“造成严重后果”。一般来说，适用第二层级的处分前必然已经适用了第一层级的处分，这体现了不同严厉程度的处分的梯度。

【关联规范】

《中华人民共和国公职人员政务处分法》第七条；《中华人民共和国公务员法》第六十二条；《中华人民共和国刑法》第三百九十七条；《行政机关公务员处分条例》第六条。

第八十一条　【渎职、失职行为的法律责任】行政复议机关工作人员在行政复议活动中，徇私舞弊或者有其他渎职、失职行为的，依法给予警告、记过、记大过的处分；情节严重的，依法给予降级、撤职、开除的处分；构成犯罪的，依法追究刑事责任。

【条文主旨】

本条是关于行政复议机关工作人员渎职、失职行为的法律责任的规定。

【条文解读】

本条是在修订前的行政复议法第三十五条的基础上修改而来，该条的表述为“行政复议机关工作人员在行政复议活动中，徇私舞弊或者有其他渎职、失职行为的，依法给予警告、记过、记大过的行政处分；情节严重的，依法给予降级、撤职、开除的行政处分；构成犯罪的，依法追究刑事责任”。本次修订对部分表述做了精炼，将原法条中使用的两处“行政处分”之表述，修改为“处分”。作此修改的原因在于处分双轨制的施行，监察法实施后，由各级监察委员会对公职人员予以“政务处分”，而该公务员所在机关则可以对其进行“处分”，两种处分存在择一的选择关系。①

一、本条中法律责任的含义

本条中的法律责任是指行政复议机关的工作人员在行政复议活动中徇私舞弊或者有其他渎职、失职行为应当承担的不利法律后果。行政复议机关的工作人员在行政复议活动中负有勤勉的义务，应当积极履行相应的行政复议职责，不得徇私舞弊或者有其他的渎职、失职行为。若行政复议机关的工作人员出现渎职、失职行为的，视情节轻重程度应分别给予相应的处分，构成犯罪的，应当依法追究刑事责任。

二、本条中法律责任的适用条件

本条中法律责任针对的是行政复议机关的工作人员在行政复议活动中徇私舞弊或者有其他渎职、失职行为。其适用的条件有三：

第一，主体条件必须为行政复议机关的工作人员。这里的“行政复议机关工作人员”，即行政机关中专门从事行政复议工作的国家公务员，是公职人员的子集。需要注意两点，一是本条适用对象仅为公职人员中行政复议机关的工作人员，而不得为权力机关、审判机关、检察机关、军队机关等机关中的工作人员；二是本条适用的对象仅为在行政复议活动中从事行政复议工作的人员，而不得为从事其他行政活动中的工作人员。

第二，时间条件必须限定于在行政复议活动中。本条适用的时间仅限于在行政复议活动中的失职、渎职行为。也就是说，如果行政复议机关的工作人员在行政复议申请前、行政复议结束后出现的失职、渎职行为，则不能按照本条的规定予以处分。

第三，行为条件必须仅限于徇私舞弊等失职、渎职行为。这些行为的表现形式可以是不作为的形式，也可以是作为的形式；可以表现为在行政复议的受理中，应当受理而不受理、拖延受理等不作为形式的渎职行为，也可以表现为行政复议机关中的工作人员在行政复议活动中徇私，为私情私利而作出有利于或不利于行政相对人的行政复议决定，违反了行政复议

① 朱福惠：《〈政务处分法〉上纪律处分双轨制的形成机理与衔接适用》，载《河北法学》2021 年第 9 期。

的公平公正，妨害了行政复议秩序的行为。

三、本条中法律责任的适用内容

本条主要是针对行政内部的处分所作的规定，即对行政复议机关中从事行政复议工作的人员可以处以警告、记过、记大过、降级、撤职、开除的处分。若行政复议机关中从事行政复议工作的人员，在行政复议活动中的徇私舞弊、失职渎职行为构成犯罪的，应当追究其相应的刑事责任。这涉及了处分与刑事犯罪的区分界定。对于刑事犯罪的成立与否而言，应当以犯罪的构成要件为唯一判定标准，从主体、主观方面、客体、客观方面或者刑事犯罪的阶层构成要件理论予以判定。需要注意的是，不论是行政处分抑或刑事犯罪，其主体都已经被限定为行政复议机关的工作人员这一公职人员，而应从主观方面考察主体的主观心态，并综合客观的渎职失职行为以及行为所侵犯的客体，予以认定。

【适用指南】

行政复议机关工作人员在行政复议活动中的徇私舞弊、失职渎职行为，存在情节轻重之区分。公职人员政务处分法中将情节程度划定为较轻、较重以及严重三种，应当依据违法行为的性质、危害程度和后果对情节的轻重程度进行综合界定。① 若认为徇私舞弊、渎职失职行为属于一般的违法行为，可以对其处以警告、记过、记大过的处分；若认定行为情节严重的，应给予降级、撤职和开除的处分。

【关联规范】

《中华人民共和国公职人员政务处分法》第七条、第三十九条；《中华人民共和国公务员法》第六十二条。

① 朱福惠：《〈政务处分法〉上纪律处分双轨制的形成机理与衔接适用》，载《河北法学》2021 年第 9 期。

第八十二条　【被申请人不履行义务的法律责任】 被申请人违反本法规定，不提出书面答复或者不提交作出行政行为的证据、依据和其他有关材料，或者阻挠、变相阻挠公民、法人或者其他组织依法申请行政复议的，对负有责任的领导人员和直接责任人员依法给予警告、记过、记大过的处分；进行报复陷害的，依法给予降级、撤职、开除的处分；构成犯罪的，依法追究刑事责任。

【条文主旨】

本条是对被申请人不履行法定义务的法律责任的规定。

【条文解读】

本条是在修订前的行政复议法第三十六条的基础上修改而来，该条规定："被申请人违反本法规定，不提出书面答复或者不提交作出具体行政行为的证据、依据和其他有关材料，或者阻挠、变相阻挠公民、法人或者其他组织依法申请行政复议的，对直接负责的主管人员和其他直接责任人员依法给予警告、记过、记大过的行政处分；进行报复陷害的，依法给予降级、撤职、开除的行政处分；构成犯罪的，依法追究刑事责任。"主要修改之处在于：第一，将原法条中使用的"行政处分"之表述修改为"处分"；第二，本次修订扩张了原法条中对于主管人员的追责范围，将"直接负责的主管人员"，扩张为"负有责任的领导人员"，从直接负责的维度进行了扩展，有利于规制行政诿责现象。

一、本条中法律责任的含义

本条中的法律责任，是针对被申请人不履行法定义务所应当承担的法律责任。被申请人在行政复议活动中负有法定义务，应积极作成书面答复或提交作出行政行为的证据、依据和其他有关材料，而不得以阻挠或变相阻挠的方式阻碍行政复议的申请。若被申请人存在以上行为的，应当对其负责的主管人员、其他直接责任人员给予处分，构成犯罪的，依法追究其刑事责任。

二、本条中法律责任的适用对象

本条的适用对象是"负有责任的领导人员和直接责任人员"。也就是说，当被申请人不提出书面答复或者不提交作出行政行为的证据、依据和其他有关材料，或者阻挠、变相阻挠公民、法人或者其他组织依法申请行政复议的，并不处分被申请人这一行政机关，而处分其中的工作人员。其法理基础在于：第一，处分的适用对象是公务员，而不得以机关作为处分对象；第二，被申请人为行政机关这一法律拟制的行政主体，其具体事务的执行仍有赖于在其中工作的自然人，故此处的处分之设定，以“负有责任的领导人员和直接责任人员”为责任主体。

三、本条中法律责任的适用条件

本条的适用条件为“不提出书面答复或者不提交作出行政行为的证据、依据和其他有关材料，或者阻挠、变相阻挠公民、法人或者其他组织依法申请行政复议”。由此可知，构成本条规定之行为可以有两种表现形式，其一，为“不提出书面答复或者不提交作出行政行为的证据、依据和其他有关材料”。这种行为表现为消极的不作为，本条通过列举将被申请人不依法履行答复的情形做了正面罗列。由本法的规定可知，行政复议机关具有行政复议的职责，其应当遵循公开、及时、便民的原则，质言之，被申请人应当积极履行自身的职责，对行政复议的申请，需主动、积极作出书面答复，或提交作出行政行为的证据、依据，以证明行政行为的合法性、有效性。其二，为“阻挠、变相阻挠公民、法人或者其他组织依法申请行政复议”。此规定旨在对阻挠复议申请的行为进行概括并兜底，将所有被申请人阻挠、变相阻挠的行为囊括进法条的涵摄范围之中。

【适用指南】

第一，本条中所称的“负有责任的领导人员和直接责任人员”，是指在行政复议活动中，对违法行为应当承担领导责任的主管人员、其他直接责任人员。这些人既包括不提出书面答复或者不提交作出行政行为的证据、依据的被申请人的工作人员及其主管人员，也包括阻挠、变相阻挠行政复议申请的被申请人的工作人员及其主管人员，而不包括非被申请人的其他行政机关、司法机关、军事机关等机关中的阻挠、变相阻挠的工作人员。

第二，本条在适用中还需注意处分的适用情节。本条并未如上条一样，规定“情节严重的，依法给予……处分”，而是直接规定了“进行报复陷害的，依法给予降级、撤职、开除的处分”。也就是说，法律在此明示了处分加重的情形有且仅有“进行报复陷害的”这一情形。除此之外，关于处分与刑事犯罪的界分问题，本条所规定的不履行法定答复义务，阻挠、变相阻挠行政复议申请的行为，一般应予以处分，而若被申请人的工作人员有报复陷害行为的，且该行为符合刑法第二百五十四条报复陷害罪的构成要件的话，应当追究其刑事责任。

【关联规范】

《中华人民共和国公职人员政务处分法》第七条；《中华人民共和国公务员法》第六十二条；《中华人民共和国刑法》第二百五十四条；《中华人民共和国行政复议法》第二十九条；《行政机关公务员处分条例》第六条。

第八十三条　【不履行、拖延履行行政复议决定的法律责任】被申请人不履行或者无正当理由拖延履行行政复议决定书、调解书、意见书的，对负有责任的领导人员和直接责任人员依法给予警告、记过、记大过的处分；经责令履行仍拒不履行的，依法给予降级、撤职、开除的处分。

【条文主旨】

本条是对被申请人不履行、拖延履行行政复议决定的法律责任的规定。

【条文解读】

本条是在修订前的行政复议法第六章第三十七条的基础上修改而来的，该条规定："被申请人不履行或者无正当理由拖延履行行政复议决定的，对直接负责的主管人员和其他直接责任人员依法给予警告、记过、记大过的行政处分；经责令履行仍拒不履行的，依法给予降级、撤职、开除的行政处分。"主要修改之处在于：其一，将原法条中使用的两处"行政处分"之表述修改为"处分"；其二，在原法条中"不履行或者无正当理由拖延履行行政复议决定"后添加"决定书、调解书、意见书的"；其三，扩展了对领导责任的认定范围，将原法条中确定的"直接负责的主管人员和其他直接责任人员"扩大为"负有责任的领导人员和直接责任人员"。

一、本条中法律责任的含义

本条中法律责任，是针对被申请人不履行、拖延履行行政复议决定所应当承担的法律责任。对于行政复议决定，被申请人有义务积极履行行政复议决定所载明的内容，而不应不履行或无正当理由拖延履行。被申请人若存在以上行为的，应当对其负责的主管人员、其他直接责任人员给予警告、记过、记大过的处分；经责令后仍拒不履行的，依法给予降级、撤职、开除的处分。

二、本条中法律责任的适用对象

本条的适用对象是“负有责任的领导人员和直接责任人员”。质言之，当被申请人不履行或者无正当理由拖延履行行政复议决定书、调解书、意见书的，并不对这一行政复议机关科以责任，而仅对其中负领导责任的主管人员和其他直接责任人员予以处分，理由同上。

三、本条中法律责任的适用条件

本条的适用条件为“不履行或者无正当理由拖延履行行政复议决定书、调解书、意见书”，即被申请人在行政复议决定作出后，没有正当理由，不履行或拖延履行行政复议决定。在此可以区分出两个要件，其一，时间要件：必须在行政复议决定作出后，已经形成行政复议决定书、调解书、意见书。其二，无阻却事由：若被申请人不履行行政复议决定的，不具备任何阻却事由，质言之，即使被申请人有正当理由，也违反本条之规定。若被申请人延迟履行行政复议决定的，在此需要进行具体判定，如存在正当理由的，可以延迟履行，等待阻却事由消失即可恢复履行；如不存在正当理由的，被申请人延迟履行行政复议决定的行为即视为没有违法性的阻却事由，直接构成本条规定的违法行为。

【适用指南】

本条在适用中应当把握处分情节的区分。根据本条规定，当被申请人存在不履行、无正当理由延迟履行复议决定的，应当给予警告、记过、记大过的处分。只有当上级复议机关责令后仍拒不履行的，才应当加重处分，给予降级、撤职、开除的处分。若上级复议机关未责令其履行的，申请人也可以向法院申请强制执行。需要注意的是，本条中并没有规定行政违法向法定犯的转化，即未规定“构成犯罪的，依法追究刑事责任”。也就是说，本条所载明的不履行、无正当理由延迟履行的行政违法行为，并不直接可以转化为刑事犯罪行为。若被申请人的直接负责的主管人员和其他直接责任人员在不履行、无正当理由延迟履行行政复议决定的过程中，采取了其他违反刑事法律的行为，应当按刑法的相关规定进行刑事处罚。

【关联规范】

《中华人民共和国行政复议法》第六十二条、第七十二条；《行政机关公务员处分条例》第六条；《中华人民共和国公职人员政务处分法》第七条；《中华人民共和国公务员法》第六十二条；《中华人民共和国行政复议法实施条例》第六十四条。

第八十四条　【拒绝、阻挠调查取证的法律责任】拒绝、阻挠行政复议人员调查取证，故意扰乱行政复议工作秩序的，依法给予处分、治安管理处罚；构成犯罪的，依法追究刑事责任。

【条文主旨】

本条是关于故意扰乱行政复议工作秩序的法律责任的规定。

【条文解读】

本条来源于行政复议法实施条例第六十三条，是在其基础上修改而来，该条规定："拒绝或者阻挠行政复议人员调查取证、查阅、复制、调取有关文件和资料的，对有关责任人员依法给予处分或者治安处罚；构成犯罪的，依法追究刑事责任。"主要修改之处在于：其一，对部分表述作了形式上的修正，如将"拒绝或者阻挠"修改为"拒绝、阻挠"、将"对有关责任人员"的表述进行了删减；其二，将"有关文件和资料"进行了修改，扩展了拒绝、阻挠调取对象的范畴；其三，明确了主观过错的追责要件，阻挠、拒绝调查取证，需以"故意扰乱行政复议工作秩序"为必要条件。

本条是禁止性规定，任何公民、法人或者其他组织不得故意扰乱行政复议工作秩序，拒绝、阻挠行政复议人员通过调查取证、查阅、复制、调取等方式获取行政复议有关证据。若有公职人员这一特殊主体的人员拒绝、阻挠行政复议人员调查取证违反本条规定的，应给予相应的处分或者政务处分。若非特殊主体的人员违反本条规定的，应给予治安管理处罚。

理解本条文的重点在于掌握本条的适用对象、适用条件。本条的适用对象有两类人，特殊主体的公职人员以及非特殊主体的一般自然人，若特殊主体人员拒绝、阻挠行政复议人员调查取证的，一般应予以内部的处分。与此不同的是，若非特殊主体者违反本条规定，拒绝、阻挠行政复议人员调查取证、查阅、复制、调取有关证据的，且该拒绝、阻挠行为符合治安管理处罚法之规定的，则只能对其处以治安管理的行政处罚。

【适用指南】

第一，本条中所称的“拒绝、阻挠行政复议人员调查取证”行为，其行为主体可以为特殊主体，也可以为非特殊主体。举例而言，国家机关的工作人员可以利用其职权拒绝、阻挠行政复议人员的调查取证活动，一般的自然人也可以阻碍国家机关工作人员依法执行行政复议的职务，即涉嫌违反治安管理处罚法第五十条第二项的规定。主体不同，行为不同，所引发的法律效果，承担的法律责任则不尽相同。

第二，行政机关的公务员这一具有特殊身份的主体所做的违法违纪行为，可以给予相应的处分，这种处分包括，行政处分以及政务处分。前者是指由行政机关依法对其公务员所作出的行政内部处分，包括警告、记过、记大过、降级、撤职、开除六种。后者则指由监察机关依据监察法规对违法违纪的公务员所作出的处分，同样包括警告、记过、记大过、降级、撤职、开除，属于监察机关对公务员的外部制约。① 这种双轨制的处分，其行为方式相同，而性质不同，但都针对的是特殊主体，即公职人员。

【关联规范】

《行政机关公务员处分条例》第六条；《中华人民共和国公职人员政务处分法》第七条；《中华人民共和国公务员法》第六十二条；《中华人民共和国治安管理处罚法》第五十条；《中华人民共和国行政复议法实施条例》第六十三条。

① 任巧：《论对行政公务员的行政处分和政务处分双轨机制之间的调适》，载《重庆社会科学》2019 年第 12 期。

第八十五条　【移送违法事实材料】行政机关及其工作人员违反本法规定的，行政复议机关可以向监察机关或者公职人员任免机关、单位移送有关人员违法的事实材料，接受移送的监察机关或者公职人员任免机关、单位应当依法处理。

【条文主旨】

本条是关于行政复议机关移送有关人员的违法事实材料的规定。

【条文解读】

本条是案件移送的规定，行政复议机关在复议活动中发现行政机关及其工作人员违反本法规定的，可以向监察机关或公职人员任免机关、单位移送有关人员的违法事实材料，受移送的机关应当依法处理。

本条来源于修订前的行政复议法第六章第三十八条，该条规定："行政复议机关负责法制工作的机构发现有无正当理由不予受理行政复议申请、不按照规定期限作出行政复议决定、徇私舞弊、对申请人打击报复或者不履行行政复议决定等情形的，应当向有关行政机关提出建议，有关行政机关应当依照本法和有关法律、行政法规的规定作出处理。"本次修订对本条所作的修改非常大，首先，原法条规定的是行政复议机关的建议权，而现法条为了响应监察体制改革，将其变更为向监察机关或者公职人员任免机关、单位移送违法的事实材料之规定；其次，原法条正面列举了提出建议的具体情形，包括"有无正当理由不予受理行政复议申请、不按照规定期限作出行政复议决定、徇私舞弊、对申请人打击报复或者不履行行政复议决定等情形"，而现法条则概括式地将其规定为"违反本法规定"的行为。

理解本条文的重点在于掌握接受移送的机关。本条明确规定，"行政复议机关可以向监察机关或者公职人员任免机关、单位移送有关人员违法的事实材料，接受移送的监察机关或者公职人员任免机关、单位应当依法处理"。也就是说，行政复议机关享有选择权，其可以向监察机关、公职人员任免机关、单位中的任一机关进行移送，接受移送的机关则不能再次转移送，而应当依法予以受理。

【适用指南】

本条在实务的适用要点在于掌握材料移送的标准。在本条的表述中，使用了行政复议机关“可以”向监察机关或者公职人员任免机关、单位移送有关人员违法的事实材料，而后又规定了接受移送的监察机关或者公职人员任免机关、单位“应当”依法处理。此处的“可以”与“应当”需作何解释？行政复议机关是否“可以”向上述三机关移送有关人员违法的事实材料，也“可以”不移送？此处的“可以”不应理解为是与否的选择关系，而应理解为择一的选择关系，即行政复议机关在发现有关人员的违法的事实材料后，应予以移送，但“可以”选择上述各机关中的任一机关进行移送，而接受移送的机关不得主张自身没有管辖权限等理由拒绝接受移送，而应当受理。

【关联规范】

《中华人民共和国监察法》第十一条、第三十四条。

第八十六条　【移送涉嫌职务违法、犯罪问题线索】 行政复议机关在办理行政复议案件过程中，发现公职人员涉嫌贪污贿赂、失职渎职等职务违法或者职务犯罪的问题线索，应当依照有关规定移送监察机关，由监察机关依法调查处置。

【条文主旨】

本条是关于行政复议机关移送涉嫌职务违法或者犯罪问题线索的规定。

【条文解读】

行政复议机构在复议活动中发现公职人员涉嫌贪污贿赂、失职渎职等职务违法或者职务犯罪的，应向监察机关移送案件。本条是新增条款，旨在响应监察体制改革，将办理行政复议案件过程中发现涉嫌贪污贿赂、失职渎职等职务违法、犯罪问题线索的，移送监察机关处置。理解本条文的重点在于掌握如下移送的要件：

第一，时间要件。根据本条规定，行政复议机关“在办理行政复议案件过程中”发现公职人员涉嫌贪污贿赂、失职渎职等职务违法或者职务犯罪的，才应当移送。而行政复议受理之前发现贪污贿赂、失职渎职等职务违法或者职务犯罪的，则不纳入本条的打击范围。

第二，行为要求。即只有当发现公职人员的涉嫌贪污贿赂、失职渎职等职务违法、犯罪的行为，才应当向监察机关移送。也就是说，行为仅限于贪污贿赂、失职渎职等职务违法的行为，以及犯罪的行为，这些行为所侵害的客体是职务的正当性或廉洁性、国家对职务活动的管理职能。不论是否构成犯罪，即使构成行政违法，也应当向监察机关移送。监察机关对贪污贿赂、失职渎职的职务违法行为的调查，与对职务犯罪的侦查程序基本相同，是职务违法与职务犯罪调查程序“一元化模式”的体现，有利于监察效率的实现。①

【适用指南】

监察体制改革要求监察工作效率高、监察工作结果有效。这就要求行政复议机关在发现本条所规定的违法、犯罪行为时，应当立即将案件移送至监察机关，监察机关一般不得以不具备管辖权限为由拒绝接受移送，并应当依法进行调查与处置。若监察机关认为该公职人员确实存在贪污贿赂、失职渎职等职务违法行为的，应当依法作出政务处分决定，并对履行职责不力、失职失责的领导人员进行问责；若监察机关调查后认为其涉嫌贪污贿赂、失职渎职等职务犯罪的，应将调查结果移送人民检察院依法审查、提起公诉，向监察对象所在单位提出监察建议。

【关联规范】

《中华人民共和国监察法》第十一条、第三十四条。

---

① 谢小剑：《职务违法与职务犯罪监察调查程序“相对二元化模式”提倡》，载《法商研究》2021 年第 5 期。

案例评析

被申请人不履行复议决定的责任追究

——李某某诉 H 省政府不履行行政复议法定职责案①

【案情简介】

李某某认为 H 省 W 市 J 区某社区居民选举委员会违反国家法律规定，侵犯其被选举权，故向 W 市 J 区政府举报要求查处。J 区政府接到举报后不作为，李某某继而向 W 市政府提起行政复议。W 市政府作出复议决定，责令 J 区政府对李某某的举报进行处理并告知。

李某某后另行向 W 市政府提交举报信，举报 J 区政府不履行行政复议决定，并请求查处相关责任人，要求其承担相应的法律责任。W 市政府接信后作出《关于李某某同志〈举报信〉的回复》，但李某某不认可该回复，转而向 H 省政府申请行政复议。H 省政府作出《不予受理行政复议申请决定书》，认定该申请事项系属信访范畴，不予受理该行政复议申请。

李某某认为自己具有行政复议申请人资格，故向 W 市中级人民法院提起行政诉讼，请求撤销 H 省政府作出的《不予受理行政复议申请决定书》。W 市中级人民法院审理后认为李某某向 H 省政府提出的复议申请不属于行政复议受案范围，H 省政府不予受理其申请对其权利义务不产生实际影响，故作出行政裁定，驳回李某某的起诉。

李某某不服一审裁判，提起上诉，H 省高级人民法院审理后认为一审法院认定事实清楚，适用法律正确，程序并无不当。据此裁定驳回上诉，维持原裁定。

李某某后向最高人民法院申请再审称，一审法院的裁判存在两处事实认定错误、一处法律适用错误、一处程序违法。将举报认定为信访，为事实认定错误之一；一审法院认为李某某仅是举报行政机关违法，而并非举报违法行为人，此为事实认定错误之二；李某某为维护自身权益，而要求相关责任人员承担相应的法律责任，故李某某有行政复议申请人资格，而 H 省政府、一审法院均认为其不具备行政复议申请人资格，属适用法律错

---

① 中华人民共和国最高人民法院（2018）最高法行申 3316 号行政裁定书，载中国裁判文书网，https：//wenshu. court. gov. cn/website/wenshu/181107ANFZ0BXSK4/index. html？ docId = nDOpmgTtekxmCqqytyyG4ZsRb8bTe8lFFAyxilO9Va5AHu0vd0zZs5/dgBYosE2gBbsPyIg2 + tP-PM/17vU+UrXgBjlxnuVd0omITPRdmaoE/HsSywUon7F3KpIHDj/on，最后访问时间：2023 年 10 月 13 日。

误；一审法院未开庭、未质证，属程序违法。

最高人民法院认为该再审申请不符合行政诉讼法第九十一条规定的情形，驳回了李某某的再审申请。

【专家评析】

本案案情较为繁杂，经历了多次举报、行政复议、诉讼之后又进入了再审。梳理完来龙去脉之后可以知道，本案中存在一个明确的节点，即李某某另行向 W 市政府提交举报信这一事件。在递交此举报信之前，李某某仅是就其被选举权受侵害，而向行政机关提出救济，行政机关也通过复议等方式对其进行了救济。在递交此举报信之后，李某某的诉求转为要求相关责任人员承担相应的法律责任，故引发了后续的行政复议、诉讼。直言之，本案的争议关键在于，被申请人 J 区政府不履行行政复议决定，作为复议申请人的李某某是否可以要求被申请人中负有责任的领导人员和直接责任人员承担法律责任？又该通过何种途径提出这一要求？

根据新修订的行政复议法第八十三条规定，被申请人不履行或者无正当理由拖延履行行政复议决定书、调解书、意见书的，对负有责任的领导人员和直接责任人员依法给予警告、记过、记大过的处分；经责令履行仍拒不履行的，依法给予降级、撤职、开除的处分。由此可知，若被申请人 J 区政府确有不履行复议决定的行为，则其中负有责任的领导人员和直接责任人员应当承担相应的法律责任。这一法律责任是行政机关对违反法定复议责任的公务人员的惩罚性责任，系属行政责任中的处分。

在明确了不履行行政复议决定，负有责任的领导人员和直接责任人员应当承担相应的法律责任，接受内部处分。那么，这一法律责任的追究程序，该如何启动？李某某向 W 市政府提交举报信，系属行使自身的公民监督权所进行的信访举报活动。对被申请人不履行或者无正当理由拖延履行行政复议决定的救济，法律只规定了行政系统内部的监督渠道。李某某的举报，不必然启动这一监督程序，法律并没有直接赋予行政复议申请人启动这一内部监督程序的权利，更没有赋予行政复议申请人针对行政复议机关负责法制工作的机构的答复行为向更高一级的行政机关再次申请行政复议的权利。也就是说，李某某可以通过举报这一渠道，要求 J 区政府中的责任人员承担行政责任，但法律上并不赋予其直接启动追责程序的权利，其也无法就举报的回复函向上级行政机关再次申请行政复议。故此，李某某主张 H 省政府应当受理其复议申请，其理由不能成立。

第七章　附　　则

第八十七条　【复议费用】行政复议机关受理行政复议申请，不得向申请人收取任何费用。

【条文主旨】

本条是关于复议机关受理行政复议不得收费的规定。

【条文解读】

行政复议是行政机关解决行政争议、化解行政纠纷的行政监督行为。虽然复议申请人作为行政纠纷的一方提出了行政复议申请，但是并不意味着申请人应当对复议程序的启动承担费用。换言之，行政复议是复议机关的职责所在，复议机关进行行政监督是其本职工作，复议程序的启动是其履职行为，不应当由复议申请人承担任何启动复议程序的费用。

本条较之修订前的行政复议法删去了“行政复议活动所需经费，应当列入本机关的行政经费，由本级财政予以保障”，但同时修订后的行政复议法第七条明确：“县级以上各级人民政府应当将行政复议工作经费列入本级预算。”对行政复议活动经费的规定从原有的附则部分调整至第一章总则部分，更加表明行政复议是行政机关重要的行政活动，其复议程序的启动和运行经费应当由国家财政予以保障，而非由复议申请人承担。

【适用指南】

本条在实务的适用要点在于，受理行政复议不得收费。行政复议经费应当由国家财政予以保障，而非由复议申请人负担。

【关联规范】

《中华人民共和国行政复议法》第七条。

第八十八条　【期间计算和文书送达】行政复议期间的计算和行政复议文书的送达，本法没有规定的，依照《中华人民共和国民事诉讼法》关于期间、送达的规定执行。

本法关于行政复议期间有关“三日”、“五日”、“七日”、“十日”的规定是指工作日，不含法定休假日。

【条文主旨】

本条是关于行政复议期间的计算、行政复议文书送达以及复议期间的规定。

【条文解读】

本条分为两款，第一款规定行政复议期间的计算和文书的送达优先适用本法，本法未作规定的，依照民事诉讼法相关规定执行。第二款规定复议期间有关“三日”“五日”“七日”“十日”的规定是指工作日，不含法定休假日。相较于旧法，新法增加了“三日”“十日”，主要体现在本法第三十条、第三十一条、第三十二条、第四十八条、第五十一条、第五十四条、第五十六条、第五十七条、第五十八条的规定中。需要注意的是，“三日”“五日”“七日”“十日”均为较短期限，因此将期间范围限定在工作日是出于实际考量，避免因期限过短而导致复议程序难以进行。相反，本法规定的其他较长期限则不排除法定休假日，因为即使将法定休假日计算在内也完全留有充足时间推进复议程序，从而保证复议效率。

对于期间的计算，民事诉讼法第八十五条规定“期间包括法定期间和人民法院指定的期间。期间以时、日、月、年计算。期间开始的时和日，不计算在期间内。期间届满的最后一日是法定休假日的，以法定休假日后的第一日为期间届满的日期。期间不包括在途时间，诉讼文书在期满前交邮的，不算过期”。诉讼程序和复议程序虽然是属于两种不同的程序，但是行政复议通常被认为有“准司法”的特征，都是对行政纠纷进行解决的方式，客观上对行政相对人具有救济效果，因此行政复议的期间计算和文书送达依照民事诉讼法和行政诉讼法的规定执行具有合理性。

对于文书的送达，民事诉讼法在第八十七条至第九十五条进行了规定，行政复议程序中有关文书的送达依照民事诉讼法之相关规定执行。

【适用指南】

本条在实务的适用要点在于，把握关于期间计算和文书送达的引致性规定。本条明确关于复议期间的计算和文书的送达应当首先适用本法的规定，在行政复议法存在空白时，可以适用民事诉讼法中的相关规定。

【关联规范】

《中华人民共和国民事诉讼法》第八十五条、第八十七条至第九十五条。

第八十九条　【适用范围补充规定】外国人、无国籍人、外国组织在中华人民共和国境内申请行政复议，适用本法。

【条文主旨】

本条是关于行政复议申请人范围的补充性规定。

【条文解读】

外国人、无国籍人、外国组织在我国境内申请行政复议适用本法，这不仅是属地管辖的体现，更是国家主权原则的具体表现。同时，应外国人、无国籍人、外国组织申请进行的行政复议活动适用本法也是对平等原则的遵循，在国际法上体现为对等原则。

【适用指南】

本条的实务适用要点在于，对外国人、无国籍人、外国组织在我国境内申请行政复议的，同样应当适用本法。本条是对本法关于行政复议申请人范围的补充规定。

【关联规范】

《中华人民共和国行政复议法》第十一条。

第九十条　【生效日期】本法自 2024 年 1 月 1 日起施行。

【条文主旨】

本条是关于行政复议法生效时间的规定。

【条文解读】

不同于法律的公布时间，法律的施行时间也就是生效时间。对于法律的生效日期，通常分为三种情况，一是直接在法律条文中规定法律的生效（施行）日期，这也是本法所采用的做法；二是在法律条文中规定，自法律公布之日起施行，此时公布日期就是法律的生效日期；三是附条件的生效，如规定一部法律的生效日期取决于另一部法律的实施时间。

法律的生效日期往往涉及溯及力的问题，一般认为诉讼法是有关诉讼程序的规定，与实体法采取“从旧不从新”这一不溯及既往的规定不同的是，其溯及力采取“从新不从旧”的原则。行政复议法同样作为程序法，在不涉及实体利益的情况下，修改法律后的溯及力问题也应当以“从新不从旧”为原则。在涉及对行政复议申请人实体利益进行处分的情况时，则采取“从旧不从新”的原则，但是适用新法更有利于保护被申请人权益时则选择适用新法。

【适用指南】

本条的实务适用要点在于，行政复议法关于复议程序的适用应当“从新不从旧”，即本法生效之前已经受理的行政复议案件，其复议过程持续到本法生效后时，可以适用本法关于行政复议程序的规定。但是涉及实体权益的处分时则应当适用修订前的行政复议法而非本法，不过，适用“新法”更有利于保护行政相对人权益时应当适用“新法”，即应当适用本法。

附　录

中华人民共和国行政复议法

（1999 年 4 月 29 日第九届全国人民代表大会常务委员会第九次会议通过　根据 2009 年 8 月 27 日第十一届全国人民代表大会常务委员会第十次会议《关于修改部分法律的决定》第一次修正　根据 2017 年 9 月 1 日第十二届全国人民代表大会常务委员会第二十九次会议《关于修改〈中华人民共和国法官法〉等八部法律的决定》第二次修正　2023 年 9 月 1 日第十四届全国人民代表大会常务委员会第五次会议修订　2023 年 9 月 1 日中华人民共和国主席令第 9 号公布　自 2024 年 1 月 1 日起施行）

目　　录

第一章　总　则

第一条　为了防止和纠正违法的或者不当的行政行为，保护公民、法人和其他组织的合法权益，监督和保障行政机关依法行使职权，发挥行政复议化解行政争议的主渠道作用，推进法治政府建设，根据宪法，制定本法。

第二条 公民、法人或者其他组织认为行政机关的行政行为侵犯其合法权益，向行政复议机关提出行政复议申请，行政复议机关办理行政复议案件，适用本法。

前款所称行政行为，包括法律、法规、规章授权的组织的行政行为。

第三条 行政复议工作坚持中国共产党的领导。

行政复议机关履行行政复议职责，应当遵循合法、公正、公开、高效、便民、为民的原则，坚持有错必纠，保障法律、法规的正确实施。

第四条 县级以上各级人民政府以及其他依照本法履行行政复议职责的行政机关是行政复议机关。

行政复议机关办理行政复议事项的机构是行政复议机构。行政复议机构同时组织办理行政复议机关的行政应诉事项。

行政复议机关应当加强行政复议工作，支持和保障行政复议机构依法履行职责。上级行政复议机构对下级行政复议机构的行政复议工作进行指导、监督。

国务院行政复议机构可以发布行政复议指导性案例。

第五条 行政复议机关办理行政复议案件，可以进行调解。

调解应当遵循合法、自愿的原则，不得损害国家利益、社会公共利益和他人合法权益，不得违反法律、法规的强制性规定。

第六条 国家建立专业化、职业化行政复议人员队伍。

行政复议机构中初次从事行政复议工作的人员，应当通过国家统一法律职业资格考试取得法律职业资格，并参加统一职前培训。

国务院行政复议机构应当会同有关部门制定行政复议人员工作规范，加强对行政复议人员的业务考核和管理。

第七条 行政复议机关应当确保行政复议机构的人员配备与所承担的工作任务相适应，提高行政复议人员专业素质，根据工作需要保障办案场所、装备等设施。县级以上各级人民政府应当将行政复议工作经费列入本级预算。

第八条 行政复议机关应当加强信息化建设，运用现代信息技术，方便公民、法人或者其他组织申请、参加行政复议，提高工作质量和效率。

第九条 对在行政复议工作中做出显著成绩的单位和个人，按照国家有关规定给予表彰和奖励。

第十条 公民、法人或者其他组织对行政复议决定不服的，可以依照《中华人民共和国行政诉讼法》的规定向人民法院提起行政诉讼，但是法律规定行政复议决定为最终裁决的除外。

第二章　行政复议申请

第一节　行政复议范围

第十一条　有下列情形之一的，公民、法人或者其他组织可以依照本法申请行政复议：

（一）对行政机关作出的行政处罚决定不服；

（二）对行政机关作出的行政强制措施、行政强制执行决定不服；

（三）申请行政许可，行政机关拒绝或者在法定期限内不予答复，或者对行政机关作出的有关行政许可的其他决定不服；

（四）对行政机关作出的确认自然资源的所有权或者使用权的决定不服；

（五）对行政机关作出的征收征用决定及其补偿决定不服；

（六）对行政机关作出的赔偿决定或者不予赔偿决定不服；

（七）对行政机关作出的不予受理工伤认定申请的决定或者工伤认定结论不服；

（八）认为行政机关侵犯其经营自主权或者农村土地承包经营权、农村土地经营权；

（九）认为行政机关滥用行政权力排除或者限制竞争；

（十）认为行政机关违法集资、摊派费用或者违法要求履行其他义务；

（十一）申请行政机关履行保护人身权利、财产权利、受教育权利等合法权益的法定职责，行政机关拒绝履行、未依法履行或者不予答复；

（十二）申请行政机关依法给付抚恤金、社会保险待遇或者最低生活保障等社会保障，行政机关没有依法给付；

（十三）认为行政机关不依法订立、不依法履行、未按照约定履行或者违法变更、解除政府特许经营协议、土地房屋征收补偿协议等行政协议；

（十四）认为行政机关在政府信息公开工作中侵犯其合法权益；

（十五）认为行政机关的其他行政行为侵犯其合法权益。

第十二条　下列事项不属于行政复议范围：

（一）国防、外交等国家行为；

（二）行政法规、规章或者行政机关制定、发布的具有普遍约束力的决定、命令等规范性文件；

（三）行政机关对行政机关工作人员的奖惩、任免等决定；

（四）行政机关对民事纠纷作出的调解。

第十三条　公民、法人或者其他组织认为行政机关的行政行为所依据的下列规范性文件不合法，在对行政行为申请行政复议时，可以一并向行政复议机关提出对该规范性文件的附带审查申请：

（一）国务院部门的规范性文件；

（二）县级以上地方各级人民政府及其工作部门的规范性文件；

（三）乡、镇人民政府的规范性文件；

（四）法律、法规、规章授权的组织的规范性文件。

前款所列规范性文件不含规章。规章的审查依照法律、行政法规办理。

第二节　行政复议参加人

第十四条　依照本法申请行政复议的公民、法人或者其他组织是申请人。

有权申请行政复议的公民死亡的，其近亲属可以申请行政复议。有权申请行政复议的法人或者其他组织终止的，其权利义务承受人可以申请行政复议。

有权申请行政复议的公民为无民事行为能力人或者限制民事行为能力人的，其法定代理人可以代为申请行政复议。

第十五条　同一行政复议案件申请人人数众多的，可以由申请人推选代表人参加行政复议。

代表人参加行政复议的行为对其所代表的申请人发生效力，但是代表人变更行政复议请求、撤回行政复议申请、承认第三人请求的，应当经被代表的申请人同意。

第十六条　申请人以外的同被申请行政复议的行政行为或者行政复议案件处理结果有利害关系的公民、法人或者其他组织，可以作为第三人申请参加行政复议，或者由行政复议机构通知其作为第三人参加行政复议。

第三人不参加行政复议，不影响行政复议案件的审理。

第十七条　申请人、第三人可以委托一至二名律师、基层法律服务工作者或者其他代理人代为参加行政复议。

申请人、第三人委托代理人的，应当向行政复议机构提交授权委托书、委托人及被委托人的身份证明文件。授权委托书应当载明委托事项、权限和期限。申请人、第三人变更或者解除代理人权限的，应当书面告知行政复议机构。

第十八条　符合法律援助条件的行政复议申请人申请法律援助的，法律援助机构应当依法为其提供法律援助。

第十九条　公民、法人或者其他组织对行政行为不服申请行政复议的，作出行政行为的行政机关或者法律、法规、规章授权的组织是被申请人。

两个以上行政机关以共同的名义作出同一行政行为的，共同作出行政行为的行政机关是被申请人。

行政机关委托的组织作出行政行为的，委托的行政机关是被申请人。

作出行政行为的行政机关被撤销或者职权变更的，继续行使其职权的行政机关是被申请人。

第三节　申请的提出

第二十条　公民、法人或者其他组织认为行政行为侵犯其合法权益的，可以自知道或者应当知道该行政行为之日起六十日内提出行政复议申请；但是法律规定的申请期限超过六十日的除外。

因不可抗力或者其他正当理由耽误法定申请期限的，申请期限自障碍消除之日起继续计算。

行政机关作出行政行为时，未告知公民、法人或者其他组织申请行政复议的权利、行政复议机关和申请期限的，申请期限自公民、法人或者其他组织知道或者应当知道申请行政复议的权利、行政复议机关和申请期限之日起计算，但是自知道或者应当知道行政行为内容之日起最长不得超过一年。

第二十一条　因不动产提出的行政复议申请自行政行为作出之日起超过二十年，其他行政复议申请自行政行为作出之日起超过五年的，行政复议机关不予受理。

第二十二条　申请人申请行政复议，可以书面申请；书面申请有困难的，也可以口头申请。

书面申请的，可以通过邮寄或者行政复议机关指定的互联网渠道等方式提交行政复议申请书，也可以当面提交行政复议申请书。行政机关通过互联网渠道送达行政行为决定书的，应当同时提供提交行政复议申请书的互联网渠道。

口头申请的，行政复议机关应当当场记录申请人的基本情况、行政复议请求、申请行政复议的主要事实、理由和时间。

申请人对两个以上行政行为不服的，应当分别申请行政复议。

第二十三条　有下列情形之一的，申请人应当先向行政复议机关申请行政复议，对行政复议决定不服的，可以再依法向人民法院提起行政诉讼：

（一）对当场作出的行政处罚决定不服；

（二）对行政机关作出的侵犯其已经依法取得的自然资源的所有权或者使用权的决定不服；

（三）认为行政机关存在本法第十一条规定的未履行法定职责情形；

（四）申请政府信息公开，行政机关不予公开；

（五）法律、行政法规规定应当先向行政复议机关申请行政复议的其他情形。

对前款规定的情形，行政机关在作出行政行为时应当告知公民、法人或者其他组织先向行政复议机关申请行政复议。

第四节　行政复议管辖

第二十四条　县级以上地方各级人民政府管辖下列行政复议案件：

（一）对本级人民政府工作部门作出的行政行为不服的；

（二）对下一级人民政府作出的行政行为不服的；

（三）对本级人民政府依法设立的派出机关作出的行政行为不服的；

（四）对本级人民政府或者其工作部门管理的法律、法规、规章授权的组织作出的行政行为不服的。

除前款规定外，省、自治区、直辖市人民政府同时管辖对本机关作出的行政行为不服的行政复议案件。

省、自治区人民政府依法设立的派出机关参照设区的市级人民政府的职责权限，管辖相关行政复议案件。

对县级以上地方各级人民政府工作部门依法设立的派出机构依照法律、法规、规章规定，以派出机构的名义作出的行政行为不服的行政复议案件，由本级人民政府管辖；其中，对直辖市、设区的市人民政府工作部门按照行政区划设立的派出机构作出的行政行为不服的，也可以由其所在地的人民政府管辖。

第二十五条　国务院部门管辖下列行政复议案件：

（一）对本部门作出的行政行为不服的；

（二）对本部门依法设立的派出机构依照法律、行政法规、部门规章规定，以派出机构的名义作出的行政行为不服的；

（三）对本部门管理的法律、行政法规、部门规章授权的组织作出的行政行为不服的。

第二十六条　对省、自治区、直辖市人民政府依照本法第二十四条第二款的规定、国务院部门依照本法第二十五条第一项的规定作出的行政复议决定不服的，可以向人民法院提起行政诉讼；也可以向国务院申请裁决，国务院依照本法的规定作出最终裁决。

第二十七条　对海关、金融、外汇管理等实行垂直领导的行政机关、税务和国家安全机关的行政行为不服的，向上一级主管部门申请行政复议。

第二十八条　对履行行政复议机构职责的地方人民政府司法行政部门的行政行为不服的，可以向本级人民政府申请行政复议，也可以向上一级司法行政部门申请行政复议。

第二十九条　公民、法人或者其他组织申请行政复议，行政复议机关已经依法受理的，在行政复议期间不得向人民法院提起行政诉讼。

公民、法人或者其他组织向人民法院提起行政诉讼，人民法院已经依法受理的，不得申请行政复议。

第三章　行政复议受理

第三十条　行政复议机关收到行政复议申请后，应当在五日内进行审查。对符合下列规定的，行政复议机关应当予以受理：

（一）有明确的申请人和符合本法规定的被申请人；

（二）申请人与被申请行政复议的行政行为有利害关系；

（三）有具体的行政复议请求和理由；

（四）在法定申请期限内提出；

（五）属于本法规定的行政复议范围；

（六）属于本机关的管辖范围；

（七）行政复议机关未受理过该申请人就同一行政行为提出的行政复议申请，并且人民法院未受理过该申请人就同一行政行为提起的行政诉讼。

对不符合前款规定的行政复议申请，行政复议机关应当在审查期限内决定不予受理并说明理由；不属于本机关管辖的，还应当在不予受理决定中告知申请人有管辖权的行政复议机关。

行政复议申请的审查期限届满，行政复议机关未作出不予受理决定的，审查期限届满之日起视为受理。

第三十一条　行政复议申请材料不齐全或者表述不清楚，无法判断行政复议申请是否符合本法第三十条第一款规定的，行政复议机关应当自收到申请之日起五日内书面通知申请人补正。补正通知应当一次性载明需要补正的事项。

申请人应当自收到补正通知之日起十日内提交补正材料。有正当理由不能按期补正的，行政复议机关可以延长合理的补正期限。无正当理由逾期不补正的，视为申请人放弃行政复议申请，并记录在案。

行政复议机关收到补正材料后，依照本法第三十条的规定处理。

第三十二条　对当场作出或者依据电子技术监控设备记录的违法事实作出的行政处罚决定不服申请行政复议的，可以通过作出行政处罚决定的行政机关提交行政复议申请。

行政机关收到行政复议申请后，应当及时处理；认为需要维持行政处罚决定的，应当自收到行政复议申请之日起五日内转送行政复议机关。

第三十三条　行政复议机关受理行政复议申请后，发现该行政复议申请不符合本法第三十条第一款规定的，应当决定驳回申请并说明理由。

第三十四条　法律、行政法规规定应当先向行政复议机关申请行政复议、对行政复议决定不服再向人民法院提起行政诉讼的，行政复议机关决定不予受理、驳回申请或者受理后超过行政复议期限不作答复的，公民、法人或者其他组织可以自收到决定书之日起或者行政复议期限届满之日起十五日内，依法向人民法院提起行政诉讼。

第三十五条　公民、法人或者其他组织依法提出行政复议申请，行政复议机关无正当理由不予受理、驳回申请或者受理后超过行政复议期限不作答复的，申请人有权向上级行政机关反映，上级行政机关应当责令其纠正；必要时，上级行政复议机关可以直接受理。

第四章　行政复议审理

第一节　一般规定

第三十六条　行政复议机关受理行政复议申请后，依照本法适用普通程序或者简易程序进行审理。行政复议机构应当指定行政复议人员负责办理行政复议案件。

行政复议人员对办理行政复议案件过程中知悉的国家秘密、商业秘密和个人隐私，应当予以保密。

第三十七条　行政复议机关依照法律、法规、规章审理行政复议案件。

行政复议机关审理民族自治地方的行政复议案件，同时依照该民族自治地方的自治条例和单行条例。

第三十八条　上级行政复议机关根据需要，可以审理下级行政复议机关管辖的行政复议案件。

下级行政复议机关对其管辖的行政复议案件，认为需要由上级行政复议机关审理的，可以报请上级行政复议机关决定。

第三十九条　行政复议期间有下列情形之一的，行政复议中止：

（一）作为申请人的公民死亡，其近亲属尚未确定是否参加行政复议；

（二）作为申请人的公民丧失参加行政复议的行为能力，尚未确定法定代理人参加行政复议；

（三）作为申请人的公民下落不明；

（四）作为申请人的法人或者其他组织终止，尚未确定权利义务承受人；

（五）申请人、被申请人因不可抗力或者其他正当理由，不能参加行政复议；

（六）依照本法规定进行调解、和解，申请人和被申请人同意中止；

（七）行政复议案件涉及的法律适用问题需要有权机关作出解释或者确认；

（八）行政复议案件审理需要以其他案件的审理结果为依据，而其他案件尚未审结；

（九）有本法第五十六条或者第五十七条规定的情形；

（十）需要中止行政复议的其他情形。

行政复议中止的原因消除后，应当及时恢复行政复议案件的审理。

行政复议机关中止、恢复行政复议案件的审理，应当书面告知当事人。

第四十条 行政复议期间，行政复议机关无正当理由中止行政复议的，上级行政机关应当责令其恢复审理。

第四十一条 行政复议期间有下列情形之一的，行政复议机关决定终止行政复议：

（一）申请人撤回行政复议申请，行政复议机构准予撤回；

（二）作为申请人的公民死亡，没有近亲属或者其近亲属放弃行政复议权利；

（三）作为申请人的法人或者其他组织终止，没有权利义务承受人或者其权利义务承受人放弃行政复议权利；

（四）申请人对行政拘留或者限制人身自由的行政强制措施不服申请行政复议后，因同一违法行为涉嫌犯罪，被采取刑事强制措施；

（五）依照本法第三十九条第一款第一项、第二项、第四项的规定中止行政复议满六十日，行政复议中止的原因仍未消除。

第四十二条 行政复议期间行政行为不停止执行；但是有下列情形之一的，应当停止执行：

（一）被申请人认为需要停止执行；

（二）行政复议机关认为需要停止执行；

（三）申请人、第三人申请停止执行，行政复议机关认为其要求合理，决定停止执行；

（四）法律、法规、规章规定停止执行的其他情形。

第二节　行政复议证据

第四十三条 行政复议证据包括：

（一）书证；

（二）物证；

（三）视听资料；

（四）电子数据；

（五）证人证言；

（六）当事人的陈述；

（七）鉴定意见；

（八）勘验笔录、现场笔录。

以上证据经行政复议机构审查属实，才能作为认定行政复议案件事实的根据。

第四十四条 被申请人对其作出的行政行为的合法性、适当性负有举证责任。

有下列情形之一的，申请人应当提供证据：

（一）认为被申请人不履行法定职责的，提供曾经要求被申请人履行法定职责的证据，但是被申请人应当依职权主动履行法定职责或者申请人因正当理由不能提供的除外；

（二）提出行政赔偿请求的，提供受行政行为侵害而造成损害的证据，但是因被申请人原因导致申请人无法举证的，由被申请人承担举证责任；

（三）法律、法规规定需要申请人提供证据的其他情形。

第四十五条 行政复议机关有权向有关单位和个人调查取证，查阅、复制、调取有关文件和资料，向有关人员进行询问。

调查取证时，行政复议人员不得少于两人，并应当出示行政复议工作证件。

被调查取证的单位和个人应当积极配合行政复议人员的工作，不得拒绝或者阻挠。

第四十六条 行政复议期间，被申请人不得自行向申请人和其他有关单位或者个人收集证据；自行收集的证据不作为认定行政行为合法性、适当性的依据。

行政复议期间，申请人或者第三人提出被申请行政复议的行政行为作出时没有提出的理由或者证据的，经行政复议机构同意，被申请人可以补充证据。

第四十七条 行政复议期间，申请人、第三人及其委托代理人可以按照规定查阅、复制被申请人提出的书面答复、作出行政行为的证据、依据和其他有关材料，除涉及国家秘密、商业秘密、个人隐私或者可能危及国家安全、公共安全、社会稳定的情形外，行政复议机构应当同意。

第三节 普通程序

第四十八条 行政复议机构应当自行政复议申请受理之日起七日内，将行政复议申请书副本或者行政复议申请笔录复印件发送被申请人。被申请人应当自收到行政复议申请书副本或者行政复议申请笔录复印件之日起十日内，提出书面答复，并提交作出行政行为的证据、依据和其他有关材料。

第四十九条 适用普通程序审理的行政复议案件，行政复议机构应当当面或者通过互联网、电话等方式听取当事人的意见，并将听取的意见记录在案。因当事人原因不能听取意见的，可以书面审理。

第五十条 审理重大、疑难、复杂的行政复议案件，行政复议机构应当组织听证。

行政复议机构认为有必要听证，或者申请人请求听证的，行政复议机构可以组织听证。

听证由一名行政复议人员任主持人，两名以上行政复议人员任听证员，一名记录员制作听证笔录。

第五十一条 行政复议机构组织听证的，应当于举行听证的五日前将听证的时间、地点和拟听证事项书面通知当事人。

申请人无正当理由拒不参加听证的，视为放弃听证权利。

被申请人的负责人应当参加听证。不能参加的，应当说明理由并委托相应的工作人员参加听证。

第五十二条 县级以上各级人民政府应当建立相关政府部门、专家、学者等参与的行政复议委员会，为办理行政复议案件提供咨询意见，并就行政复议工作中的重大事项和共性问题研究提出意见。行政复议委员会的组成和开展工作的具体办法，由国务院行政复议机构制定。

审理行政复议案件涉及下列情形之一的，行政复议机构应当提请行政复议委员会提出咨询意见：

（一）案情重大、疑难、复杂；

（二）专业性、技术性较强；

（三）本法第二十四条第二款规定的行政复议案件；

（四）行政复议机构认为有必要。

行政复议机构应当记录行政复议委员会的咨询意见。

第四节　简 易 程 序

第五十三条 行政复议机关审理下列行政复议案件，认为事实清楚、权利义务关系明确、争议不大的，可以适用简易程序：

（一）被申请行政复议的行政行为是当场作出；

（二）被申请行政复议的行政行为是警告或者通报批评；

（三）案件涉及款额三千元以下；

（四）属于政府信息公开案件。

除前款规定以外的行政复议案件，当事人各方同意适用简易程序的，可以适用简易程序。

第五十四条 适用简易程序审理的行政复议案件，行政复议机构应当自受理行政复议申请之日起三日内，将行政复议申请书副本或者行政复议申请笔录复印件发送被申请人。被申请人应当自收到行政复议申请书副本或者行政复议申请笔录复印件之日起五日内，提出书面答复，并提交作出行政行为的证据、依据和其他有关材料。

适用简易程序审理的行政复议案件，可以书面审理。

第五十五条　适用简易程序审理的行政复议案件，行政复议机构认为不宜适用简易程序的，经行政复议机构的负责人批准，可以转为普通程序审理。

第五节　行政复议附带审查

第五十六条　申请人依照本法第十三条的规定提出对有关规范性文件的附带审查申请，行政复议机关有权处理的，应当在三十日内依法处理；无权处理的，应当在七日内转送有权处理的行政机关依法处理。

第五十七条　行政复议机关在对被申请人作出的行政行为进行审查时，认为其依据不合法，本机关有权处理的，应当在三十日内依法处理；无权处理的，应当在七日内转送有权处理的国家机关依法处理。

第五十八条　行政复议机关依照本法第五十六条、第五十七条的规定有权处理有关规范性文件或者依据的，行政复议机构应当自行政复议中止之日起三日内，书面通知规范性文件或者依据的制定机关就相关条款的合法性提出书面答复。制定机关应当自收到书面通知之日起十日内提交书面答复及相关材料。

行政复议机构认为必要时，可以要求规范性文件或者依据的制定机关当面说明理由，制定机关应当配合。

第五十九条　行政复议机关依照本法第五十六条、第五十七条的规定有权处理有关规范性文件或者依据，认为相关条款合法的，在行政复议决定书中一并告知；认为相关条款超越权限或者违反上位法的，决定停止该条款的执行，并责令制定机关予以纠正。

第六十条　依照本法第五十六条、第五十七条的规定接受转送的行政机关、国家机关应当自收到转送之日起六十日内，将处理意见回复转送的行政复议机关。

第五章　行政复议决定

第六十一条　行政复议机关依照本法审理行政复议案件，由行政复议机构对行政行为进行审查，提出意见，经行政复议机关的负责人同意或者集体讨论通过后，以行政复议机关的名义作出行政复议决定。

经过听证的行政复议案件，行政复议机关应当根据听证笔录、审查认定的事实和证据，依照本法作出行政复议决定。

提请行政复议委员会提出咨询意见的行政复议案件，行政复议机关应当将咨询意见作为作出行政复议决定的重要参考依据。

第六十二条 适用普通程序审理的行政复议案件，行政复议机关应当自受理申请之日起六十日内作出行政复议决定；但是法律规定的行政复议期限少于六十日的除外。情况复杂，不能在规定期限内作出行政复议决定的，经行政复议机构的负责人批准，可以适当延长，并书面告知当事人；但是延长期限最多不得超过三十日。

适用简易程序审理的行政复议案件，行政复议机关应当自受理申请之日起三十日内作出行政复议决定。

第六十三条 行政行为有下列情形之一的，行政复议机关决定变更该行政行为：

（一）事实清楚，证据确凿，适用依据正确，程序合法，但是内容不适当；

（二）事实清楚，证据确凿，程序合法，但是未正确适用依据；

（三）事实不清、证据不足，经行政复议机关查清事实和证据。

行政复议机关不得作出对申请人更为不利的变更决定，但是第三人提出相反请求的除外。

第六十四条 行政行为有下列情形之一的，行政复议机关决定撤销或者部分撤销该行政行为，并可以责令被申请人在一定期限内重新作出行政行为：

（一）主要事实不清、证据不足；

（二）违反法定程序；

（三）适用的依据不合法；

（四）超越职权或者滥用职权。

行政复议机关责令被申请人重新作出行政行为的，被申请人不得以同一事实和理由作出与被申请行政复议的行政行为相同或者基本相同的行政行为，但是行政复议机关以违反法定程序为由决定撤销或者部分撤销的除外。

第六十五条 行政行为有下列情形之一的，行政复议机关不撤销该行政行为，但是确认该行政行为违法：

（一）依法应予撤销，但是撤销会给国家利益、社会公共利益造成重大损害；

（二）程序轻微违法，但是对申请人权利不产生实际影响。

行政行为有下列情形之一，不需要撤销或者责令履行的，行政复议机关确认该行政行为违法：

（一）行政行为违法，但是不具有可撤销内容；

（二）被申请人改变原违法行政行为，申请人仍要求撤销或者确认该行政行为违法；

（三）被申请人不履行或者拖延履行法定职责，责令履行没有意义。

第六十六条 被申请人不履行法定职责的，行政复议机关决定被申请人在一定期限内履行。

第六十七条 行政行为有实施主体不具有行政主体资格或者没有依据等重大且明显违法情形，申请人申请确认行政行为无效的，行政复议机关确认该行政行为无效。

第六十八条 行政行为认定事实清楚，证据确凿，适用依据正确，程序合法，内容适当的，行政复议机关决定维持该行政行为。

第六十九条 行政复议机关受理申请人认为被申请人不履行法定职责的行政复议申请后，发现被申请人没有相应法定职责或者在受理前已经履行法定职责的，决定驳回申请人的行政复议请求。

第七十条 被申请人不按照本法第四十八条、第五十四条的规定提出书面答复、提交作出行政行为的证据、依据和其他有关材料的，视为该行政行为没有证据、依据，行政复议机关决定撤销、部分撤销该行政行为，确认该行政行为违法、无效或者决定被申请人在一定期限内履行，但是行政行为涉及第三人合法权益，第三人提供证据的除外。

第七十一条 被申请人不依法订立、不依法履行、未按照约定履行或者违法变更、解除行政协议的，行政复议机关决定被申请人承担依法订立、继续履行、采取补救措施或者赔偿损失等责任。

被申请人变更、解除行政协议合法，但是未依法给予补偿或者补偿不合理的，行政复议机关决定被申请人依法给予合理补偿。

第七十二条 申请人在申请行政复议时一并提出行政赔偿请求，行政复议机关对依照《中华人民共和国国家赔偿法》的有关规定应当不予赔偿的，在作出行政复议决定时，应当同时决定驳回行政赔偿请求；对符合《中华人民共和国国家赔偿法》的有关规定应当给予赔偿的，在决定撤销或者部分撤销、变更行政行为或者确认行政行为违法、无效时，应当同时决定被申请人依法给予赔偿；确认行政行为违法的，还可以同时责令被申请人采取补救措施。

申请人在申请行政复议时没有提出行政赔偿请求的，行政复议机关在依法决定撤销或者部分撤销、变更罚款，撤销或者部分撤销违法集资、没收财物、征收征用、摊派费用以及对财产的查封、扣押、冻结等行政行为时，应当同时责令被申请人返还财产，解除对财产的查封、扣押、冻结措施，或者赔偿相应的价款。

第七十三条 当事人经调解达成协议的，行政复议机关应当制作行政复议调解书，经各方当事人签字或者签章，并加盖行政复议机关印章，即具有法律效力。

调解未达成协议或者调解书生效前一方反悔的，行政复议机关应当依法审查或者及时作出行政复议决定。

第七十四条 当事人在行政复议决定作出前可以自愿达成和解，和解内容不得损害国家利益、社会公共利益和他人合法权益，不得违反法律、法规的强制性规定。

当事人达成和解后，由申请人向行政复议机构撤回行政复议申请。行政复议机构准予撤回行政复议申请、行政复议机关决定终止行政复议的，申请人不得再以同一事实和理由提出行政复议申请。但是，申请人能够证明撤回行政复议申请违背其真实意愿的除外。

第七十五条 行政复议机关作出行政复议决定，应当制作行政复议决定书，并加盖行政复议机关印章。

行政复议决定书一经送达，即发生法律效力。

第七十六条 行政复议机关在办理行政复议案件过程中，发现被申请人或者其他下级行政机关的有关行政行为违法或者不当的，可以向其制发行政复议意见书。有关机关应当自收到行政复议意见书之日起六十日内，将纠正相关违法或者不当行政行为的情况报送行政复议机关。

第七十七条 被申请人应当履行行政复议决定书、调解书、意见书。

被申请人不履行或者无正当理由拖延履行行政复议决定书、调解书、意见书的，行政复议机关或者有关上级行政机关应当责令其限期履行，并可以约谈被申请人的有关负责人或者予以通报批评。

第七十八条 申请人、第三人逾期不起诉又不履行行政复议决定书、调解书的，或者不履行最终裁决的行政复议决定的，按照下列规定分别处理：

（一）维持行政行为的行政复议决定书，由作出行政行为的行政机关依法强制执行，或者申请人民法院强制执行；

（二）变更行政行为的行政复议决定书，由行政复议机关依法强制执行，或者申请人民法院强制执行；

（三）行政复议调解书，由行政复议机关依法强制执行，或者申请人民法院强制执行。

第七十九条 行政复议机关根据被申请行政复议的行政行为的公开情况，按照国家有关规定将行政复议决定书向社会公开。

县级以上地方各级人民政府办理以本级人民政府工作部门为被申请人的行政复议案件，应当将发生法律效力的行政复议决定书、意见书同时抄告被申请人的上一级主管部门。

第六章 法律责任

第八十条 行政复议机关不依照本法规定履行行政复议职责，对负有责任的领导人员和直接责任人员依法给予警告、记过、记大过的处分；经有权监督的机关督促仍不改正或者造成严重后果的，依法给予降级、撤职、开除的处分。

第八十一条　行政复议机关工作人员在行政复议活动中，徇私舞弊或者有其他渎职、失职行为的，依法给予警告、记过、记大过的处分；情节严重的，依法给予降级、撤职、开除的处分；构成犯罪的，依法追究刑事责任。

第八十二条　被申请人违反本法规定，不提出书面答复或者不提交作出行政行为的证据、依据和其他有关材料，或者阻挠、变相阻挠公民、法人或者其他组织依法申请行政复议的，对负有责任的领导人员和直接责任人员依法给予警告、记过、记大过的处分；进行报复陷害的，依法给予降级、撤职、开除的处分；构成犯罪的，依法追究刑事责任。

第八十三条　被申请人不履行或者无正当理由拖延履行行政复议决定书、调解书、意见书的，对负有责任的领导人员和直接责任人员依法给予警告、记过、记大过的处分；经责令履行仍拒不履行的，依法给予降级、撤职、开除的处分。

第八十四条　拒绝、阻挠行政复议人员调查取证，故意扰乱行政复议工作秩序的，依法给予处分、治安管理处罚；构成犯罪的，依法追究刑事责任。

第八十五条　行政机关及其工作人员违反本法规定的，行政复议机关可以向监察机关或者公职人员任免机关、单位移送有关人员违法的事实材料，接受移送的监察机关或者公职人员任免机关、单位应当依法处理。

第八十六条　行政复议机关在办理行政复议案件过程中，发现公职人员涉嫌贪污贿赂、失职渎职等职务违法或者职务犯罪的问题线索，应当依照有关规定移送监察机关，由监察机关依法调查处置。

第七章　附　　则

第八十七条　行政复议机关受理行政复议申请，不得向申请人收取任何费用。

第八十八条　行政复议期间的计算和行政复议文书的送达，本法没有规定的，依照《中华人民共和国民事诉讼法》关于期间、送达的规定执行。

本法关于行政复议期间有关“三日”、“五日”、“七日”、“十日”的规定是指工作日，不含法定休假日。

第八十九条　外国人、无国籍人、外国组织在中华人民共和国境内申请行政复议，适用本法。

第九十条　本法自2024年1月1日起施行。

全国人民代表大会宪法和法律委员会关于《中华人民共和国行政复议法（修订草案）》修改情况的汇报[①]

全国人民代表大会常务委员会：

现行行政复议法于 1999 年施行，并于 2009 年和 2017 年分别对部分条款作了修改。党的十八大以来，以习近平同志为核心的党中央高度重视行政复议工作。2020 年 2 月，习近平总书记主持召开中央全面依法治国委员会第三次会议，审议通过了《行政复议体制改革方案》。习近平总书记指出，要发挥行政复议公正高效、便民为民的制度优势和化解行政争议的主渠道作用。为贯彻落实习近平总书记重要指示和党中央决策部署，巩固改革成果，完善、优化行政复议制度，有效发挥行政复议化解行政争议的作用，司法部起草了行政复议法修订草案，国务院提请全国人大常委会审议。修订草案包括总则、行政复议申请、行政复议受理、行政复议审理、行政复议决定、法律责任、附则，共 7 章 86 条。

2022 年 10 月，十三届全国人大常委会第三十七次会议对修订草案进行了初次审议。会后，法制工作委员会将修订草案印发部分全国人大代表、中央有关部门和单位、地方人大和基层立法联系点征求意见；在中国人大网全文公布修订草案，征求社会公众意见。宪法和法律委员会、法制工作委员会召开座谈会听取部分全国人大代表、中央有关部门和单位、专家学者的意见，赴有关地方调研，了解情况、听取意见，并就修订草案中的主要问题与有关方面交换意见、共同研究。宪法和法律委员会于 2023 年 6 月 1 日召开会议，根据常委会组成人员的审议意见和各方面意见，对修订草案进行了逐条审议。司法部有关负责同志列席了会议。6 月 19 日，宪法和法律委员会召开会议，再次进行了审议。现将行政复议法修订草案主要问题修改情况汇报如下：

一、有些常委委员、单位、地方、基层立法联系点、专家和社会公众建议，贯彻落实习近平总书记重要指示精神和党中央决策部署，进一步完善立法目的和行政复议原则。宪法和法律委员会经研究，建议作以下修改：一是在立法目的中增加“推进法治政府建设”。二是在行政复议机关履职的原则中完整

---

① 载中国人大网，http：//www.npc.gov.cn/npc/c2/c30834/202309/t20230901_ 431416.html，最后访问时间：2023 年 10 月 16 日。

体现“公正高效、便民为民”的要求。三是发挥调解在行政复议中的作用，将修订草案第三十四条关于调解的内容移至总则中规定，明确调解向前延伸至行政复议案件审理前，将“审理”修改为“办理”。

二、有些常委委员、部门、单位、地方、基层立法联系点、专家和社会公众建议，扩大行政复议范围，完善行政复议范围有关规定，充分发挥行政复议化解行政争议的主渠道作用。宪法和法律委员会经研究，建议作以下修改：一是将行政机关作出的赔偿决定纳入行政复议范围，明确行政协议包括“政府特许经营协议、土地房屋征收补偿协议等”，明确行政机关不履行法定职责包括“拒绝履行、未依法履行或者不予答复”。二是将行政复议不受理事项中的“行政机关作出的处分或者其他人事处理决定”修改为“行政机关对行政机关工作人员的奖惩、任免等决定”。三是删去行政复议不受理事项中“对公民、法人或者其他组织权利义务不产生实际影响的行为”的规定。

三、有些常委会组成人员、部门、单位、地方、基层立法联系点、专家和社会公众建议，完善行政复议审理程序和决定体系，充分保障申请人合法权益。宪法和法律委员会经研究，建议作以下修改：一是明确行政复议机关、行政复议机构在调查取证、约谈和移送违法线索等环节中的职责。二是规定行政复议机构适用一般程序审理行政复议案件，应当听取当事人的意见；因当事人原因不能听取意见的，可以采取书面审查的办法。三是对于申请人无正当理由拒不参加听证，将“可以按照撤回行政复议申请处理”修改为“视为放弃听证权利”。四是增加规定“事实不清、证据不足，经行政复议机关调查取证后查清事实和证据”的，行政复议机关决定变更该行政行为。五是将行政复议期间有关“十日”的规定明确为工作日。

四、有些常委委员、部门、单位、地方、基层立法联系点、专家和社会公众建议，进一步明确行政复议委员会的定位、提请行政复议委员会咨询的情形以及咨询意见的作用。宪法和法律委员会经研究，建议作以下修改：一是增加规定，行政复议委员会就行政复议工作中的重大事项和共性问题进行研究，提出意见和建议。二是明确行政复议机构审理案情重大、疑难、复杂等行政复议案件，应当提请行政复议委员会提出咨询意见。三是增加规定，行政复议机构审理申请人对省、自治区、直辖市人民政府作出的行政行为不服的行政复议案件，应当提请行政复议委员会提出咨询意见。四是增加规定，提请行政复议委员会咨询的案件，行政复议机关应当将咨询意见作为作出行政复议决定的重要参考依据。

五、有些常委委员、全国人大代表、单位、地方、基层立法联系点、专家建议，增加对行政复议决定书的公开要求，以公开促公正，加强监督。宪法和法律委员会经研究，建议增加规定：行政复议机关应当根据被申请行政复议的行政行为的公开情况，按照国家有关规定将行政复议决定书向社会公开。

此外，还对修订草案作了一些文字修改。

修订草案二次审议稿已按上述意见作了修改，宪法和法律委员会建议提请本次常委会会议继续审议。

修订草案二次审议稿和以上汇报是否妥当，请审议。

全国人民代表大会宪法和法律委员会

2023 年 6 月 26 日

全国人民代表大会宪法和法律委员会关于《中华人民共和国行政复议法（修订草案）》审议结果的报告[①]

全国人民代表大会常务委员会：

常委会第三次会议对行政复议法修订草案进行了二次审议。会后，法制工作委员会在中国人大网全文公布修订草案二次审议稿，征求社会公众意见。宪法和法律委员会、法制工作委员会召开座谈会听取有关部门和单位、专家学者和律师代表的意见，赴有关地方调研，了解情况，听取意见，并就修订草案中的主要问题与有关方面交换意见、共同研究。宪法和法律委员会于 2023 年 7 月 26 日召开会议，根据常委会组成人员的审议意见和各方面意见，对修订草案二次审议稿进行了逐条审议。司法部有关负责同志列席了会议。8 月 23 日，宪法和法律委员会召开会议，再次进行了审议。宪法和法律委员会认为，为贯彻落实党中央决策部署，发挥行政复议公正高效、便民为民的制度优势和化解行政争议的主渠道作用，对行政复议法进行修订是必要的，修订草案经过两次审议修改，已经比较成熟。同时，提出以下主要修改意见：

一、有些常委委员、单位、地方、专家和社会公众建议，进一步加强行政复议履职保障，完善行政复议工作有关要求。宪法和法律委员会经研究，建议增加以下规定：一是行政复议机关应当支持和保障行政复议机构依法履行职责。二是行政复议机构应当指定行政复议人员负责办理行政复议案件。三是行政复议人员对办理行政复议案件过程中知悉的国家秘密、商业秘密和个人隐私，应当予以保密。四是行政复议委员会的组成和开展工作的具体办法，由国

---

① 载中国人大网，http://www.npc.gov.cn/c2/c30834/202309/t20230901_431411.html，最后访问时间：2023 年 10 月 16 日。

务院行政复议机构制定。

二、有些常委会组成人员、单位、地方、专家和社会公众建议，进一步扩大行政复议范围，完善行政复议前置范围，更好发挥行政复议解决行政纠纷和争议的功能。宪法和法律委员会经研究，建议作以下修改：一是扩大行政复议范围，将行政机关作出的不予受理工伤认定申请决定、工伤认定结论纳入行政复议范围。二是完善行政复议前置规定，将申请政府信息公开，行政机关不予公开的情形纳入行政复议前置范围；将行政复议前置其他情形的设定权限由“法律、法规”修改为“法律、行政法规”。

三、有些常委会组成人员、单位、地方、专家和社会公众建议，增加行政复议申请便民举措，更好体现行政复议便民为民的制度优势。宪法和法律委员会经研究，建议增加以下规定：一是行政机关通过互联网渠道送达行政行为决定的，应当同时提供提交行政复议申请书的互联网渠道。二是强化行政复议前置情形的告知义务，行政机关在作出行政行为时，应当告知公民、法人或者其他组织先向行政复议机关申请行政复议。三是对当场作出或者依据电子技术监控设备记录的违法事实作出的行政处罚决定不服申请行政复议的，可以通过作出行政处罚决定的行政机关提交行政复议申请。行政机关收到行政复议申请后，应当及时处理；认为需要维持行政处罚决定的，应当自收到行政复议申请之日起五日内转送行政复议机关。

四、有些常委会组成人员、单位、地方、专家和社会公众建议，进一步完善行政复议管辖制度和审理程序的上下互通渠道。宪法和法律委员会经研究，建议增加以下规定：一是对履行行政复议机构职责的地方人民政府司法行政部门的行政行为不服的，可以向本级人民政府申请行政复议，也可以向上一级司法行政部门申请行政复议。二是上级行政复议机关根据需要，可以审理下级行政复议机关管辖的行政复议案件。下级行政复议机关对其管辖的行政复议案件，认为需要由上级行政复议机关审理的，可以报请上级行政复议机关决定。

五、有些常委委员、单位、地方、专家和社会公众建议，调整优化行政复议决定体系，突出行政复议实质性化解行政争议的制度特点。宪法和法律委员会经研究，建议按照先变更、撤销或者部分撤销，后维持、驳回请求的顺序，对行政复议决定有关条文顺序进行调整。

此外，还对修订草案二次审议稿作了一些文字修改。

8 月 16 日，法制工作委员会召开会议，邀请部分全国人大代表、行政复议机关、行政复议机构、行政复议参加人、专家学者等就修订草案中主要制度规范的可行性、出台时机、实施的社会效果和可能出现的问题等进行评估。与会人员一致认为，修订草案贯彻落实党中央决策部署，积极回应社会关切，突出制度优势，发挥化解行政争议主渠道作用措施有力，制度规范结构合理、内容科学、切实可行。修订草案经过多次修改完善，充分吸收各方面意见，进一步增强了制度规范的针对性和可操作性，已经比较成熟，尽快修订出台行政复议法正当其时，有利于保护人民群众合法权益、推进法治政府建设、促进社会公平正义，将产生良好的社会效果。与会人员还对修订草案提出了一些具体修改意见，宪法和法律委员会进行了认真研究，对有的意见予以采纳。

修订草案三次审议稿已按上述意见作了修改，宪法和法律委员会建议提请本次常委会会议审议通过。

修订草案三次审议稿和以上报告是否妥当，请审议。

全国人民代表大会宪法和法律委员会
2023 年 8 月 28 日

全国人民代表大会宪法和法律委员会关于《中华人民共和国行政复议法（修订草案三次审议稿）》修改意见的报告①

全国人民代表大会常务委员会：

本次常委会会议于 8 月 28 日下午对行政复议法修订草案三次审议稿进行了分组审议。普遍认为，修订草案已经比较成熟，建议进一步修改后，提请本次常委会会议表决通过。同时，有些常委会组成人员和列席人员还提出了一些修改意见和建议。宪法和法律委员会于 8 月 28 日晚召开会议，逐条研究了常委会组成人员和列席人员的审议意见，对修订草案进行了审议。司法部有关负责同志列席了会议。宪法和法律委员会认为，修订草案是可行的，同时，提出以下修改意见：

一、有的常委委员建议，通过发布指导性案例等方式，加强对行政复议案件办理的指导，进一步提升办案质量。宪法和法律委员会经研究，建议增加规定：国务院行政复议机构可以发布行政复议指导性案例。

二、有的常委委员、地方提出，实践中政府工作部门派出机构的情况比较

---

① 载中国人大网，http：//www. npc. gov. cn/c2/c30834/202309/t20230901_ 431418. html，最后访问时间：2023 年 10 月 16 日。

复杂，对其行政行为不服的行政复议案件，不宜一律由派出机构所属工作部门的本级人民政府管辖，建议作出相对灵活的制度安排。宪法和法律委员会经研究，建议将第二十四条第一款第五项关于派出机构管辖的规定修改为：“对县级以上地方各级人民政府工作部门依法设立的派出机构依照法律、法规、规章规定，以派出机构的名义作出的行政行为不服的行政复议案件，由本级人民政府管辖；其中，对直辖市、设区的市人民政府工作部门按照行政区划设立的派出机构作出的行政行为不服的，也可以由其所在地的人民政府管辖。”

三、有些常委委员提出，赋予申请人、第三人的委托代理人查阅、复制有关材料的权利，有利于更好实现申请人、第三人的合法权益，建议在修订草案中予以明确。宪法和法律委员会经研究，建议采纳这一意见。

四、有的常委委员和列席人员建议，对被申请人不履行或者无正当理由拖延履行行政复议决定的，加大监督力度，行政复议机关或者有关上级机关可以直接约谈被申请人的有关负责人或者予以通报批评。宪法和法律委员会经研究，建议采纳这一意见。

常委会组成人员和列席人员还就行政复议范围、完善审理程序、及时出台配套规定、加强法律实施宣传等提出了一些具体意见。宪法和法律委员会经研究认为，上述意见涉及的问题，有的已在相关法律法规中作出规定，有的涉及法律的具体执行，有的可在本法实施条例和配套规定中进一步明确，建议有关方面认真研究落实，尽快修改实施条例、完善配套规定，扎实做好法律宣传工作，切实保障法律有效贯彻实施。

经与有关部门研究，建议将修订后的行政复议法的施行时间确定为 2024 年 1 月 1 日。

此外，根据常委会组成人员的审议意见，还对修订草案三次审议稿作了个别文字修改。

修订草案修改稿已按上述意见作了修改，宪法和法律委员会建议本次常委会会议审议通过。

修订草案修改稿和以上报告是否妥当，请审议。

全国人民代表大会宪法和法律委员会

2023 年 8 月 31 日

《中华人民共和国行政复议法》
新旧条文对照表*

（左栏条文**黑体**部分为增加或修改，
右栏**删除线**部分为删去，右栏**下划线**部分为移动）

第一章　总　　则	
第一条　为了防止和纠正违法的或者不当的行政行为，保护公民、法人和其他组织的合法权益，**监督**和**保障**行政机关依法行使职权，**发挥行政复议化解行政争议的主渠道作用，推进法治政府建设，**根据宪法，制定本法。	第一条　为了防止和纠正违法的或者不当的~~具体~~行政行为，保护公民、法人和其他组织的合法权益，保障和监督行政机关依法行使职权，根据宪法，制定本法。
第二条　公民、法人或者其他组织认为**行政机关的**行政行为侵犯其合法权益，向行政**复议**机关提出行政复议申请，行政**复议**机关**办理**行政复议**案件**，适用本法。 **前款所称行政行为，包括法律、法规、规章授权的组织的行政行为。**	第二条　公民、法人或者其他组织认为~~具体~~行政行为侵犯其合法权益，向行政机关提出行政复议申请，行政机关~~受理~~行政复议~~申请、作出行政复议决定~~，适用本法。
第三条　**行政复议工作坚持中国共产党的领导。** 行政复议机关履行行政复议职责，应当遵循合法、公正、公开、**高效、**便民、**为民**的原则，坚持有错必纠，保障法律、法规的正确实施。	第四条　行政复议机关履行行政复议职责，应当遵循合法、公正、公开、~~及时~~、便民的原则，坚持有错必纠，保障法律、法规的正确实施。

* 以下表格左栏为2023年9月1日第十四届全国人民代表大会常务委员会第五次会议修订公布的新行政复议法，右栏为1999年4月29日通过、2009年8月27日第一次修正、2017年9月1日第二次修正的旧行政复议法。表格中只针对新行政复议法标记章节标题。

续表

第四条　**县级以上各级人民政府以及其他**依照本法履行行政复议职责的行政机关是行政复议机关。 行政复议机关办理行政复议事项**的**机构**是行政复议机构。行政复议机构同时组织**办理**行政复议机关的**行政应诉事项。 **行政复议机关应当加强行政复议工作，支持和保障行政复议机构依法履行职责。上级行政复议机构对下级行政复议机构的行政复议工作进行指导、监督。** **国务院行政复议机构可以发布行政复议指导性案例。**	第三条第一款　依照本法履行行政复议职责的行政机关是行政复议机关。行政复议机关~~负责法制工作的~~机构~~具体~~办理行政复议事项，~~履行下列职责：~~ ~~（一）受理行政复议申请；~~ ~~（二）向有关组织和人员调查取证，查阅文件和资料；~~ ~~（三）审查申请行政复议的具体行政行为是否合法与适当，拟订行政复议决定；~~ ~~（四）处理或者转送对本法第七条所列有关规定的审查申请；~~ ~~（五）对行政机关违反本法规定的行为依照规定的权限和程序提出处理建议；~~ ~~（六）~~办理~~因不服行政复议决定提起行政诉讼的~~应诉事项~~；~~ ~~（七）法律、法规规定的其他职责。~~
第五条　行政复议机关办理行政复议案件，可以进行调解。 **调解应当遵循合法、自愿的原则，不得损害国家利益、社会公共利益和他人合法权益，不得违反法律、法规的强制性规定。**	新增条文
第六条　**国家建立专业化、职业化行政复议人员队伍。** 行政**复议机构**中初次从事行政复议**工作**的人员，应当通过国家统一法律职业资格考试取得法律职业资格**，并参加统一职前培训**。 **国务院行政复议机构应当会同有关部门制定行政复议人员工作规范，加强对行政复议人员的业务考核和管理。**	第三条第二款　行政~~机关~~中初次从事行政复议的人员，应当通过国家统一法律职业资格考试取得法律职业资格。

续表

第七条　**行政复议机关应当确保行政复议机构的人员配备与所承担的工作任务相适应，提高行政复议人员专业素质，根据工作需要保障办案场所、装备等设施。县级以上各级人民政府应当将**行政复议**工作**经费列入本级**预算**。	第三十九条　行政复议机关受理行政复议申请，不得向申请人收取任何费用。行政复议~~活动所需~~经费~~，应当~~列入~~本机关的行政经费，由~~本级~~财政予以保障~~。 （旧第三十九条第一句移至新第八十七条）
第八条　行政复议机关应当加强信息化建设，运用现代信息技术，方便公民、法人或者其他组织申请、参加行政复议，提高工作质量和效率。	新增条文
第九条　对在行政复议工作中做出显著成绩的单位和个人，按照国家有关规定给予表彰和奖励。	新增条文
第十条　公民、法人或者其他组织对行政复议决定不服的，可以依照《**中华人民共和国**行政诉讼法》的规定向人民法院提起行政诉讼，但是法律规定行政复议决定为最终裁决的除外。	第五条　公民、法人或者其他组织对行政复议决定不服的，可以依照行政诉讼法的规定向人民法院提起行政诉讼，但是法律规定行政复议决定为最终裁决的除外。
第二章　行政复议申请	
第一节　行政复议范围	
第十一条　有下列情形之一的，公民、法人或者其他组织可以依照本法申请行政复议： （一）对行政机关作出的行政处罚决定不服； （二）对行政机关作出的行政强制措施、**行政强制执行**决定不服； （三）**申请行政许可，行政机关拒绝或者在法定期限内不予答复，或者**对行政机关作出的有关**行政**许可的**其他**决定不服；	第六条　有下列情形之一的，公民、法人或者其他组织可以依照本法申请行政复议： （一）对行政机关作出的~~警告、罚款、没收违法所得、没收非法财物、责令停产停业、暂扣或者吊销许可证、暂扣或者吊销执照、行政拘留等~~行政处罚决定不服~~的~~； （二）对行政机关作出的~~限制人身自由或者查封、扣押、冻结财产等~~行政强制措施决定不服~~的~~；

续表

（四）对行政机关作出的确认自然资源的所有权或者使用权的决定不服； （五）**对行政机关作出的征收征用决定及其补偿决定不服；** （六）**对行政机关作出的赔偿决定或者不予赔偿决定不服；** （七）**对行政机关作出的不予受理工伤认定申请的决定或者工伤认定结论不服；** （八）认为行政机关侵犯**其**经营自主权**或者农村土地承包经营权、农村土地经营权**； （九）**认为行政机关滥用行政权力排除或者限制竞争；** （十）认为行政机关违法集资、摊派费用或者违法要求履行其他义务； （十一）申请行政机关履行保护人身权利、财产权利、受教育权利**等合法权益**的法定职责，行政机关**拒绝履行、未依法履行或者不予答复**； （十二）申请行政机关依法**给付**抚恤金、社会保险**待遇**或者最低生活保障**等社会保障**，行政机关没有依法**给付**； （十三）**认为行政机关不依法订立、不依法履行、未按照约定履行或者违法变更、解除政府特许经营协议、土地房屋征收补偿协议等行政协议；** （十四）**认为行政机关在政府信息公开工作中侵犯其合法权益；** （十五）认为行政机关的其他行政行为侵犯其合法权益。	（三）对行政机关作出的有关许可~~证、执照、资质证、资格证等证书变更、中止、撤销~~的决定不服~~的~~； （四）对行政机关作出的~~关于~~确认~~土地、矿藏、水流、森林、山岭、草原、荒地、滩涂、海域等~~自然资源的所有权或者使用权的决定不服~~的~~； （五）认为行政机关侵犯~~合法的~~经营自主权~~的~~； （六）~~认为行政机关变更或者废止农业承包合同，侵犯其合法权益的；~~ （七）认为行政机关违法集资、~~征收财物、~~摊派费用或者违法要求履行其他义务~~的~~； （八）~~认为符合法定条件，申请行政机关颁发许可证、执照、资质证、资格证等证书，或者申请行政机关审批、登记有关事项，行政机关没有依法办理的；~~ （九）申请行政机关履行保护人身权利、财产权利、受教育权利的法定职责，行政机关~~没有~~依法履行~~的~~； （十）申请行政机关依法~~发放~~抚恤金、社会保险~~金~~或者最低生活保障~~费~~，行政机关没有依法~~发放的~~； （十一）认为行政机关的其他~~具体~~行政行为侵犯其合法权益~~的~~。
第十二条　下列事项不属于行政复议范围： （一）**国防、外交等国家行为；**	第八条　~~不服~~行政机关~~作出的行政处分或者其他人事处理~~决定~~的，依照有关法律、行政法规的规定提出申诉~~。

续表

（二）**行政法规、规章或者行政机关制定、发布的具有普遍约束力的决定、命令等规范性文件；** （三）行政机关**对行政机关工作人员的奖惩、任免等**决定； （四）行政机关对民事纠纷作出的调解。	~~不服~~行政机关对民事纠纷作出的调解~~或者其他处理，依法申请仲裁或者向人民法院提起诉讼~~。
第十三条　公民、法人或者其他组织认为行政机关的行政行为所依据的下列**规范性文件**不合法，在对行政行为申请行政复议时，可以一并向行政复议机关提出对该**规范性文件**的**附带**审查申请： （一）国务院部门的**规范性文件；** （二）县级以上地方各级人民政府及其工作部门的**规范性文件；** （三）乡、镇人民政府的**规范性文件；** **（四）法律、法规、规章授权的组织的规范性文件。** 前款所列**规范性文件**不含规章。规章的审查依照法律、行政法规办理。	第七条　公民、法人或者其他组织认为行政机关的~~具体~~行政行为所依据的下列~~规定~~不合法，在对~~具体~~行政行为申请行政复议时，可以一并向行政复议机关提出对该~~规定~~的审查申请： （一）国务院部门的~~规定~~； （二）县级以上地方各级人民政府及其工作部门的~~规定~~； （三）乡、镇人民政府的~~规定~~。 前款所列~~规定~~不含~~国务院部、委员会规章和地方人民政府~~规章。规章的审查依照法律、行政法规办理。
第二节　行政复议参加人	
第十四条　依照本法申请行政复议的公民、法人或者其他组织是申请人。 有权申请行政复议的公民死亡的，其近亲属可以申请行政复议。有权申请行政复议的法人或者其他组织终止的，其权利**义务承受人**可以申请行政复议。 有权申请行政复议的公民为无民事行为能力人或者限制民事行为能力人的，其法定代理人可以代为申请行政复议。	第十条第一款、第二款　依照本法申请行政复议的公民、法人或者其他组织是申请人。 有权申请行政复议的公民死亡的，其近亲属可以申请行政复议。有权申请行政复议的公民为无民事行为能力人或者限制民事行为能力人的，其法定代理人可以代为申请行政复议。有权申请行政复议的法人或者其他组织终止的，~~承受~~其权利~~的法人或者其他组织~~可以申请行政复议。

续表

第十五条　同一行政复议案件申请人人数众多的，可以由申请人推选代表人参加行政复议。 **代表人参加行政复议的行为对其所代表的申请人发生效力，但是代表人变更行政复议请求、撤回行政复议申请、承认第三人请求的，应当经被代表的申请人同意。**	新增条文
第十六条　**申请人以外的**同被申请行政复议的行政行为**或者行政复议案件处理结果**有利害关系的公民、法人或者其他组织，可以作为第三人**申请**参加行政复议**，或者由行政复议机构通知其作为第三人参加行政复议**。 第三人不参加行政复议，不影响行政复议案件的审理。	第十条第三款　同申请行政复议的~~具体~~行政行为有利害关系的~~其他~~公民、法人或者其他组织，可以作为第三人参加行政复议。
第十七条　申请人、第三人可以委托**一至二名律师、基层法律服务工作者或者其他**代理人代为参加行政复议。 **申请人、第三人委托代理人的，应当向行政复议机构提交授权委托书、委托人及被委托人的身份证明文件。授权委托书应当载明委托事项、权限和期限。申请人、第三人变更或者解除代理人权限的，应当书面告知行政复议机构。**	第十条第五款　申请人、第三人可以委托代理人代为参加行政复议。
第十八条　符合法律援助条件的行政复议申请人申请法律援助的，法律援助机构应当依法为其提供法律援助。	新增条文
第十九条　公民、法人或者其他组织对行政行为不服申请行政复议的，作出行政行为的行政机关**或者法律、法规、规章授权的组织**是被申请人。	第十条第四款　公民、法人或者其他组织对~~行政机关的具体~~行政行为不服申请行政复议的，作出~~具体~~行政行为的行政机关是被申请人。

续表

两个以上行政机关以共同的名义作出同一行政行为的，共同**作出行政行为**的行政机关**是**被申请人。 **行政机关委托的组织作出行政行为的，委托的行政机关是被申请人。** **作出行政行为的行政机关**被撤销**或者职权变更的**，继续行使其职权的行政机关**是**被申请人。	第十五条第一款第四项、第五项 ~~对本法第十二条、第十三条、第十四条规定以外的其他行政机关、组织的具体行政行为不服的，按照下列规定申请行政复议：~~ ~~（四）对两个或者~~两个以上行政机关以共同的名义作出~~的具体~~行政行为~~不服~~的，~~向其~~共同~~上一级~~行政机关申请~~行政复议；~~ ~~（五）对~~被撤销~~的行政机关在撤销前所作出的具体行政行为不服的~~，~~向~~继续行使其职权的行政机关~~的上一级行政机关~~申请~~行政复议~~。
第三节　申请的提出	
第二十条　公民、法人或者其他组织认为行政行为侵犯其合法权益的，可以自知道**或者应当知道**该行政行为之日起六十日内提出行政复议申请；但是法律规定的申请期限超过六十日的除外。 因不可抗力或者其他正当理由耽误法定申请期限的，申请期限自障碍消除之日起继续计算。 **行政机关作出行政行为时，未告知公民、法人或者其他组织申请行政复议的权利、行政复议机关和申请期限的，申请期限自公民、法人或者其他组织知道或者应当知道申请行政复议的权利、行政复议机关和申请期限之日起计算，但是自知道或者应当知道行政行为内容之日起最长不得超过一年。**	第九条　公民、法人或者其他组织认为~~具体~~行政行为侵犯其合法权益的，可以自知道该~~具体~~行政行为之日起六十日内提出行政复议申请；但是法律规定的申请期限超过六十日的除外。 因不可抗力或者其他正当理由耽误法定申请期限的，申请期限自障碍消除之日起继续计算。

续表

第二十一条　因不动产提出的行政复议申请自行政行为作出之日起超过二十年，其他行政复议申请自行政行为作出之日起超过五年的，行政复议机关不予受理。	新增条文
第二十二条　申请人申请行政复议，可以书面申请；**书面申请有困难的，**也可以口头申请。 **书面申请的，可以通过邮寄或者行政复议机关指定的互联网渠道等方式提交行政复议申请书，也可以当面提交行政复议申请书。行政机关通过互联网渠道送达行政行为决定书的，应当同时提供提交行政复议申请书的互联网渠道。** 口头申请的，行政复议机关应当当场记录申请人的基本情况、行政复议请求、申请行政复议的主要事实、理由和时间。 **申请人对两个以上行政行为不服的，应当分别申请行政复议。**	第十一条　申请人申请行政复议，可以书面申请~~，~~也可以口头申请~~；~~口头申请的，行政复议机关应当当场记录申请人的基本情况、行政复议请求、申请行政复议的主要事实、理由和时间。
第二十三条　**有下列情形之一的，申请人**应当**先向行政复议机关**申请行政复议，对行政复议决定不服的，可以**再**依法向人民法院提起行政诉讼： **（一）对当场作出的行政处罚决定不服；** **（二）对行政机关作出的**侵犯其已经依法取得的自然资源的所有权或者使用权的**决定不服；** **（三）认为行政机关存在本法第十一条规定的未履行法定职责情形；** **（四）申请政府信息公开，行政机关不予公开；** **（五）法律、行政法规规定应当先向行政复议机关申请行政复议的其他情形。**	第三十条　~~公民、法人或者其他组织认为~~行政机关的~~具体行政行为~~侵犯其已经依法取得的~~土地、矿藏、水流、森林、山岭、草原、荒地、滩涂、海域等~~自然资源的所有权或者使用权的~~，~~应当先申请行政复议~~，~~对行政复议决定不服的，可以依法向人民法院提起行政诉讼~~。~~ ~~根据国务院或者省、自治区、直辖市人民政府对行政区划的勘定、调整或者征收土地的决定，省、自治区、直辖市人民政府确认土地、矿藏、水流、森林、山岭、草原、荒地、滩涂、海域等自然资源的所有权或者使用权的行政复议决定为最终裁决。~~

续表

对前款规定的情形，行政机关在作出行政行为时应当告知公民、法人或者其他组织先向行政复议机关申请行政复议。	
第四节　行政复议管辖	
第二十四条　**县级以上地方各级人民政府管辖下列行政复议案件：** （一）对**本**级人民政府工作部门**作出**的行政行为不服的； （二）对**下一**级人民政府**作出**的行政行为不服的； （三）对**本**级人民政府依法设立的派出机关**作出**的行政行为不服的； （四）对**本级人民政府或者其工作部门管理的**法律、法规、**规章**授权的组织**作出**的行政行为不服的。 **除前款规定外，**省、自治区、直辖市人民政府**同时管辖对本机关**作出的行政行为不服的**行政复议案件**。 省、自治区人民政府依法设立的派出机关**参照设区的市级人民政府的职责权限，管辖相关行政复议案件。** 对**县级以上地方各级人民**政府工作部门依法设立的派出机构依照法律、法规、规章规定，以**派出机构**的名义作出的行政行为不服的**行政复议案件，由本级人民政府管辖；其中，对直辖市、设区的市人民政府工作部门按照行政区划设立的派出机构作出的行政行为不服的，也可以由其所在地的人民政府管辖。**	第十二条第一款　对~~县级以上地方~~各级人民政府工作部门的~~具体~~行政行为不服的~~，由申请人选择，可以向该部门的本级人民政府申请行政复议，也可以向上一级主管部门申请行政复议~~。 第十三条　对~~地方各~~级人民政府的~~具体~~行政行为不服的~~，向上一级地方人民政府申请行政复议~~。 ~~对~~省、自治区人民政府依法设立的派出机关~~所属的县级地方人民政府的具体行政行为不服的，向该派出机关申请行政复议~~。 第十四条　~~对国务院部门或者~~省、自治区、直辖市人民政府的~~具体~~行政行为不服的~~，向作出该具体行政行为的国务院部门或者省、自治区、直辖市人民政府申请行政复议。对行政复议决定不服的，可以向人民法院提起行政诉讼；也可以向国务院申请裁决，国务院依照本法的规定作出最终裁决~~。 第十五条第一款第一项、第二项、第三项　~~对本法第十二条、第十三条、第十四条规定以外的其他行政机关、组织的具体行政行为不服的，按照下列规定申请行政复议：~~ ~~（一）~~对县级~~以上地方~~人民政府依法设立的派出机关的~~具体~~行政行为不服的~~，向设立该派出机关的人民政府申请行政复议；~~ ~~（三）~~对政府工作部门依法设立的派出机构依照法律、法规~~或者~~规章规定，

续表

	以自己的名义作出的具体行政行为不服的，向设立该派出机构的部门或者该部门的本级地方人民政府申请行政复议； （三）对法律、法规授权的组织的具体行政行为不服的，分别向直接管理该组织的地方人民政府、地方人民政府工作部门或者国务院部门申请行政复议； 第十五条第二款　有前款所列情形之一的，申请人也可以向具体行政行为发生地的县级地方人民政府提出行政复议申请，由接受申请的县级地方人民政府依照本法第十八条的规定办理。
第二十五条　**国务院部门管辖下列行政复议案件：** **（一）**对**本**部门**作出**的行政行为不服的； **（二）**对**本**部门依法设立的派出机构依照法律、**行政**法规、**部门**规章规定，以**派出机构**的名义作出的行政行为不服的； **（三）**对**本部门管理的**法律、**行政**法规、**部门规章**授权的组织**作出**的行政行为不服的。	第十四条　对国务院部门或者省、自治区、直辖市人民政府的具体行政行为不服的，向作出该具体行政行为的国务院部门或者省、自治区、直辖市人民政府申请行政复议。对行政复议决定不服的，可以向人民法院提起行政诉讼；也可以向国务院申请裁决，国务院依照本法的规定作出最终裁决。 第十五条第一款第二项、第三项　对本法第十二条、第十三条、第十四条规定以外的其他行政机关、组织的具体行政行为不服的，按照下列规定申请行政复议： （二）对政府工作部门依法设立的派出机构依照法律、法规或者规章规定，以自己的名义作出的具体行政行为不服的，向设立该派出机构的部门或者该部门的本级地方人民政府申请行政复议； （三）对法律、法规授权的组织的具体行政行为不服的，分别向直接管理该组织的地方人民政府、地方人民政府工作部门或者国务院部门申请行政复议；

续表

第二十六条　对省、自治区、直辖市人民政府**依照本法第二十四条第二款的规定、**国务院部门**依照本法第二十五条第一项的规定作出的**行政复议决定不服的，可以向人民法院提起行政诉讼；也可以向国务院申请裁决，国务院依照本法的规定作出最终裁决。	第十四条　对国务院部门~~或者~~省、自治区、直辖市人民政府~~的具体行政行为不服的，向作出该具体行政行为的国务院部门或者省、自治区、直辖市人民政府申请行政复议。对~~行政复议决定不服的，可以向人民法院提起行政诉讼；也可以向国务院申请裁决，国务院依照本法的规定作出最终裁决。
第二十七条　对海关、金融、外汇管理等实行垂直领导的行政机关**、税务**和国家安全机关的行政行为不服的，向上一级主管部门申请行政复议。	第十二条第二款　对海关、金融、~~国税、~~外汇管理等实行垂直领导的行政机关和国家安全机关的~~具体~~行政行为不服的，向上一级主管部门申请行政复议。
第二十八条　对履行行政复议机构职责的地方人民政府司法行政部门的行政行为不服的，可以向本级人民政府申请行政复议，也可以向上一级司法行政部门申请行政复议。	新增条文
第二十九条　公民、法人或者其他组织申请行政复议，行政复议机关已经依法受理的，在行政复议期**间**不得向人民法院提起行政诉讼。 公民、法人或者其他组织向人民法院提起行政诉讼，人民法院已经依法受理的，不得申请行政复议。	第十六条　公民、法人或者其他组织申请行政复议，行政复议机关已经依法受理的，~~或者法律、法规规定应当先向行政复议机关申请行政复议、对行政复议决定不服再向人民法院提起行政诉讼的，~~在~~法定~~行政复议期~~限内~~不得向人民法院提起行政诉讼。 公民、法人或者其他组织向人民法院提起行政诉讼，人民法院已经依法受理的，不得申请行政复议。
第三章　行政复议受理	
第三十条　行政复议机关收到行政复议申请后，应当在五日内进行审查。**对符合下列规定的，行政复议机关应当予以受理：** **（一）有明确的申请人和符合本法规定的被申请人；**	第十七条　行政复议机关收到行政复议申请后，应当在五日内进行审查，对不符合~~本法~~规定的行政复议申请，决定不予受理~~，并书面告知申请人~~；~~对符合本法规定，但是~~不属于本机关~~受理~~的~~行政复议申请~~，应当告知申请人~~向~~有关

续表

（二）申请人与被申请行政复议的行政行为有利害关系； **（三）有具体的行政复议请求和理由；** **（四）在法定申请期限内提出；** **（五）属于本法规定的行政复议范围；** **（六）属于本机关的管辖范围；** **（七）行政复议机关未受理过该申请人就同一行政行为提出的行政复议申请，并且人民法院未受理过该申请人就同一行政行为提起的行政诉讼。** **对不符合前款**规定的行政复议申请，**行政复议机关应当在审查期限内**决定不予受理**并说明理由**；不属于本机关**管辖**的，**还应当在不予受理决定中**告知申请人有**管辖权的**行政复议机关。 行政复议申请**的审查期限届满，行政复议机关未作出不予受理决定的，审查期限届满**之日起**视**为受理。	行政复议机关~~提出~~。 ~~除前款规定外，~~行政复议申请~~自行政复议机关负责法制工作的机构收到~~之日起~~即~~为受理。 ~~第十六条　依照本法第十五条第二款的规定接受行政复议申请的县级地方人民政府，对依照本法第十五条第一款的规定属于其他行政复议机关受理的行政复议申请，应当自接到该行政复议申请之日起七日内，转送有关行政复议机关，并告知申请人。接受转送的行政复议机关应当依照本法第十七条的规定办理。~~
第三十一条　行政复议申请材料不齐全或者表述不清楚，无法判断行政复议申请是否符合本法第三十条第一款规定的，行政复议机关应当自收到申请之日起五日内书面通知申请人补正。补正通知应当一次性载明需要补正的事项。 **申请人应当自收到补正通知之日起十日内提交补正材料。有正当理由不能按期补正的，行政复议机关可以延长合理的补正期限。无正当理由逾期不补正的，视为申请人放弃行政复议申请，并记录在案。** **行政复议机关收到补正材料后，依照本法第三十条的规定处理。**	新增条文

续表

第三十二条　对当场作出或者依据电子技术监控设备记录的违法事实作出的行政处罚决定不服申请行政复议的，可以通过作出行政处罚决定的行政机关提交行政复议申请。 **行政机关收到行政复议申请后，应当及时处理；认为需要维持行政处罚决定的，应当自收到行政复议申请之日起五日内转送行政复议机关。**	新增条文
第三十三条　行政复议机关受理行政复议申请后，发现该行政复议申请不符合本法第三十条第一款规定的，应当决定驳回申请并说明理由。	新增条文
第三十四条　法律、**行政**法规规定应当先向行政复议机关申请行政复议、对行政复议决定不服再向人民法院提起行政诉讼的，行政复议机关决定不予受理、**驳回申请**或者受理后超过行政复议期限不作答复的，公民、法人或者其他组织可以自收到决定书之日起或者行政复议期**限届**满之日起十五日内，依法向人民法院提起行政诉讼。	第十九条　法律、法规规定应当先向行政复议机关申请行政复议、对行政复议决定不服再向人民法院提起行政诉讼的，行政复议机关决定不予受理或者受理后超过行政复议期限不作答复的，公民、法人或者其他组织可以自收到~~不予受理~~决定书之日起或者行政复议期满之日起十五日内，依法向人民法院提起行政诉讼。
第三十五条　公民、法人或者其他组织依法提出行政复议申请，行政复议机关无正当理由不予受理、**驳回申请或者受理后超过行政复议期限不作答复**的，**申请人有权向上级行政机关反映，**上级行政机关应当责令其**纠正**；必要时，上级行政**复议**机关可以直接受理。	第二十条　公民、法人或者其他组织依法提出行政复议申请，行政复议机关无正当理由不予受理的，上级行政机关应当责令其~~受理~~；必要时，上级行政机关~~也~~可以直接受理。

续表

第四章　行政复议审理	
第一节　一般规定	
第三十六条　行政复议机关受理行政复议申请后，依照本法适用普通程序或者简易程序进行审理。行政复议机构应当指定行政复议人员负责办理行政复议案件。 行政复议人员对办理行政复议案件过程中知悉的国家秘密、商业秘密和个人隐私，应当予以保密。	新增条文
第三十七条　行政复议机关依照法律、法规、规章审理行政复议案件。 行政复议机关审理民族自治地方的行政复议案件，同时依照该民族自治地方的自治条例和单行条例。	新增条文
第三十八条　上级行政复议机关根据需要，可以审理下级行政复议机关管辖的行政复议案件。 下级行政复议机关对其管辖的行政复议案件，认为需要由上级行政复议机关审理的，可以报请上级行政复议机关决定。	新增条文
第三十九条　行政复议期间有下列情形之一的，行政复议中止： （一）作为申请人的公民死亡，其近亲属尚未确定是否参加行政复议； （二）作为申请人的公民丧失参加行政复议的行为能力，尚未确定法定代理人参加行政复议； （三）作为申请人的公民下落不明； （四）作为申请人的法人或者其他组织终止，尚未确定权利义务承受人；	新增条文

续表

（五）申请人、被申请人因不可抗力或者其他正当理由，不能参加行政复议； （六）依照本法规定进行调解、和解，申请人和被申请人同意中止； （七）行政复议案件涉及的法律适用问题需要有权机关作出解释或者确认； （八）行政复议案件审理需要以其他案件的审理结果为依据，而其他案件尚未审结； （九）有本法第五十六条或者第五十七条规定的情形； （十）需要中止行政复议的其他情形。 行政复议中止的原因消除后，应当及时恢复行政复议案件的审理。 行政复议机关中止、恢复行政复议案件的审理，应当书面告知当事人。	
第四十条　行政复议期间，行政复议机关无正当理由中止行政复议的，上级行政机关应当责令其恢复审理。	新增条文
第四十一条　行政复议期间有下列情形之一的，行政复议机关决定终止行政复议： （一）申请人撤回行政复议申请，行政复议机构准予撤回； （二）作为申请人的公民死亡，没有近亲属或者其近亲属放弃行政复议权利； （三）作为申请人的法人或者其他组织终止，没有权利义务承受人或者其权利义务承受人放弃行政复议权利；	第二十五条　~~行政复议决定作出前，~~申请人~~要求~~撤回行政复议申请~~的，经说明理由，可以撤回；撤回行政复议申请的，~~行政复议终止~~。~~

续表

（四）申请人对行政拘留或者限制人身自由的行政强制措施不服申请行政复议后，因同一违法行为涉嫌犯罪，被采取刑事强制措施； **（五）依照本法第三十九条第一款第一项、第二项、第四项的规定中止行政复议满六十日，行政复议中止的原因仍未消除。**	
第四十二条　行政复议期间行政行为不停止执行；但是有下列情形之一的，**应当**停止执行： （一）被申请人认为需要停止执行； （二）行政复议机关认为需要停止执行； （三）申请人、**第三人**申请停止执行，行政复议机关认为其要求合理，决定停止执行； （四）法律、**法规、规章**规定停止执行**的其他情形**。	第二十一条　行政复议期间~~具体~~行政行为不停止执行；但是~~；~~有下列情形之一的，~~可以~~停止执行： （一）被申请人认为需要停止执行~~的~~； （二）行政复议机关认为需要停止执行~~的~~； （三）申请人申请停止执行，行政复议机关认为其要求合理，决定停止执行~~的~~； （四）法律规定停止执行~~的~~。
第二节　行政复议证据	
第四十三条　行政复议证据包括： **（一）书证；** **（二）物证；** **（三）视听资料；** **（四）电子数据；** **（五）证人证言；** **（六）当事人的陈述；** **（七）鉴定意见；** **（八）勘验笔录、现场笔录。** **以上证据经行政复议机构审查属实，才能作为认定行政复议案件事实的根据。**	新增条文

续表

第四十四条　被申请人对其作出的行政行为的合法性、适当性负有举证责任。 有下列情形之一的，申请人应当提供证据： （一）认为被申请人不履行法定职责的，提供曾经要求被申请人履行法定职责的证据，但是被申请人应当依职权主动履行法定职责或者申请人因正当理由不能提供的除外； （二）提出行政赔偿请求的，提供受行政行为侵害而造成损害的证据，但是因被申请人原因导致申请人无法举证的，由被申请人承担举证责任； （三）法律、法规规定需要申请人提供证据的其他情形。	新增条文
第四十五条　行政复议机关有权向有关单位和个人调查取证，查阅、复制、调取有关文件和资料，向有关人员进行询问。 调查取证时，行政复议人员不得少于两人，并应当出示行政复议工作证件。 被调查取证的单位和个人应当积极配合行政复议人员的工作，不得拒绝或者阻挠。	新增条文
第四十六条　行政复议**期间**，被申请人不得自行向申请人和其他有关**单位**或者个人收集证据；**自行收集的证据不作为认定行政行为合法性、适当性的依据。** **行政复议期间，申请人或者第三人提出被申请行政复议的行政行为作出时没有提出的理由或者证据的，经行政复议机构同意，被申请人可以补充证据。**	第二十四条　~~在~~行政复议~~过程中~~，被申请人不得自行向申请人和其他有关~~组织~~或者个人收集证据。

续表

第四十七条　**行政复议期间，**申请人、第三人**及其委托代理人**可以**按照规定**查阅、**复制**被申请人提出的书面答复、作出行政行为的证据、依据和其他有关材料，除涉及国家秘密、商业秘密、个人隐私**或者可能危及国家安全、公共安全、社会稳定的情形**外，行政复议**机构应当同意**。	第二十三条第二款　申请人、第三人可以查阅被申请人提出的书面答复、作出~~具体~~行政行为的证据、依据和其他有关材料，除涉及国家秘密、商业秘密~~或者~~个人隐私外，行政复议~~机关不得拒绝~~。
第三节　普通程序	
第四十八条　行政复议机构应当自行政复议申请受理之日起七日内，将行政复议申请书副本或者行政复议申请笔录复印件发送被申请人。被申请人应当自收到**行政复议**申请书副本或者**行政复议**申请笔录复印件之日起十日内，提出书面答复，并提交作出行政行为的证据、依据和其他有关材料。	第二十三条第一款　行政复议~~机关负责法制工作的~~机构应当自行政复议申请受理之日起七日内，将行政复议申请书副本或者行政复议申请笔录复印件发送被申请人。被申请人应当自收到申请书副本或者申请笔录复印件之日起十日内，提出书面答复，并提交~~当初~~作出~~具体~~行政行为的证据、依据和其他有关材料。
第四十九条　**适用普通程序审理的**行政复议**案件，行政复议机构应当当面或者通过互联网、电话等方式**听取**当事人**的意见**，并将听取的意见记录在案。因当事人原因不能听取意见的，可以**书面**审理**。	第二十二条　行政复议~~原则上采取~~书面~~审查的办法，但是申请人提出要求或者行政复议机关负责法制工作的机构认为有必要时，可以向有关组织和人员调查情况，~~听取~~申请人、被申请人和第三人~~的意见。
第五十条　审理重大、疑难、复杂的行政复议案件，行政复议机构应当组织听证。 **行政复议机构认为有必要听证，或者申请人请求听证的，行政复议机构可以组织听证。** **听证由一名行政复议人员任主持人，两名以上行政复议人员任听证员，一名记录员制作听证笔录。**	新增条文

续表

第五十一条　行政复议机构组织听证的，应当于举行听证的五日前将听证的时间、地点和拟听证事项书面通知当事人。 申请人无正当理由拒不参加听证的，视为放弃听证权利。 被申请人的负责人应当参加听证。不能参加的，应当说明理由并委托相应的工作人员参加听证。	新增条文
第五十二条　县级以上各级人民政府应当建立相关政府部门、专家、学者等参与的行政复议委员会，为办理行政复议案件提供咨询意见，并就行政复议工作中的重大事项和共性问题研究提出意见。行政复议委员会的组成和开展工作的具体办法，由国务院行政复议机构制定。 审理行政复议案件涉及下列情形之一的，行政复议机构应当提请行政复议委员会提出咨询意见： （一）案情重大、疑难、复杂； （二）专业性、技术性较强； （三）本法第二十四条第二款规定的行政复议案件； （四）行政复议机构认为有必要。 行政复议机构应当记录行政复议委员会的咨询意见。	新增条文
第四节　简易程序	
第五十三条　行政复议机关审理下列行政复议案件，认为事实清楚、权利义务关系明确、争议不大的，可以适用简易程序： （一）被申请行政复议的行政行为是当场作出；	新增条文

续表

（二）被申请行政复议的行政行为是警告或者通报批评； （三）案件涉及款额三千元以下； （四）属于政府信息公开案件。 除前款规定以外的行政复议案件，当事人各方同意适用简易程序的，可以适用简易程序。	
第五十四条　适用简易程序审理的行政复议案件，行政复议机构应当自受理行政复议申请之日起三日内，将行政复议申请书副本或者行政复议申请笔录复印件发送被申请人。被申请人应当自收到行政复议申请书副本或者行政复议申请笔录复印件之日起五日内，提出书面答复，并提交作出行政行为的证据、依据和其他有关材料。 适用简易程序审理的行政复议案件，可以书面审理。	新增条文
第五十五条　适用简易程序审理的行政复议案件，行政复议机构认为不宜适用简易程序的，经行政复议机构的负责人批准，可以转为普通程序审理。	新增条文
第五节　行政复议附带审查	
第五十六条　申请人依照本法第十三条的规定提出对有关规范性文件的附带审查申请，行政复议机关有权处理的，应当在三十日内依法处理；无权处理的，应当在七日内转送有权处理的行政机关依法处理。	第二十六条　申请人~~在申请行政复议时，一并~~提出对本法第~~七~~条~~所列有关~~规定的审查申请~~的~~，行政复议机关~~对该规定~~有权处理的，应当在三十日内依法处理；无权处理的，应当在七日内~~按照法定程序~~转送有权处理的行政机关依法处理~~，有权处理的行政机关应当在六十日内依法处理。处理期间，中止对具体行政行为的审查~~。

续表

第五十七条　行政复议机关在对被申请人作出的行政行为进行审查时，认为其依据不合法，本机关有权处理的，应当在三十日内依法处理；无权处理的，应当在七日内转送有权处理的国家机关依法处理。	第二十七条　行政复议机关在对被申请人作出的~~具体~~行政行为进行审查时，认为其依据不合法，本机关有权处理的，应当在三十日内依法处理；无权处理的，应当在七日内~~按照法定程序~~转送有权处理的国家机关依法处理。~~处理期间，中止对具体行政行为的审查。~~
第五十八条　行政复议机关依照本法第五十六条、第五十七条的规定有权处理有关规范性文件或者依据的，行政复议机构应当自行政复议中止之日起三日内，书面通知规范性文件或者依据的制定机关就相关条款的合法性提出书面答复。制定机关应当自收到书面通知之日起十日内提交书面答复及相关材料。 **行政复议机构认为必要时，可以要求规范性文件或者依据的制定机关当面说明理由，制定机关应当配合。**	新增条文
第五十九条　行政复议机关依照本法第五十六条、第五十七条的规定有权处理有关规范性文件或者依据，认为相关条款合法的，在行政复议决定书中一并告知；认为相关条款超越权限或者违反上位法的，决定停止该条款的执行，并责令制定机关予以纠正。	新增条文
第六十条　依照本法第五十六条、第五十七条的规定接受转送的行政机关、国家机关应当自收到转送之日起六十日内，将处理意见回复转送的行政复议机关。	新增条文

续表

第五章　行政复议决定	
第六十一条　行政复议机关**依照本法审理行政复议案件，由行政复议**机构对行政行为进行审查，提出意见，经行政复议机关的负责人同意或者集体讨论通过后，**以行政复议机关的名义**作出行政复议决定。 **经过听证的行政复议案件，行政复议机关应当根据听证笔录、审查认定的事实和证据，依照本法作出行政复议决定。** **提请行政复议委员会提出咨询意见的行政复议案件，行政复议机关应当将咨询意见作为作出行政复议决定的重要参考依据。**	第二十八条第一款　行政复议机关~~负责法制工作的~~机构~~应当~~对~~被申请人作出的具体~~行政行为进行审查，提出意见，经行政复议机关的负责人同意或者集体讨论通过后，~~按照下列规定~~作出行政复议决定~~：~~ ~~（一）具体行政行为认定事实清楚，证据确凿，适用依据正确，程序合法，内容适当的，决定维持；~~ ~~（二）被申请人不履行法定职责的，决定其在一定期限内履行；~~ ~~（三）具体行政行为有下列情形之一的，决定撤销、变更或者确认该具体行政行为违法；决定撤销或者确认该具体行政行为违法的，可以责令被申请人在一定期限内重新作出具体行政行为：~~ ~~1. 主要事实不清、证据不足的；~~ ~~2. 适用依据错误的；~~ ~~3. 违反法定程序的；~~ ~~4. 超越或者滥用职权的；~~ ~~5. 具体行政行为明显不当的。~~ ~~（四）被申请人不按照本法第二十三条的规定提出书面答复、提交当初作出具体行政行为的证据、依据和其他有关材料的，视为该具体行政行为没有证据、依据，决定撤销该具体行政行为。~~
第六十二条　**适用普通程序审理的行政复议案件，**行政复议机关应当自受理申请之日起六十日内作出行政复议决定；但是法律规定的行政复议期限少于六十日的除外。情况复杂，不能在规定期限内作出行政复议决定的，经行政复议**机构**的负责人批准，可以适当延长，	第三十一条第一款　行政复议机关应当自受理申请之日起六十日内作出行政复议决定；但是法律规定的行政复议期限少于六十日的除外。情况复杂，不能在规定期限内作出行政复议决定的，经行政复议~~机关~~的负责人批准，可以适当延长，并告知~~申请人和被申请人~~；但

续表

并**书面**告知**当事人**；但是延长期限最多不**得**超过三十日。 **适用简易程序审理的行政复议案件，行政复议机关应当自受理申请之日起三十日内作出行政复议决定。**	是延长期限最多不超过三十日。
第六十三条　行政行为有下列情形之一的，**行政复议机关**决定变更该行政行为： **（一）事实清楚，证据确凿，适用依据正确，程序合法，但是内容不适当；** **（二）事实清楚，证据确凿，程序合法，但是未正确适用依据；** **（三）事实不清、证据不足，经行政复议机关查清事实和证据。** **行政复议机关不得作出对申请人更为不利的变更决定，但是第三人提出相反请求的除外。**	第二十八条第一款第三项　~~行政复议机关负责法制工作的机构应当对被申请人作出的具体行政行为进行审查，提出意见，经行政复议机关的负责人同意或者集体讨论通过后，按照下列规定作出行政复议决定：~~ ~~（三）具体~~行政行为有下列情形之一的，决定~~撤销、~~变更~~或者确认~~该~~具体~~行政行为~~违法；决定撤销或者确认该具体行政行为违法的，可以责令被申请人在一定期限内重新作出具体行政行为~~： ~~1. 主要事实不清、证据不足的；~~ ~~2. 适用依据错误的；~~ ~~3. 违反法定程序的；~~ ~~4. 超越或者滥用职权的；~~ ~~5. 具体行政行为明显不当的~~。
第六十四条　行政行为有下列情形之一的，**行政复议机关**决定撤销**或者部分撤销**该行政行为，**并**可以责令被申请人在一定期限内重新作出行政行为： （一）主要事实不清、证据不足； （二）违反法定程序； （三）适用**的**依据**不合法**； （四）超越**职权**或者滥用职权。 行政复议机关责令被申请人重新作出行政行为的，被申请人不得以同一事实和理由作出与**被申请行政复议的**行政行为相同或者基本相同的行政行为，**但是行政复议机关以违反法定程序为由决定撤销或者部分撤销的除外。**	第二十八条第一款第三项　~~行政复议机关负责法制工作的机构应当对被申请人作出的具体行政行为进行审查，提出意见，经行政复议机关的负责人同意或者集体讨论通过后，按照下列规定作出行政复议决定：~~ ~~（三）具体~~行政行为有下列情形之一的，决定撤销~~、变更或者确认~~该具体行政行为~~违法；决定撤销或者确认该具体行政行为违法的~~，可以责令被申请人在一定期限内重新作出~~具体~~行政行为： ~~1.~~ 主要事实不清、证据不足的； ~~2.~~ 适用依据~~错误的~~；

续表

	3. 违反法定程序的； 4. 超越或者滥用职权的； 5. 具体行政行为明显不当的。 第二十八条第二款　行政复议机关责令被申请人重新作出具体行政行为的，被申请人不得以同一的事实和理由作出与原具体行政行为相同或者基本相同的具体行政行为。
第六十五条　行政行为有下列情形之一的，**行政复议机关不撤销该行政行为，但是**确认该行政行为违法： **（一）依法应予撤销，但是撤销会给国家利益、社会公共利益造成重大损害；** **（二）程序轻微违法，但是对申请人权利不产生实际影响。** **行政行为有下列情形之一，不需要撤销或者责令履行的，行政复议机关确认该行政行为违法：** **（一）行政行为违法，但是不具有可撤销内容；** **（二）被申请人改变原违法行政行为，申请人仍要求撤销或者确认该行政行为违法；** **（三）被申请人不履行或者拖延履行法定职责，责令履行没有意义。**	第二十八条第一款第三项　行政复议机关负责法制工作的机构应当对被申请人作出的具体行政行为进行审查，提出意见，经行政复议机关的负责人同意或者集体讨论通过后，按照下列规定作出行政复议决定： （三）具体行政行为有下列情形之一的，决定撤销、变更或者确认该具体行政行为违法；决定撤销或者确认该具体行政行为违法的，可以责令被申请人在一定期限内重新作出具体行政行为： 1. 主要事实不清、证据不足的； 2. 适用依据错误的； 3. 违反法定程序的； 4. 超越或者滥用职权的； 5. 具体行政行为明显不当的。
第六十六条　被申请人不履行法定职责的，**行政复议机关**决定**被申请人**在一定期限内履行。	第二十八条第一款第二项　行政复议机关负责法制工作的机构应当对被申请人作出的具体行政行为进行审查，提出意见，经行政复议机关的负责人同意或者集体讨论通过后，按照下列规定作出行政复议决定： （二）被申请人不履行法定职责的，决定其在一定期限内履行；

续表

第六十七条　行政行为有实施主体不具有行政主体资格或者没有依据等重大且明显违法情形，申请人申请确认行政行为无效的，行政复议机关确认该行政行为无效。	新增条文
第六十八条　行政行为认定事实清楚，证据确凿，适用依据正确，程序合法，内容适当的，**行政复议机关**决定维持**该行政行为**。	第二十八条第一款第一项　~~行政复议机关负责法制工作的机构应当对被申请人作出的具体行政行为进行审查，提出意见，经行政复议机关的负责人同意或者集体讨论通过后，按照下列规定作出行政复议决定：~~ ~~（一）具体~~行政行为认定事实清楚，证据确凿，适用依据正确，程序合法，内容适当的，决定维持~~；~~
第六十九条　行政复议机关受理申请人认为被申请人不履行法定职责的行政复议申请后，发现被申请人没有相应法定职责或者在受理前已经履行法定职责的，决定驳回申请人的行政复议请求。	新增条文
第七十条　被申请人不按照本法第**四十八条、第五十四条**的规定提出书面答复、提交作出行政行为的证据、依据和其他有关材料的，视为该行政行为没有证据、依据，**行政复议机关**决定撤销**、部分撤销**该行政行为**，确认该行政行为违法、无效或者决定被申请人在一定期限内履行，但是行政行为涉及第三人合法权益，第三人提供证据的除外**。	第二十八条第一款第四项　~~行政复议机关负责法制工作的机构应当对被申请人作出的具体行政行为进行审查，提出意见，经行政复议机关的负责人同意或者集体讨论通过后，按照下列规定作出行政复议决定：~~ ~~（四）~~被申请人不按照本法第~~二十三~~条的规定提出书面答复、提交~~当初~~作出~~具体~~行政行为的证据、依据和其他有关材料的，视为该~~具体~~行政行为没有证据、依据，决定撤销该~~具体~~行政行为。

续表

第七十一条　被申请人不依法订立、不依法履行、未按照约定履行或者违法变更、解除行政协议的，行政复议机关决定被申请人承担依法订立、继续履行、采取补救措施或者赔偿损失等责任。 **被申请人变更、解除行政协议合法，但是未依法给予补偿或者补偿不合理的，行政复议机关决定被申请人依法给予合理补偿。**	新增条文
第七十二条　申请人在申请行政复议时一并提出行政赔偿请求，行政复议机关**对依照《中华人民共和国国家赔偿法》的有关规定应当不予赔偿的，在作出行政复议决定时，应当同时决定驳回行政赔偿请求；**对符合《**中华人民共和国**国家赔偿法》的有关规定应当给予赔偿的，在决定撤销**或者部分撤销**、变更行政行为或者确认行政行为违法、**无效**时，应当同时决定被申请人依法给予赔偿；**确认行政行为违法的，还可以同时责令被申请人采取补救措施**。 申请人在申请行政复议时没有提出行政赔偿请求的，行政复议机关在依法决定撤销或者**部分撤销**、变更罚款，撤销**或者部分撤销**违法集资、没收财物、征收**征用**、摊派费用以及对财产的查封、扣押、冻结等行政行为时，应当同时责令被申请人返还财产，解除对财产的查封、扣押、冻结措施，或者赔偿相应的价款。	第二十九条　申请人在申请行政复议时~~可以~~一并提出行政赔偿请求，行政复议机关对符合国家赔偿法的有关规定应当给予赔偿的，在决定撤销、变更~~具体~~行政行为或者确认~~具体~~行政行为违法时，应当同时决定被申请人依法给予赔偿。 申请人在申请行政复议时没有提出行政赔偿请求的，行政复议机关在依法决定撤销或者变更罚款，撤销违法集资、没收财物、征收~~财物~~、摊派费用以及对财产的查封、扣押、冻结等~~具体~~行政行为时，应当同时责令被申请人返还财产，解除对财产的查封、扣押、冻结措施，或者赔偿相应的价款。

续表

第七十三条　当事人经调解达成协议的，行政复议机关应当制作行政复议调解书，经各方当事人签字或者签章，并加盖行政复议机关印章，即具有法律效力。 **调解未达成协议或者调解书生效前一方反悔的，行政复议机关应当依法审查或者及时作出行政复议决定。**	新增条文
第七十四条　当事人在行政复议决定作出前可以自愿达成和解，和解内容不得损害国家利益、社会公共利益和他人合法权益，不得违反法律、法规的强制性规定。 **当事人达成和解后，由申请人向行政复议机构撤回行政复议申请。行政复议机构准予撤回行政复议申请、行政复议机关决定终止行政复议的，申请人不得再以同一事实和理由提出行政复议申请。但是，申请人能够证明撤回行政复议申请违背其真实意愿的除外。**	新增条文
第七十五条　行政复议机关作出行政复议决定，应当制作行政复议决定书，并加盖**行政复议机关**印章。 行政复议决定书一经送达，即发生法律效力。	第三十一条第二款、第三款　行政复议机关作出行政复议决定，应当制作行政复议决定书，并加盖印章。 行政复议决定书一经送达，即发生法律效力。
第七十六条　行政复议机关在办理行政复议案件过程中，发现被申请人或者其他下级行政机关的有关行政行为违法或者不当的，可以向其制发行政复议意见书。有关机关应当自收到行政复议意见书之日起六十日内，将纠正相关违法或者不当行政行为的情况报送行政复议机关。	新增条文

续表

第七十七条　被申请人应当履行行政复议决定**书、调解书、意见书**。 被申请人不履行或者无正当理由拖延履行行政复议决定**书、调解书、意见书**的，行政复议机关或者有关上级行政机关应当责令其限期履行，**并可以约谈被申请人的有关负责人或者予以通报批评**。	第三十二条　被申请人应当履行行政复议决定。 被申请人不履行或者无正当理由拖延履行行政复议决定的，行政复议机关或者有关上级行政机关应当责令其限期履行。
第七十八条　申请人、**第三人**逾期不起诉又不履行行政复议决定**书、调解书**的，或者不履行最终裁决的行政复议决定的，按照下列规定分别处理： （一）维持行政行为的行政复议决定**书**，由作出行政行为的行政机关依法强制执行，或者申请人民法院强制执行； （二）变更行政行为的行政复议决定**书**，由行政复议机关依法强制执行，或者申请人民法院强制执行； **（三）行政复议调解书，由行政复议机关依法强制执行，或者申请人民法院强制执行。**	第三十三条　申请人逾期不起诉又不履行行政复议决定的，或者不履行最终裁决的行政复议决定的，按照下列规定分别处理： （一）维持~~具体~~行政行为的行政复议决定，由作出~~具体~~行政行为的行政机关依法强制执行，或者申请人民法院强制执行； （二）变更~~具体~~行政行为的行政复议决定，由行政复议机关依法强制执行，或者申请人民法院强制执行~~。~~
第七十九条　行政复议机关根据被申请行政复议的行政行为的公开情况，按照国家有关规定将行政复议决定书向社会公开。 **县级以上地方各级人民政府办理以本级人民政府工作部门为被申请人的行政复议案件，应当将发生法律效力的行政复议决定书、意见书同时抄告被申请人的上一级主管部门。**	新增条文

续表

第六章　法律责任	
第八十条　行政复议机关**不依照本法规定履行行政复议职责**，对**负有责任的领导**人员和直接责任人员依法给予警告、记过、记大过的处分；**经有权监督的机关督促仍不改正或者**造成严重后果的，依法给予降级、撤职、开除的处分。	第三十四条　行政复议机关~~违反~~本法规定~~，无正当理由不予受理依法提出的行政复议申请或者不按照规定转送行政复议申请的，或者在法定期限内不作出行政复议决定的~~，对~~直接负责的主管~~人员和~~其他~~直接责任人员依法给予警告、记过、记大过的~~行政~~处分；~~经责令受理仍不受理或者不按照规定转送行政复议申请，~~造成严重后果的，依法给予降级、撤职、开除的~~行政~~处分。
第八十一条　行政复议机关工作人员在行政复议活动中，徇私舞弊或者有其他渎职、失职行为的，依法给予警告、记过、记大过的处分；情节严重的，依法给予降级、撤职、开除的处分；构成犯罪的，依法追究刑事责任。	第三十五条　行政复议机关工作人员在行政复议活动中，徇私舞弊或者有其他渎职、失职行为的，依法给予警告、记过、记大过的~~行政~~处分；情节严重的，依法给予降级、撤职、开除的~~行政~~处分；构成犯罪的，依法追究刑事责任。
第八十二条　被申请人违反本法规定，不提出书面答复或者不提交作出行政行为的证据、依据和其他有关材料，或者阻挠、变相阻挠公民、法人或者其他组织依法申请行政复议的，对**负有责任的领导**人员和直接责任人员依法给予警告、记过、记大过的处分；进行报复陷害的，依法给予降级、撤职、开除的处分；构成犯罪的，依法追究刑事责任。	第三十六条　被申请人违反本法规定，不提出书面答复或者不提交作出~~具体~~行政行为的证据、依据和其他有关材料，或者阻挠、变相阻挠公民、法人或者其他组织依法申请行政复议的，对~~直接负责的主管~~人员和~~其他~~直接责任人员依法给予警告、记过、记大过的~~行政~~处分；进行报复陷害的，依法给予降级、撤职、开除的~~行政~~处分；构成犯罪的，依法追究刑事责任。
第八十三条　被申请人不履行或者无正当理由拖延履行行政复议决定**书、调解书、意见书**的，对**负有责任的领导**人员和直接责任人员依法给予警告、记过、记大过的处分；经责令履行仍拒不履行的，依法给予降级、撤职、开除的处分。	第三十七条　被申请人不履行或者无正当理由拖延履行行政复议决定的，对~~直接负责的主管~~人员和~~其他~~直接责任人员依法给予警告、记过、记大过的~~行政~~处分；经责令履行仍拒不履行的，依法给予降级、撤职、开除的~~行政~~处分。

续表

第八十四条　拒绝、阻挠行政复议人员调查取证，故意扰乱行政复议工作秩序的，依法给予处分、治安管理处罚；构成犯罪的，依法追究刑事责任。	新增条文
第八十五条　**行政机关及其工作人员违反本法规定的，**行政复议机关**可以向监察机关或者公职人员任免机关、单位移送有关人员违法的事实材料，接受移送的监察机关或者公职人员任免机关、单位**应当**依法**处理。	第三十八条　行政复议机关~~负责法制工作的机构发现有无正当理由不予受理行政复议申请、不按照规定期限作出行政复议决定、徇私舞弊、对申请人打击报复或者不履行行政复议决定等情形的，应当~~向~~有关行政~~机关~~提出建议，有关行政~~机关应当依~~照本法和有关法律、行政法规的规定作出~~处理。
第八十六条　行政复议机关在办理行政复议案件过程中，发现公职人员涉嫌贪污贿赂、失职渎职等职务违法或者职务犯罪的问题线索，应当依照有关规定移送监察机关，由监察机关依法调查处置。	新增条文
第七章　附　　则	
第八十七条　行政复议机关受理行政复议申请，不得向申请人收取任何费用。	第三十九条第一句　行政复议机关受理行政复议申请，不得向申请人收取任何费用。
第八十八条　行政复议期间的计算和行政复议文书的送达，**本法没有规定的，**依照**《中华人民共和国**民事诉讼法》关于期间、送达的规定执行。 本法关于行政复议期间有关**“三日”**、“五日”、“七日”、**“十日”**的规定是指工作日，不含**法定**休假日。	第四十条　行政复议期间的计算和行政复议文书的送达，依照民事诉讼法关于期间、送达的规定执行。 本法关于行政复议期间有关“五日”、“七日”的规定是指工作日，不含节假日。
第八十九条　外国人、无国籍人、外国组织在中华人民共和国境内申请行政复议，适用本法。	第四十一条　外国人、无国籍人、外国组织在中华人民共和国境内申请行政复议，适用本法。

续表

	~~第四十二条 本法施行前公布的法律有关行政复议的规定与本法的规定不一致的，以本法的规定为准~~。
第九十条 本法自 2024 **年** 1 **月** 1 **日**起施行。	第四十三条 本法自 ~~1999 年 10 月 1 日~~起施行。~~1990 年 12 月 24 日国务院发布、1994 年 10 月 9 日国务院修订发布的《行政复议条例》同时废止~~。

后　记

2023年9月1日，《中华人民共和国行政复议法》由第十四届全国人民代表大会常务委员会第五次会议修订，标志着行政复议法首次“大修”顺利完成。为了便于理论研究者和实务工作者更为全面、更为准确、更为深刻地加以理解和适用，切实有效推动新修订的行政复议法落地生根，我们组织来自中共中央党校（国家行政学院）、中国政法大学、东南大学等科研院校的专家学者，尝试从条文主旨、条文解读、适用指南、关联规范以及案例解析等角度对行政复议法逐条展开精细、系统而富有深度的解读。我们所期待的是，此项释法工作不仅可以有益于执法、司法等实务工作者适法能力提升，切实助推地方各级政府“普法强基”工作，而且能够进一步发展完善我国行政复议学术体系、学科体系和话语体系。

本书具体分工如下：

周佑勇　第十四届全国人大社会建设委员会委员、中国法学会行政法学研究会副会长，中共中央党校（国家行政学院）政治和法律教研部教授、博士生导师，负责撰写导言，全书统稿。

熊樟林　东南大学法学院教授、博士生导师，负责撰写第一章和第七章；

王青斌　中国政法大学法治政府研究院教授、博士生导师，负责撰写第二章；

刘启川　东南大学法学院教授、博士生导师，负责撰写第三章和第六章，协助统稿；

张莹莹　中共中央党校（国家行政学院）政治和法律教研部讲师，负责撰写第四章；

刘　春　南京农业大学人文与社会发展学院讲师，负责撰写第五章。

感谢中国法制出版社的大力支持，尤为感谢王熹编辑为本书出版付出的辛勤劳动！由于时间匆忙和作者水平有限，可能存有错漏，敬请批评斧正！

周佑勇

2023 年 10 月 1 日

图书在版编目（CIP）数据

中华人民共和国行政复议法理解与适用/周佑勇主编．—北京：中国法制出版社，2023.11
ISBN 978-7-5216-3975-9

Ⅰ．①中… Ⅱ．①周… Ⅲ．①行政复议-行政法-法律解释-中国②行政复议-行政法-法律适用-中国
Ⅳ．①922.112.5

中国国家版本馆 CIP 数据核字（2023）第 215242 号

策划编辑　王熹（wx2015hi@sina.com）　　责任编辑　王熹　　封面设计　李宁

中华人民共和国行政复议法理解与适用

ZHONGHUA RENMIN GONGHEGUO XINGZHENG FUYIFA LIJIE YU SHIYONG

主编/周佑勇
经销/新华书店
印刷/三河市紫恒印装有限公司
开本/730 毫米×1030 毫米　16 开　　印张／21　字数／296 千
版次/2023 年 11 月第 1 版　　2023 年 11 月第 1 次印刷

中国法制出版社出版
书号 ISBN 978-7-5216-3975-9　　定价：78.00 元

北京市西城区西便门西里甲 16 号西便门办公区
邮政编码：100053　　传真：010-63141600
网址：http：//www.zgfzs.com　　**编辑部电话：010-63141795**
市场营销部电话：010-63141612　　**印务部电话：010-63141606**

（如有印装质量问题，请与本社印务部联系。）